Beck'sche Schwarze Reihe
Band 140

Positionen des Erzählens

Analysen und Theorien
zur Literatur der Bundesrepublik

Mit Beiträgen von
Theodor W. Adorno, Kurt Batt, Reinhard Baumgart,
Jürgen Becker, Heinrich Böll, Wilhelm Emrich, Reinhold Grimm,
Peter Handke, Helmut Heißenbüttel, Walter Höllerer,
Wolfgang R. Langenbucher, Hans Mayer, Gisbert Ter-Nedden,
Dieter Wellershoff, Gerhard Zwerenz

Herausgegeben von
Heinz Ludwig Arnold und Theo Buck

VERLAG C. H. BECK MÜNCHEN

CIP-Kurztitelaufnahme der Deutschen Bibliothek

Position des Erzählens: Analysen und Theorien zur
Literatur der Bundesrepublik / mit Beiträgen von
Theodor W. Adorno. . . Hrsg. von Heinz Ludwig
Arnold und Theo Buck.

  (Beck' sche Schwarze Reihe; Band 140)
  ISBN 3 406 04940 0
NE: Arnold, Heinz Ludwig [Hrsg.]; Adorno,
Theodor W. [Mitarb.]

ISBN 3 406 04940 0

Einbandentwurf von Rudolf Huber-Wilkoff, München
© C. H. Beck'sche Verlagsbuchhandlung (Oscar Beck) München 1976
Druck: C. H. Beck'sche Buchdruckerei Nördlingen
Printed in Germany

Inhalt

Vorbemerkung

Um keine Gattung wird, wenn von der Krise, dem Ende, dem Tod der Literatur die Rede geht, so heftig gestritten wie um den Roman. Und das bedeutet doch wohl, daß der Roman, als die umfassendste Form des Erzählens, recht gesund sein muß. Der Roman lebt, weil er – auch schon die Hure unter den literarischen Gattungen genannt – sich zu allem hergibt; und gerade die Fülle der Formen und Möglichkeiten des Erzählens, für die er sich zur Verfügung stellt, verhinderte eine normierende Poetik des Romans. Bekanntlich hat er sich erst in der zweiten Hälfte des 18. Jahrhunderts überhaupt als poetische Gattung durchzusetzen vermocht, nachdem die Regelpoetik endgültig von den lebendigeren Kategorien des Ästhetischen abgelöst worden war. Gleichzeitig, geistes- und gesellschaftsgeschichtlich durchaus konsequent, wurde der Roman zur favorisierten Gattung des sich entwickelnden und später des progressiven Bürgertums; wenn er heute hin und wieder als die klassische literarische Gattung des Kapitalismus dargestellt wird, so ist damit wenig über ihn gesagt: Differenzierungen müssen hinzukommen, und vor allem stets neue, sich erneuernde, also offen gehaltene Definitionen. Nur die Vielfalt der Definitionen vermag sich dem, was der Roman ist oder sein kann, anzunähern. Denn mit der Fülle der in ihm realisierbaren Möglichkeiten von Darstellung und Vermittlung aller Stoffe hat sich der Roman als die flexibelste, veränderbarste und in der Breitenwirkung als die am meisten antizipatorische Gattung erwiesen.

Dies alles bewirkt, daß es so viele verschiedene Positionen des Romans, des Erzählens überhaupt gibt, und die meisten, die heute im Umlauf sind und diskutiert werden, entwickelten sich aus Theorien des 19. und frühen 20. Jahrhunderts und beziehen sich auf Romanschreiber wie Balzac, Flaubert, Zola – weniger auf Keller, Raabe, Stifter, kaum auf E. T. A. Hoffmann, obgleich gerade er im Ausland wie kein zweiter Romancier deutscher Sprache gewirkt hat –; auf Dostojewski; dann auf Proust, später Gide; auf Sterne, James, Woolf, Joyce, Faulkner; Kafka; Döblin und – noch vor Heinrich Mann – auf Thomas Mann. Auf dem großen Feld, das von diesen Namen, mit denen praktische Positionen des Erzählens verbunden sind, ungefähr bezeichnet wird, spielt sich, in Annahme oder Widerspruch, Ablehnung oder Fortentwicklung, die Diskussion auch über die deutsche Erzählliteratur der Gegenwart ab – womit keine spezifisch westdeutsche Literatursituation konstruiert werden soll, denn zu ihr gehören auch die deutschsprachigen Erzähler aus Österreich und der Schweiz. Hingegen stellt die Diskussion um die Positionen des Erzählens in der DDR ein Spezifikum dar, das einer gesonderten Betrachtung vorbehalten bleiben soll.

Dieses Buch bringt neben Analysen von Literaturwissenschaftlern Theorien von Schriftstellern (Erzählern) und von Theoretikern. Damit wird, abgesehen von den verschiedenen Perspektiven, die Diskussion um die Erzählmöglichkeiten der zeitgenössischen Literatur auf zwei Wegen geführt: durch die Untersuchung vorhandener Texte und in der Auseinandersetzung mit theoretischen Absichten. So ergibt sich ein doppeltes Bild, das oft nicht zur Deckung kommt. Aus dieser Spannung gewinnt die Diskussion ihren Reiz, und die vielbesprochene Krise, in der der Roman steht, seit es ihn gibt, erweist sich als Ausdruck seiner Lebensfähigkeit.

H. L. A./T. B.

Theodor W. Adorno

Standort des Erzählers im zeitgenössischen Roman

Die Aufgabe, in wenige Minuten einiges über den gegenwärtigen Stand des Romans als Form zusammenzudrängen, zwingt dazu, sei's auch gewaltsam, ein Moment herauszugreifen. Das soll die Stellung des Erzählers sein. Sie wird heute bezeichnet durch eine Paradoxie; es läßt sich nicht mehr erzählen, während die Form des Romans Erzählung verlangt. Der Roman war die spezifische literarische Form des bürgerlichen Zeitalters. An seinem Beginn steht die Erfahrung von der entzauberten Welt im *Don Quixote,* und die künstlerische Bewältigung bloßen Daseins ist sein Element geblieben. Der Realismus war ihm immanent; selbst die dem Stoff nach phantastischen Romane haben getrachtet, ihren Inhalt so vorzutragen, daß die Suggestion des Realen davon ausging. Diese Verhaltensweise ist, in einer bis ins neunzehnte Jahrhundert zurückreichenden, heute zum Extrem beschleunigten Entwicklung fragwürdig geworden. Vom Standpunkt des Erzählers her durch den Subjektivismus, der kein unverwandelt Stoffliches mehr duldet und eben damit das epische Gebot der Gegenständlichkeit unterhöhlt. Wer heute noch, wie Stifter etwa, ins Gegenständliche sich versenkte und Wirkung zöge aus der Fülle und Plastik des demütig hingenommenen Angeschauten, wäre gezwungen zum Gestus kunstgewerblicher Imitation. Er machte der Lüge sich schuldig, der Welt mit einer Liebe sich zu überlassen, die voraussetzt, daß die Welt sinnvoll ist, und endete beim unerträglichen Kitsch vom Schlage der Heimatkunst. Nicht geringer sind die Schwierigkeiten von der Sache her. Wie der Malerei von ihren traditionellen Aufgaben vieles entzogen wurde durch die Photographie, so dem Roman durch die Reportage und die Medien der Kulturindustrie, zumal den Film. Der Roman müßte sich auf das konzentrieren, was nicht durch den Bericht abzugelten ist. Nur sind ihm im Gegensatz zur Malerei in der Emanzipation vom Gegenstand Grenzen gesetzt durch die Sprache, die ihn weithin zur Fiktion des Berichtes nötigt: konsequent hat Joyce die Rebellion des Romans gegen den Realismus mit einer gegen die diskursive Sprache verbunden.

Die Abwehr seines Versuchs als abseitig individualistischer Willkür wäre armselig. Zerfallen ist die Identität der Erfahrung, das in sich kontinuierliche und artikulierte Leben, das die Haltung des Erzählers

einzig gestattet. Man braucht nur die Unmöglichkeit sich zu vergegen-
wärtigen, daß irgendeiner, der am Krieg teilnahm, von ihm so erzählte, wie früher einer von seinen Abenteuern erzählen mochte. Mit
Recht begegnet die Erzählung, die auftritt, als wäre der Erzähler
solcher Erfahrung mächtig, der Ungeduld und Skepsis beim Empfan-
genden. Vorstellungen wie die, daß einer sich hinsetzt und „ein gutes
Buch liest“, sind archaisch. Das liegt nicht bloß an der Dekonzentra-
tion der Leser sondern am Mitgeteilten selber und seiner Form. Etwas
erzählen heißt ja: etwas *Besonderes* zu sagen haben, und gerade das
wird von der verwalteten Welt, von Standardisierung und Immer-
gleichheit verhindert. Vor jeder inhaltlich ideologischen Aussage ist
ideologisch schon der Anspruch des Erzählers, als wäre der Weltlauf
wesentlich noch einer der Individuation, als reichte das Individuum
mit seinen Regungen und Gefühlen ans Verhängnis noch heran, als
vermöchte unmittelbar das Innere des Einzelnen noch etwas: die
allverbreitete biographische Schundliteratur ist ein Zersetzungspro-
dukt der Romanform selber.

Von der Krisis der literarischen Gegenständlichkeit ist die Sphäre
der Psychologie, in der gerade jene Produkte sich häuslich, wenngleich mit wenig Glück einrichten, nicht ausgenommen. Auch dem
psychologischen Roman werden seine Gegenstände vor der Nase
weggeschnappt: mit Recht hat man bemerkt, daß zu einer Zeit, da
Journalisten ohne Unterlaß an den psychologischen Errungenschaften Dostojewskys sich berauschten, die Wissenschaft, zumal die Psychoanalyse Freuds, längst jene Funde des Romanciers hinter sich
gelassen hatte. Übrigens hat man wohl mit solchem phrasenhaften
Lob Dostojewsky verfehlt: soweit es bei ihm überhaupt Psychologie
gibt, ist es eine des intelligiblen Charakters, des Wesens, und nicht des
empirischen, der Menschen, so wie sie herumlaufen. Und gerade darin
ist er fortgeschritten. Nicht nur, daß alles Positive, Greifbare, auch die
Faktizität des Inwendigen von Informationen und Wissenschaft be-
schlagnahmt ist, nötigt den Roman, damit zu brechen und der Darstellung des Wesens oder Unwesens sich zu überantworten, sondern
auch, daß, je dichter und lückenloser die Oberfläche des gesellschaftlichen Lebensprozesses sich fügt, um so hermetischer diese als Schleier
das Wesen verhüllt. *Will der Roman seinem realistischen Erbe treu*
bleiben und sagen, wie es wirklich ist, so muß er auf einen Realismus
verzichten, der, indem er die Fassade reproduziert, nur dieser bei
ihrem Täuschungsgeschäfte hilft. Die Verdinglichung aller Beziehungen zwischen den Individuen, die ihre menschlichen Eigenschaften in
Schmieröl für den glatten Ablauf der Maschinerie verwandelt, die
universale Entfremdung und Selbstentfremdung, fordert beim Wort
gerufen zu werden, und dazu ist der Roman qualifiziert wie wenig

andere Kunstformen. Von jeher, sicherlich seit dem achtzehnten Jahrhundert, seit Fieldings *Tom Jones*, hatte er seinen wahren Gegenstand am Konflikt zwischen den lebendigen Menschen und den versteinerten Verhältnissen. Entfremdung selber wird ihm dabei zum ästhetischen Mittel. Denn je fremder die Menschen, die Einzelnen und die Kollektive, einander geworden sind, desto rätselhafter werden sie einander zugleich, und der Versuch, das Rätsel des äußeren Lebens zu dechiffrieren, der eigentliche Impuls des Romans, geht über in die Bemühung ums Wesen, das gerade in der von Konventionen gesetzten, vertrauten Fremdheit nun seinerseits bestürzend, doppelt fremd erscheint. Das antirealistische Moment des neuen Romans, seine metaphysische Dimension, wird selber gezeitigt von seinem realen Gegenstand, einer Gesellschaft, in der die Menschen voneinander und von sich selber gerissen sind. In der ästhetischen Transzendenz reflektiert sich die Entzauberung der Welt.

All das hat kaum seinen Platz in der bewußten Erwägung des Romanciers, und Grund ist zur Annahme, daß, wo es in jene eindringt, wie etwa in den sehr groß intendierten Romanen Hermann Brochs, es dem Gestalteten nicht zum besten anschlägt. Vielmehr setzen sich die geschichtlichen Veränderungen der Form um in idiosynkratische Empfindlichkeiten der Autoren, und es entscheidet wesentlich über ihren Rang, wie weit sie als Meßinstrumente des Geforderten und Verwehrten fungieren. An Empfindlichkeit gegen die Form des Berichts hat keiner Marcel Proust übertroffen. Sein Werk gehört in die Tradition des realistischen und psychologischen Romans, auf der Linie von dessen subjektivistisch extremer Auflösung, wie sie, ohne alle historische Kontinuität mit dem Franzosen, über Gebilde wie Jacobsens *Niels Lyhne* und Rilkes *Malte Laurids Brigge* führt. Je strenger es mit dem Realismus des Auswendigen, der Geste „so war es" gehalten wird, um so mehr wird jedes Wort zum bloßen Als ob, um so mehr wächst der Widerspruch zwischen seinem Anspruch an und dem, daß es nicht so war. Eben jener immanente Anspruch, den der Autor unabdingbar erhebt: daß er genau wisse, wie es zugegangen sei, will ausgewiesen werden, und die ins Schimärische getriebene Präzision Prousts, die mikrologische Technik, unter der schließlich die Einheit des Lebendigen nach Atomen sich spaltet, ist eine einzige Anstrengung des ästhetischen Sensoriums, diesen Ausweis zu leisten, ohne den Bannkreis der Form zu überschreiten. Mit dem Bericht von einem Unwirklichen einzusetzen etwa, als wäre es wirklich gewesen, hätte er nicht über sich gebracht. Daher beginnt sein zyklisches Werk mit der Erinnerung daran, wie ein Kind einschläft, und das ganze erste Buch ist nichts als eine Entfaltung der Schwierigkeiten beim Einschlafen, wenn dem Knaben seine schöne

Mutter nicht den Gute-Nacht-Kuß gegeben hat. Der Erzähler stiftet gleichsam einen Innenraum, der ihm den Fehltritt in die fremde Welt erspart, wie er zutage käme an der Falschheit des Tons, der mit jener vertraut tut. Unmerklich wird die Welt in diesen Innenraum – man hat der Technik den Titel des monologue intérieur verliehen – hineingezogen, und was immer an Äußerem sich abspielt, kommt so vor, wie es auf der ersten Seite vom Augenblick des Einschlafens gesagt wird: als ein Stück Innen, ein Moment des Bewußtseinsstroms, behütet vor der Widerlegung durch die objektive raumzeitliche Ordnung, zu deren Suspension das Proustsche Werk aufgeboten ist. Aus ganz anderen Voraussetzungen und in ganz anderem Geist hat der Roman des deutschen Expressionismus, etwa Gustav Sacks _Verbummelter Student_ Verwandtes visiert. Das epische Bestreben, nichts Gegenständliches darzustellen, als was sich ganz und gar füllen läßt, hebt schließlich die epische Grundkategorie der Gegenständlichkeit auf.

Der traditionelle Roman, dessen Idee vielleicht am authentischsten in Flaubert sich verkörpert, ist der Guckkastenbühne des bürgerlichen Theaters zu vergleichen. Diese Technik war eine der Illusion. Der Erzähler lüftet einen Vorhang: der Leser soll Geschehenes mitvollziehen, als wäre er leibhaft zugegen. Die Subjektivität des Erzählers bewährt sich in der Kraft, diese Illusion herzustellen, und – bei Flaubert – in der Reinheit der Sprache, die sie zugleich durch Vergeistigung doch dem empirischen Bereich enthebt, dem sie sich verschreibt. Ein schweres Tabu liegt über der Reflexion: sie wird zur Kardinalsünde gegen die sachliche Reinheit. Mit dem illusionären Charakter des Dargestellten verliert heute auch dies Tabu seine Kraft. Oft ist hervorgehoben worden, daß im neuen Roman, nicht nur bei Proust, sondern ebenso beim Gide der _Faux-Monnayeurs,_ beim späteren Thomas Mann, in Musils _Mann ohne Eigenschaften_ die Reflexion die reine Formimmanenz durchbricht. Aber solche Reflexion hat kaum mehr als den Namen mit der vorflaubertschen gemein. Diese war moralisch: Parteinahme für oder gegen Romanfiguren. Die neue ist Parteinahme gegen die Lüge der Darstellung, eigentlich gegen den Erzähler selbst, der als überwacher Kommentator der Vorgänge seinen unvermeidlichen Ansatz zu berichtigen trachtet. Die Verletzung der Form liegt in deren eigenem Sinn. Heute erst läßt Thomas Manns Medium, die enigmatische, auf keinen inhaltlichen Spott reduzierbare Ironie, sich ganz verstehen aus ihrer formbildenden Funktion: der Autor schüttelt mit dem ironischen Gestus, der den eigenen Vortrag zurücknimmt, den Anspruch ab, Wirkliches zu schaffen, dem doch keines selbst seiner Worte entrinnen kann; am sinnfälligsten vielleicht in der Spätphase, im _Erwählten_ und in der _Betrogenen,_ wo der Dichter, spielend mit einem romantischen Motiv, durch den Habitus der Sprache den Guckkastencharakter der Erzählung, die Unwirklichkeit der Illusion einbekennt, und eben damit, nach seinem Wort, dem Kunstwerk jenen Charakter des höheren Jux zurückgibt, den es besaß, ehe es mit der Naivetät der Unnaivetät den Schein allzu ungebrochen als Wahres präsentierte.

Wenn vollends bei Proust der Kommentar derart mit der Handlung verflochten ist, daß die Unterscheidung zwischen beiden schwindet, so greift damit der Erzähler einen Grundbestand im Verhältnis zum Leser an: die ästhetische Distanz. Diese war im traditionellen Roman unverrückbar. Jetzt variiert sie wie Kameraeinstellungen des Films: bald wird der Leser draußen gelassen, bald durch den Kommentar auf die Bühne, hinter die Kulissen, in den Maschinenraum geleitet. Zu den Extremen, an denen mehr über den gegenwärtigen Roman sich lernen läßt als an irgendeinem sogenannten „typischen" mittleren Sachverhalt, rechnet das Verfahren Kafkas, die Distanz vollends einzuziehen. Durch Schocks zerschlägt er dem Leser die kontemplative Geborgenheit vorm Gelesenen. Seine Romane, wenn anders sie unter den Begriff überhaupt noch fallen, sind die vorwegnehmende Antwort auf eine Verfassung der Welt, in der die kontemplative Haltung zum blutigen Hohn ward, weil die permanente Drohung der Katastrophe keinem Menschen mehr das unbeteiligte Zuschauen und nicht einmal dessen ästhetisches Nachbild mehr erlaubt. Auch von den minderen Erzählern, die schon kein Wort mehr zu schreiben wagen, das nicht als Tatsachenbericht um Entschuldigung dafür bittet, daß es geboren ist, wird die Distanz eingezogen. Kündigt bei ihnen die Schwäche eines Bewußtseinsstandes sich an, der zu kurzatmig ist, um seine ästhetische Darstellung zu dulden, und der kaum mehr Menschen hervorbringt, die solcher Darstellung fähig wären, so ist in der fortgeschrittensten Produktion, der solche Schwäche nicht fremd bleibt, die Einziehung der Distanz Gebot der Form selber, eines der wirksamsten Mittel, den vordergründigen Zusammenhang zu durchschlagen und das Darunterliegende, die Negativität des Positiven auszudrücken. Nicht daß notwendig wie bei Kafka die Schilderung von Imaginärem die von Realem ablöste. Er eignet sich schlecht zum Muster. Aber die Differenz zwischen Realem und imago wird grundsätzlich kassiert. Es ist den großen Romanciers der Epoche gemeinsam, daß die alte Romanforderung des „So ist es", bis zu Ende gedacht, eine Flucht geschichtlicher Urbilder auslöst, in Prousts unwillkürlicher Erinnerung wie in den Parabeln Kafkas und in den epischen Kryptogrammen von Joyce. Das dichterische Subjekt, das von den Konventionen gegenständlicher Darstellung sich lossagt, bekennt zugleich die eigene Ohnmacht, die Übermacht der Dingwelt ein, die inmitten des Monologs wiederkehrt. So bereitet sich eine zweite Sprache, vielfach aus dem Abhub der ersten destilliert, eine zerfallene assoziative Dingsprache, wie sie den Monolog nicht bloß des Romanciers, sondern der ungezählten der ersten Sprache Entfremdeten durchwächst, welche die Masse ausmachen. Wenn Lukács in seiner Theorie des Romans vor vierzig Jahren die Frage aufwarf, ob die Romane Dostojewskys Bausteine zukünftiger Epen, wo nicht selber bereits solche Epen seien, dann gleichen in der Tat die heutigen Romane, die zählen, jene, in denen die entfesselte Subjektivität aus der eigenen Schwerkraft in ihr Gegenteil übergeht, negativen Epopöen. Sie sind Zeugnisse eines Zustands, in dem das Individuum sich selbst liquidiert und der sich begegnet mit dem vorindividuellen, wie er einmal die sinnerfüllte Welt zu verbürgen schien. Mit aller gegenwärtigen Kunst teilen diese Epopöen die Zweideutigkeit, daß es nicht bei ihnen steht, etwas darüber auszumachen, ob die geschichtliche Tendenz, die sie registrieren, Rückfall in die Barbarei ist oder doch auf die Verwirklichung der Menschheit abzielt, und manche fühlen sich im Barbarischen allzu behaglich. Kein modernes Kunstwerk, das etwas taugte und nicht an der Dissonanz und dem Losgelassenen auch seine Lust hätte. Aber indem solche Kunstwerke gerade das Grauen ohne Kompromiß verkörpern und alles Glück der Betrachtung in die Reinheit solchen Ausdrucks werfen, dienen sie der Freiheit, die von der mittleren Produktion nur verraten wird, weil sie nicht zeugt von dem, was dem Individuum der liberalen Ära widerfuhr. Ihre Produkte sind über der Kontroverse zwischen engagierter Kunst und l'art pour l'art, über der Alternative zwischen der Banausie der Tendenzkunst und der Banausie der genießerischen. Karl Kraus hat einmal den Gedanken formuliert, was immer aus seinen Werken moralisch als leibhafte, nichtästhetische Wirklichkeit spreche, sei ihm lediglich unterm Gesetz der Sprache, also im Namen von l'art pour l'art zuteil geworden. Die Einziehung der ästhetischen Distanz im Roman heute, und damit dessen Kapitulation vor der übermächtigen und nur noch real zu verändernden, nicht im Bilde zu verklärenden Wirklichkeit, wird erheischt von dem, wohin die Form von sich aus möchte.

Reinhold Grimm

Romane des Phänotyp

Motto:
Soliloquies in solitude
(Virginia Woolf)

Es ist schon eine gute Weile her, daß wir allenthalben von der Krise des Romans, von seinem Niedergang, ja seinem Tode raunen hören. Andererseits haben sich nicht erst seit ein paar Jahren Stimmen erhoben, die solch düsteren Prognosen entschieden widersprechen und fordern, man solle endlich die Vorstellung vom Roman als einem sterbenskranken Patienten überwinden. „Dichtung befindet sich immer im Verfall", winkte bereits um die Jahrhundertwende der englische Kritiker Sir Leslie Stephen – der Vater von Virginia Woolf – mit überlegener Ironie ab. Und wirklich, was hindert uns daran, die Erscheinungen, die man „Krise" nennt, mit Robert Musil als „dauernde und stationäre" aufzufassen, so daß wir vor einer schlichten Entwicklung von Formen stünden statt vor *der* Krise des Romans? Nicht umsonst setzt W. Pabst, der Musils Gedanken vertritt, dabei den Artikel zwischen Anführungsstriche. Denn die Theorie „des" Romans, dieses „Proteus unter den Göttern der Literatur", ist ohne Zweifel „die verwegenste unter den literarischen Theorien".

Ein Refugium, in dem gesicherte Ergebnisse erarbeitet werden können, bietet nach Pabst nur die *Typologie des Romans*. Um jedoch einen Typus aufzufinden und zu beschreiben, bedarf es der geschichtlichen Betrachtung. Man braucht daher nicht zu befürchten, daß ich versuchen werde, hier auf ein paar Seiten eine neue Romantheorie zu entwickeln. Das wäre in der Tat vermessen, und aus mehr als einem Grund. Ich möchte lediglich die Entwicklung eines bestimmten Romantypus innerhalb eines bestimmten Zeitraumes skizzieren. Es handelt sich um einige Fakten, einige Beobachtungen, um einige Folgerungen, die sich vielleicht aufdrängen. „Der Literarhistoriker", um noch einmal Sir Leslie zu zitieren, „muß sich mit einer bescheidenen Stellung zufriedengeben."

Nehmen wir sie ein. In dem Buch „The Twentieth Century Novel", einem der Standardwerke über den modernen Roman, steht der Satz: „Überschaut man im Fluge den englischen Roman von Fielding bis Ford, so beeindruckt einen mehr als alles andere das Verschwinden des Autors." J. W. Beach, der Verfasser des Buches, hat den so eröffneten Abschnitt schlichtweg „Exit Author" betitelt. *Exit author,* der Autor tritt ab . . .: damit befinden wir uns am Quellpunkt unseres Problems. Der Erzähler verschwindet. Genau dies ist nämlich der Sinn dessen, was Beach sagt. Je mehr der Roman, meint er, in seiner Entwicklung sich der Gegenwart nähert, desto mehr tritt der Erzähler zurück.

Schieben wir vorläufig alle Einwände beiseite. Lassen wir Beachs These einmal gelten. Schön: der Erzähler verschwindet. Aber wenn der Erzähler verschwindet – *wohin,* wird man dann doch fragen dürfen, wohin verschwindet er?

Auf meiner Suche nach dem verschwundenen Erzähler – *à la recherche du raconteur disparu,* wenn man will – stieß ich nun auf einige eigenartige Formen des Romans, die bisher offenbar nicht genügend beachtet worden sind, obwohl sie, wie ich glaube, eine nähere Untersuchung durchaus lohnen. Es sind jene, die ich vorläufig mit dem Sammelnamen „Romane des Phänotyp" belegt habe. Wie bekannt, stammt dieser Name von Gottfried Benn. Dessen „Roman des Phänotyp", der den Untertitel „Landsberger Fragment" führt, wurde erstmals 1949 in dem Band „Der Ptolemäer" gedruckt. Die Niederschrift war fünf Jahre früher erfolgt. Benn gibt uns die Abfassungszeit des Werkes bis auf den Tag genau an. „Das Vorstehende", vermerkt er abschließend, „sind die Eindrücke, Erinnerungen und Taten des Phänotyps während eines Vierteljahres, vom 20. 3. bis zum 20. 6. 1944 – ein Zeitraum, der genügt, um sein Verhalten zu beschreiben." Entstehungsort ist eine „östliche Kaserne": eben jene in Landsberg an der Warthe, deren Block II, Zimmer 66 man aus Benns Autobiographie kennt.

Der Phänotyp – ein ausgefallener Begriff. Was haben wir uns darunter vorzustellen? Benn definiert: „Phänotyp ist ein Begriff aus der Erblehre. Er bedeutet die Erscheinungsform des heutigen Menschen. Sein Gegenbegriff Genotyp bedeutet die Gesamtheit aller latenten möglichen Erscheinungsformen der Art." Phänotyp, fügen wir mit Benn hinzu, ist der repräsentative Mensch einer jeweiligen Epoche oder Generation, an dem ihre charakteristischen Züge evident zum Ausdruck kommen, der also mit seiner geschichtlichen Stunde gleichsam identisch ist. Man könnte ihn geradezu den „zeitgemäßen" Menschen heißen – freilich in einem tiefen und spezifisch Bennschen Sinn, meint er doch keineswegs den Dutzendmenschen, den gang und gäben Zeitgenossen (wie noch 1930 in dem Aufsatz „Fazit der Perspektiven"), sondern eine prägende anthropologische Struktur. „Der Phänotyp des zwölften und dreizehnten Jahrhunderts zelebrierte die Minne, der des siebzehnten vergeistigte den Prunk, der des achtzehnten säkularisierte die Erkenntnis, der heutige integriert die Ambivalenz, die Verschmelzung eines jeglichen mit den Gegenbegriffen", so lautet, bezeichnend genug, jener historische Abriß, der das dritte Kapitel des Romans einleitet.

Allerdings sagt Benn auch: „Sie können für Phänotyp einfach Individuum setzen", ja er sagt ganz unverhüllt: „Ich". Daraus folgt jedoch, daß offensichtlich der Begriff Phänotyp sich wie in konzentrischen Ringen, zuerst weit, dann immer enger, um das Ich des Dichters legt, bis er zuletzt völlig mit ihm verschmilzt. An diesem Punkt – es ist der Mittelpunkt des Begriffs – trifft er auf seinen Gegenbegriff, den Genotyp. Genotyp meint die Art, also in unserm Falle die Spezies *Homo sapiens* oder besser *Homo artifex,* da der Mensch nach Benn „die Art mit Kunst" ist, deren Gesetz „Ausdruck, Prägung, Stil" heißt – im Gegensatz zu den Sauriern, wie der Dichter sagt. Aber auch der Phänotyp will ja Kunst machen. „Ausdruck schaffen", bekennt er; ihn verlange nach dem allein. Im Schöpferischen, kein Zweifel, gehen Genotyp und Phänotyp ineinander auf. Was von diesen biologischen Begriffen, die der Dichter dem dänischen Erbforscher Johannsen verdankt, letztlich bleibt, ist ein sehr persönlicher und gar nicht immer unerschütterter Glaube an die Kunst – Benns Anthropologie, daß der Künstler es sei, der die Menschheit vertrete.

Ein repräsentatives Ich im Banne der Kunst – so etwa stellt sich uns der Phänotyp dar, dessen Geschichte Benns Roman erzählt ... Doch – „Geschichte"? und „erzählt"? Benn gibt ja nicht einmal vor, eine Geschichte zu erzählen. Von Ereignissen und Schicksalen, die sich erzählen ließen, kann hier keine Rede mehr sein. Mit ironischer Wehmut gedenkt der Dichter jener alten Seebären, „die ihr Garn spinnen in Grogstuben, wo die tabakgebräunten Kuttermodelle von der Decke hängen, aus der Welt der Segelschiffahrt und des Bordlebens – Schnurren und Späße, ‚Splissen und Knoten', frei erzählt". Ihm, dem Phänotyp, ist jedweder Sinn für Erzählbares abhanden gekommen. Er steht „in völligem Gegensatz zu allen Schifferkreisen", wie das Leitwort dieses Kapitels lautet. Handlungen, Personen, Vorgänge fehlen im „Roman des Phänotyp" beinah ganz. Auch die Gesellschaft erscheint nur nachträglich, als Zutat oder Anhängsel, und eine Gemeinschaft vollends gibt es überhaupt nicht. „Alles kommt aus dem Mittelpunkt, gilt nur für ihn, fällt sofort in ihn zurück, der Mittelpunkt ist die Gemeinschaft."

Aber hörten wir nicht vorhin von den „Taten" des Phänotyps, seinem „Verhalten"? Offenbar sind diese Taten ausschließlich auf das Werk selber zu beziehen: sie meinen dessen Entstehung. Das Verhalten des Phänotyps ist ein schöpferisches. Die rund fünfzig Seiten, die der Roman in den „Gesammelten Werken" umfaßt, bestehen aus geistigen Abenteuern. „Erinnerungen an Bilder, Erlebnisse mit Büchern, Eindrücke aus Kreisen, die wir analytisch durchschritten, erarbeitete Dinge", zählt Benn auf. Man findet Denkerfahrungen mit Nietzsche oder Pascal, antithetische Suiten, Querschnitte durch einen Begriff, beispielsweise den der Dialektik im siebenten Kapitel oder den der Geschichte im dreizehnten. Man findet das summarische Durchblättern und Überblicken eines Bildbandes mit Reproduktionen großer Meister, dazu „Studien zur Zeitgeschichte" und „Geographische Details" aus aller Herren Länder: aus Südfrankreich und Italien, aus Rußland, Österreich, England, aus Afrika, Indien, den USA, ja sogar aus Preußen. Man findet Aphoristisches und Essayistisches, Ein- und Ausblicke. „Ein Roman im Sitzen", faßt Benn lakonisch zusammen. „Ein Held, der sich wenig bewegt, seine Aktionen sind Perspektiven, Gedankengänge sein Element. Das erste Wort schafft die Situation, substantivische Verbindungen, die Stimmung, Fortsetzung folgt aus Satzenden, die Handlung besteht aus gedanklichen Antithesen." Also „Selbstentzündung, autarkische Monologie" oder die „reine Projektion eines abstrakten Intellekts" (beides ebenfalls Formulierungen von Benn) –: dies enthält der „Roman des Phänotyp".

Sein Ziel ist der primär gebaute Satz: „absolute Prosa". Eine Prosa, wie der Dichter will, „außerhalb von Raum und Zeit, ins Imaginäre gebaut, ins Momentane, Flächige gelegt, ihr Gegenspiel ist Psychologie und Evolution". Wenn der Romancier Lyrik mache, erklärt Gottfried Benn gelegentlich, so brauche er Vorwände dafür, Stoffe, Themen, das Wort als solches genüge ihm nicht, er suche Motive. Das Wort nehme nicht die unmittelbare Bewegung seiner Existenz auf, er beschreibe mit dem Wort. Man könnte diese Behauptung ebensogut umkehren und sagen: Wenn der Lyriker Romane macht, will er keine Vorwände, Stoffe, Themen, Motive dazu haben; er nämlich „beschreibt" nicht „mit" dem Wort, sondern das Wort als solches genügt ihm und soll die unmittelbare Bewegung seiner Existenz aufnehmen.

Daß etwas Derartiges nur in seltenen Augenblicken vollkommen gelingen kann, versteht sich. Einen von ihnen hält jener Abschnitt fest, der beginnt: „Von hohen Schneefeldern stürzt ein Bach, er verschwindet in Schuttkegeln – es ist der Styx." Der Abschnitt endet mit den Zeilen: „Wo du auch hinhörst, es ist letzter Klang, immer Ende, finale Lust, von hohen Schneefeldern stürzt ein Bach, ein Wald von grauen Ölbäumen schmilzt herauf aus der Tiefe, Trauer und Licht, wie still das alles in dir ruht, und dann die endenden Sommer mit dem Violett der Distel und der schwefelgelben, der heißen süßen Rose Diane vaincue." Einen anderen dieser Augenblicke, das Kapitel „Summarisches Überblicken", hat Benn selber im „Doppelleben" als Muster vollendet geordneter Worte, als „abwägend gebaute Sätze aus dem Prozeß des Absoluten" erläutert.

Dabei wird vor allem auch deutlich, auf welche Weise die „Schöpfertaten" (so Benn) im „Roman des Phänotyp" entstanden sind und woraus sie sich speisten. Noch erhellender ist jedoch der Schluß des Werkes. Er geht aus zunächst von den Deutschen, und zwar polemisch aggressiv, wie es damals zu Benn gehörte:

„‚Bei den Müttern sind sie zu Hause, die Deutschen.'

Bei den Müttern, hinter der Schürze! Gesummt, gedämmert und pyknisch gedacht! Aber über dem Preußentum und seinen tiefen Nahtstellen erhebt sich eine europäische *Oberfläche,* die ferne leuchtet. Die andere Welt, der Olymp des Scheins. Asen, Schwanenjungfrauen, Hojotohodamen – hinter ihnen tritt nackt der Ausdruck hervor, umfangsarm, nur den eigenen Schatten als Tiefe. Die Perlenschnüre müssen ihm genügen, die er dreimal um einen Hals legt, und dann läßt er sie verrinnen; Löwe und Kind beieinander, die die Muhmen immer trennen; der Genius ohne Schlaf, auf bloßem Stein, mit Geduld gekrönt, die nichts erwartet, die Ellenbogen aufs Knie gestützt, die Wange an die Faust gelehnt, schweigend dabei, seine offenkundigen und seine geheimen Werke zu erfüllen, bis der Schmerz erklungen ist, das Maß vollbracht und die Bilder von ihm treten in der Blässe der Vollendung."

Wenigstens sieben literarische Anregungen und Anspielungen, die eindeutig identifizierbar sind, birgt dieser kurze Text. Bachofen, der Mutterrechtler aus Benns fast gleichzeitigem Essay „Pallas", der popularisierte „Faust II" tauchen auf. Richard Wagner klingt zumindest an. Sodann ist da Mörikes „Gesang Weylas", den Benn zu den Gedichten ersten Ranges rechnete und der von Orplid kündet, dem Land, „das ferne leuchtet". Und selbstverständlich wieder Nietzsche mit seinem von Benn unermüdlich zitierten Olymp des Scheins. Doch auch Goethes „Novelle" ist vertreten („Löwe und Kind beieinander"); und schließlich folgen Sätze, die nahezu wörtlich Gabriele d'Annunzios Roman „Feuer" („Il fuoco") entnommen sind, wo sie ihrerseits einen Stich von Dürer beschwören: *Lo Spirito senza sonno, coronato di pazienza, stava seduto su la pietra nuda, con il cubito poggiato al ginocchio, con la gota sorretta dal pugno*... und so fort. All das ergibt aber, scheint mir, nicht etwa ein krauses Sammelsurium von Lesefrüchten, sondern einen unverwechselbaren neuen Stil.

Freilich noch keinen Roman. Benn hat dies selber sehr genau gewußt. Der „Roman des Phänotyp", schreibt er, „ist reichlich unverständlich, ganz besonders dadurch, daß ich ihn als Roman bezeichne. Eine Folge von sachlich und psychologisch nicht verbundenen Suiten – jeder mit einer Überschrift versehene Abschnitt steht für sich." Wie also weiter? Der Dichter antwortet mit einer bemerkenswerten Definition. Er sagt: „Der Roman ist – ich bitte den jetzt folgenden Ausdruck zu beachten – *orangenförmig* gebaut. Eine Orange besteht aus zahlreichen Sektoren, den einzelnen Fruchtteilen, den Schnitten, alle gleich, alle nebeneinander, gleichwertig, die eine Schnitte enthält vielleicht einige Kerne mehr, die andere weniger, aber sie alle tendieren nicht in die Weite, in den Raum, sie tendieren in die Mitte, nach der weißen zähen Wurzel, die wir beim Auseinandernehmen aus der Frucht entfernen. Diese zähe Wurzel ist der Phänotyp, der Existenzielle, nichts wie er, nur er, einen weiteren Zusammenhang der Teile gibt es nicht." Ob die letzte Behauptung wirklich in Bausch und Bogen stimmt, wäre allerdings erst nachzuprüfen; ich bin nicht sicher. Mit seiner Kennzeichnung der Gesamtstruktur des Werkes – auf sie ist ja der Begriff *Orangenstil* gemünzt – hat Benn aber ohne jeden Zweifel recht. Dieses Bild trifft. Und seine Übereinstimmung mit dem Befund, den ich eingangs zu umschreiben versuchte, ist wohl unverkennbar.

Man wird fragen: Hat denn das noch irgend etwas mit dem verschwundenen Erzähler zu tun, nach dem hier gefahndet werden soll? Ich hoffe schon. Zu den auffälligsten Zügen des Phänotyps zählt es nämlich, daß er geradezu zwanghaft über seine eigene Form reflektiert und dadurch ständig auf die Situation des Romans – des Romans im hergebrachten Sinne – zu sprechen kommt. Diese Situation ist nach Benn wahrhaft verzweifelt. „Um 1800 begann der Roman", erklärt er, „um 1900, fast auf den Glockenschlag, war die europäische Mine ausgebeutet." Heute habe der Roman sich längst überlebt. Der Phänotyp spricht voller Hohn und Verachtung von ihm, namentlich vom psychologischen Roman, der gänzlich außerhalb seines Umkreises liege – „nichts deutet auf den primär gebauten Satz". Die Beispiele, die Benn wählt, entstammen zwar dem Trivialroman oder dem populärwissenschaftlichen von der Art eines Schenzinger; gemeint ist jedoch der Roman schlechthin: als Gattung, als Möglichkeit des literarischen Kunstwerks. „Existenziell – dies Wort wirkt im Phänotyp", und: „Existenziell – das ist der Todesstoß für den Roman", lesen wir. „Warum Gedanken in jemanden hineinkneten, in eine Figur, in Gestalten, wenn es Gestalten nicht mehr gibt? Personen, Namen, Beziehungen erfinden, wenn sie gerade unerheblich werden?" So äußert sich der Phänotyp, und die Folgerung, die er zieht, lautet: „Also in sich selber seine Springbrunnen hochwerfen, seine Echowände errichten!" Derjenige sein, der „sich selbst umschreitet", und dabei absolute Kunst schaffen: „Alles gleich zur Hand durch … Anordnung, kein Lebenszusammenhang, keine Zeitfolge, nichts von Ursache und Wirkung …"

Diese Äußerungen ließen sich beliebig vermehren. Bereits 1932 konstatierte Benn, zudem noch in völlig anderem Zusammenhang, den wachsenden Widerstand des modernen Menschen „gegen rein Episches, externen Stoffzustrom, Begründungen, psychologische Verkleisterungen, Kausalität, Milieuentwicklung", dem auf der Gegenseite „unser Drang zu direkter Beziehung, zum Schnitt, zum Gliedern, zum reinen Verhalten" entspreche. Drei Jahre später veranstaltete die Zeitschrift „Transition" eine Rundfrage, die Krise der Sprache betreffend. Benns Antwort gipfelte in der Aufforderung, endlich „das korrupte Geschwätz" der Romanciers „aus allen Diskussionen über die Dichtung, das Wort, die Syntax und ihren Hintergrund" unbarmherzig auszuscheiden ... Worauf alle diese Äußerungen zielen, eine wie die andere, ist das Ideal einer absoluten Wortkunst, die es dem Lyriker erlaubt, sich der Prosa zu bemächtigen. „Nur der Lyriker, der ganz große lyrische Dichter, weiß, was das Wort wirklich ist", bedeutet uns Gottfried Benn.

Nach Benn sind die Möglichkeiten der Romankunst endgültig erschöpft, während die Möglichkeiten „von geordneten Worten und Sätzen als Kunst, als Kunst an sich", im Grunde erst jetzt beginnen. Daß der Dichter die ersten Spuren absoluter Prosa bei Pascal zu finden meint, überrascht freilich ein wenig. Mit mehr Recht durfte er sich (wie er dies in seiner Einleitung zu Audens „Zeitalter der Angst" tat) auf den orientalischen Märchenroman „Vathek" berufen, den der englische Millionär und Snob William Beckford 1782 in französischer Sprache verfaßte, den Stéphane Mallarmé für den Symbolismus entdeckte, den man im deutschen Expressionismus pries. Und vollends im Recht war Benn, wenn er sich auf Gustave Flaubert berief, der geschrieben hatte, er möchte am liebsten ein Buch ohne Gegenstand, ohne eigentliches erzählerisches Sujet machen, ein Buch, das allein durch die Kraft seines Stils in sich ruhe. Aus der modernen Literatur führt Benn nur zwei Werke an: Carl Einsteins „Bebuquin" sowie „Paludes" von André Gide. Sie waren die unmittelbaren Vorbilder für den „Roman des Phänotyp" – „alles andere ist ja psychologisch oder gar historisch-episch geblieben", ist „Prosa im treudeutschen und treueuropäischen Sinne", ist „formal unproblematisch und rein inhaltlich bestimmt", wie es in einem Brief an den Verleger Niedermayer heißt.

Soweit Benns eigene Hinweise. Der „Roman des Phänotyp" hat jedoch, wie gar nicht anders zu erwarten, einen viel verzweigteren Stammbaum, als sein Dichter glaubte. Seit über hundertfünfzig Jahren wird er in Europa sowohl gefordert wie verwirklicht. Der „Roman des Phänotyp" ist ein literarischer Typus. Aber um ihn zu erkennen, bedarf es, wie gesagt, der geschichtlichen Betrachtung. Diese Betrachtung wird notwendig die Grenzen der deutschen Literatur überschreiten müssen – was sie indes, scheint mir, völlig beruhigten Gewissens tun kann; denn der Begriff der Nationalliteratur ist eine Fiktion des 19. Jahrhunderts. Für die nachfolgende Skizze der Entwicklung kann ich allerdings nur einen einzigen Aspekt herausgreifen. Eine genaue Untersuchung würde den Rahmen dieser Skizze bei weitem sprengen. Es sind also nur einige Reflexionen über Form und Möglichkeit des Romans ausgewählt, da sie es gestatten, die Forderungen der Theoretiker mit den Gestaltungen der Praktiker zu verknüpfen. Versuchen wir, uns an ihnen Schritt für Schritt zurückzutasten.

1944 schrieb Benn seinen „Roman des Phänotyp". 1927 erklärte Virginia Woolf in einem Essay, daß man „in zehn bis fünfzehn Jahren" den Roman für ganz neuartige Zwecke verwenden werde. „Wir werden gezwungen sein", sagt sie, „neue Namen für die verschiedenen Arten von Büchern zu erfinden, die sich mit dieser einen Bezeichnung maskieren. Und es ist möglich, daß unter den sogenannten Romanen einer sein wird, den wir kaum zu taufen wissen werden ... Er wird uns sehr wenig über die Häuser, Einkommen, Berufe seiner Charaktere sagen; er wird sehr wenig Verwandtschaft mit dem soziologischen oder dem Milieuroman haben. Er wird der Poesie darin ähnlich sein, daß er nicht ausschließlich oder hauptsächlich die Beziehungen von Menschen untereinander und ihre gemeinsamen Tätigkeiten schildern wird, wie das der Roman bisher getan hat, sondern die Beziehungen des Geistes zu allgemeinen Ideen und seine in Einsamkeit geführten Selbstgespräche. Denn unter der Herrschaft des bisherigen Romans sind wir dahin gelangt, zu vergessen, daß ein großer und wichtiger Teil des Lebens aus unsern Gefühlen besteht; wir haben vergessen, daß wir viel Zeit allein verbringen, mit Schlafen, Träumen, Denken und Lesen ... Der Verfasser psychologischer Romane war zu leicht geneigt, sich auf die Psychologie des persönlichen Umgangs zu beschränken ... Es verlangt uns nach andern, unpersönlicheren Beziehungen. Es verlangt uns nach Ideen, nach Träumen, nach Phantasien, nach Poesie." Aus demselben Jahr 1927 stammt der Stoßseufzer von Virginia Woolfs Landsmann E. M. Forster: „Gott ja, der Roman erzählt eine Geschichte ... Ich wünschte, es wäre nicht so; ich wünschte, er könnte etwas anderes sein: Musik – oder die Schau von Wahrheit ... nicht diese niedrige atavistische Form."

1912 veröffentlichte Carl Einstein seinen Roman „Bebuquin", den er als ein Werk „purer Kunst", als „artistische Imagination" verstanden wissen wollte. „Welch schlechter Romanstoff bin ich", ruft Bebuquin aus, „da ich nie etwas tun werde, mich in mir drehe; ich möchte gern über Handeln etwas Geistreiches sagen, wenn ich nur wüßte, was es ist." Ungefähr gleichzeitig mit Einsteins Buch wurden Rainer Maria

Rilkes berühmte „Aufzeichnungen des Malte Laurids Brigge" geschrieben, die 1910 im Druck erschienen. Wir alle wissen, wie gründlich Rilke hier die traditionelle Romanform aufgelöst hat: Briefe, Erinnerungen, Selbstgespräche, Tagebücher, Leseerlebnisse, Lyrismen, Stücke über Musik, Dichtung und Bildende Kunst, Parabelgeschichten und Gebete konstituieren das Werk. Jede Handlung fehlt. „Daß man erzählte, wirklich erzählte, das muß vor meiner Zeit gewesen sein. Ich habe nie jemanden erzählen hören", sagt Malte einmal.

1895 erschien das Büchlein „Paludes": die „Geschichte des liegenden Menschen", der über die Entstehung von Kunst reflektiert. Wie eng die beiden von Benn genannten Vorbilder zusammengehören, ergibt sich schon daraus, daß Einsteins „Hirnroman" (so hat man ihn treffend benannt) ausdrücklich André Gide gewidmet ist. Ruft Bebuquin emphatisch, welch schlechter Romanstoff er sei, so erklärt Gide mit dürren Worten, seine ästhetischen Grundsätze befänden sich im Widerspruch zur Romanform. Trotzdem bezeichnete er sein Werk Paul Valéry gegenüber als Roman ... aber eben als *roman moderne.* Worauf Valéry ihm zur Antwort gab, ein moderner Roman sei bereits Descartes' „Discours de la Méthode" gewesen; es gehe doch längst nicht mehr darum, das Leben von Leidenschaften zu gestalten, sondern man müsse den Roman einer Theorie schreiben. Valérys „Monsieur Teste", dessen erster Teil um dieselbe Zeit entstand wie Gides „Paludes", erfüllt dieses Programm. Wenn die Bennsche Formulierung von der „reinen Projektion eines abstrakten Intellekts" irgendwo zutrifft, so hier. „Ich bin weder für Dramen noch für Romane geschaffen", beteuert Teste. Daß Valérys Feder sich dagegen sträubte, Sätze niederzuschreiben wie „Die Gräfin verließ um fünf Uhr das Haus", ist bekannt; Gide und Benn äußerten sich ganz ähnlich, und Robert Musil notierte: „Überhaupt nicht mehr erzählen, nicht versuchen, in die gewisse Scheinwirklichkeit (an einem schönen Tage ging ...) hineinzuziehen." Weniger bekannt dürfte sein, daß der kaum zwanzigjährige Musil um die Jahrhundertwende einen „Roman in Aphorismen" entwarf, der beileibe nicht bloß im Titel eine geradezu frappierende Übereinstimmung mit Valérys „Monsieur Teste" aufweist ...: nämlich „Monsieur le vivisecteur". „Was ist monsieur le vivisecteur?" so heißt es im Tagebuch. „Vielleicht der Typus des kommenden Gehirnmenschen – vielleicht?" Nur der Umstand, daß Robert Musil in Stilfragen konservativ war, wie er selber gestand, hielt ihn offenbar davon ab, seinen „Mann ohne Eigenschaften" im Sinne dieser frühen Konzeption auszuführen.

1884 kam in Frankreich der Roman „A rebours" von Joris-Karl Huysmans heraus – in der Tat ein Werk „gegen den Strich", gegen alle Regeln der Zunft. „Wozu soll ich mich vom Fleck rühren, wenn man

auf seinem Stuhl so herrlich reisen kann?" erklärt des Esseintes, der
Held des Buches. Nur innere Fahrten zählen für ihn, der davon
träumt, die Quintessenz ganzer Romane in wenige Zeilen makelloser
Prosa zu bannen. Von Huysmans, dessen Buch der junge Valéry seine
„Bibel" nannte, führt der Weg weiter zu Edouard Dujardin, dem
Begründer des *monologue intérieur* – sein Roman „Les lauriers sont
coupés" erschien 1887 – und zu Oscar Wildes „Picture of Dorian
Gray" (1890). Im handlungslosen Mittelstück dieses Romans, das
von der Schauergeschichte des Porträts umrahmt wird und Dorians
ästhetisches Verhalten beschreibt, hat der englische Dichter Huysmans „Roman ohne Handlung, mit nur einer Person, die alles in sich
konzentriert", bis in Einzelheiten nachgebildet. Er war es auch, der in
seinem Essay „The Critic as Artist" (1890) am entschiedensten die
Forderung erhob, Kunstwerke als bloßes Material für neuerliches
Kunstschaffen zu verwenden – also genau das, was Benn im „Roman
des Phänotyp" tut. Wilde wiederum fußte auf Walter Pater, dessen
Roman „Marius der Epikuräer" (1885) nur noch isolierte Stationen
einer, wie es heißt, „intellektuellen Pilgerschaft" enthält. Zu erwähnen sind ferner die lyrischen Romane eines Jens Peter Jacobsen und
Knut Hamsun: „Niels Lyhne" (1880), „Pan" (1894). Um die äußere
Komposition, sagte Jacobsen, kümmere er sich den Teufel. „Pan" wie
„Niels Lyhne" gehörten zu den Lieblingsbüchern Benns; Wilde,
Huysmans, Pater, Valéry kannte der Dichter ebenfalls. Aus dem Jahr
1852 schließlich stammt die schon zitierte Äußerung Flauberts, er
wolle einen Roman über ein Nichts an Stoff schreiben. Aber bereits
vor 1815 konzipierte und begann die Engländerin Mary Mitford
einen Roman fast ohne jedes Handlungselement oder Erzählgerüst:
ein Werk *without any plot at all*. Damit stehen wir an der Schwelle
zum 19. Jahrhundert.

Gottfried Benns „Roman des Phänotyp", sagten wir, ist die Selbstdarstellung eines repräsentativen Ich im Banne der Kunst. Dieses Ich
verharrt in der „Isolation"; es verhält sich statisch. Seine Taten beziehen sich nicht auf die Welt, sondern zurück auf das Werk. Eine
erzählbare Handlung im herkömmlichen Sinne fehlt. Der Roman
besteht aus unverbundenen Teilen, die der Dichter den Fruchtschei-
ben einer Orange vergleicht: jede einzelne drängt auf die weiße zähe
Wurzel hin, auf die Mitte, das Ich. An die Stelle der Handlung treten
Lyrik und Reflexion. Das Kunstwerk – seine Form, seine Entstehung
– wird sich selber zum Gegenstand. Eindrücke und Erinnerungen
ersetzen die äußeren Geschehnisse. Der Phänotyp erlebt innere Abenteuer: Erfahrungen mit Gedanken, Querschnitte durch Begriffe,
Überblicke oft bis ins entlegenste Detail. Und immer wieder gestaltet
er schon Gestaltetes. Die Gebilde der Kunst potenzieren sich so gleich-

sam: es entsteht eine Kunst über Kunst, *l'art pour l'art* in des Wortes
wörtlichster Bedeutung.

Diese Charakteristik gilt für alle Werke, die ich genannt habe – fürs
eine mehr, fürs andere weniger; am meisten wohl für Rilkes „Malte",
Valérys „Monsieur Teste", Huysmans „A rebours" sowie die Prophe-
zeiungen der Virginia Woolf. Sie alle sind „Romane des Phänotyp"
oder befinden sich jedenfalls auf dem Weg dorthin. Sie alle zielen – sei
es bewußt, sei's unbewußt – auf den „absoluten Roman", wie ihn
bereits um 1800 natürlich kein anderer als Friedrich Schlegel erfunden hat. Friedrich Schlegel darf daher mit einem gewissen Recht der
vergessene Stammvater dieser ganzen Entwicklung heißen. Denn er
entwarf nicht nur in seinen theoretischen Schriften die Gattungsgeset-
ze für den „Roman des Phänotyp", sondern schuf auch mit seiner
„Lucinde" von 1799 ein Werk, das dem hier beschriebenen Typus
schon in verblüffend hohem Grade ähnelt. Nur einer unter seinen
zahlreichen Erben scheint dies erkannt zu haben: der Österreicher
Musil, der spät, aber desto gründlicher Schlegels Ahnenschaft legiti-
mierte, indem er eins der berühmtesten Lyzeumsfragmente über den
Roman Silbe um Silbe für sein eigenes Schaffen in Anspruch nahm ...

Aber was hat das alles mit dem verschwundenen Erzähler zu tun?
wird man noch einmal ungeduldig fragen. Ich möchte mit einer Ge-
genfrage antworten. Goethe definiert bekanntlich den Roman als
„subjektive Epopöe". Die Formulierung in den „Maximen und Reflexionen" lautet: „Der Roman ist eine subjektive Epopöe, in welcher
der Verfasser sich die Erlaubnis ausbittet, die Welt nach seiner Weise
zu behandeln." Auf der einen Seite steht also für Goethe das Subjekt,
das Ich, der Erzähler – auf der andern steht die Welt und was in ihr an
Erzählbarem geschieht. Ließe sich darauf nicht eine einfache – meinetwegen naive und schneidermäßige – Typologie des Romans gründen ...? Eine Typologie wohlverstanden, die genau wie der Terminus
„Romane des Phänotyp" vorerst reinen Modellcharakter hätte? Aus
Goethes Bestimmung und unseren bisherigen Beobachtungen dedu-
ziert, würde sie sich als eine Dreiteilung ungefähr folgender Art dar-
bieten:

1. Es gibt Romane, die beides – Ich und Welt, Erzähler und Geschehen – enthalten.

2. Es gibt Romane, die fast nur noch Welt, nur noch Geschehen
enthalten und das Ich radikal zu verbannen suchen. Sie verabsolutieren die Welt.

3. Es gibt Romane, die fast nur noch das Ich enthalten und die Welt,
das Geschehen radikal zu verbannen suchen. Sie verabsolutieren das
Ich.

Der erste dieser drei Typen, die natürlich mit breiten Grenzsäumen ineinander übergehen, entspräche dem Roman, wie Goethe ihn im Auge hat. Der zweite Typ entspräche dem von Beach gekennzeichneten, heute angeblich herrschenden Roman ohne Erzähler ...: *exit author*. Und der dritte Typ entspräche eben jenen statischen *soliloquia,* die wir vorläufig unter Benns Begriff des phänotypischen Romans gefaßt haben. Das absolute Ich, der Phänotyp, der keine Geschehnisse entfaltet, sondern sich selber umkreist: *er* wäre demnach der Erzähler, nach dem wir suchen. Die Romane, die dieser Erzähler paradoxerweise immer noch schreibt, behandeln nicht mehr die Welt und was in ihr geschieht, sondern lediglich das isolierte Subjekt. Es sind Romane, in denen der Erzähler allein auftritt und sozusagen „sich selber erzählt" ...: *enter author*.

Nimmt man diese Typologie an, so ist der verschwundene Erzähler dingfest gemacht. Eine Typologie hängt freilich davon ab, ob sie sich am konkreten Material bewährt. Doch das bereitet ja keinerlei Schwierigkeiten. Daß die meisten Romane die Goethesche Doppelheit von Ich und Welt, Erzähler und Geschehen in sich vereinen, ist wohl unbestreitbar. Nach K. Friedemann bestünde das Wesen des Epischen überhaupt in der „Selbstdarstellung des Erzählers"; und auch für den finnischen Theoretiker R. Koskimies bleibt der Erzähler zumindest „immer sichtbar". Darüber hinaus kennen wir aber Werke, in deren Formgefüge sich diese Doppelheit ganz nackt und abrupt niedergeschlagen hat. Ich denke vor allem an Jean Pauls Roman „Siebenkäs". W. Rasch, der das Werk überzeugend analysiert, sieht im Mittelpunkt des Ganzen die Selbstdarstellung des die Handlung ständig überschichtenden Erzählers: all das Gerank der reflektierenden und gefühlvollen Kommentare, der Anspielungen und Vergleiche im Text dient diesem einen Zweck. Am freiesten und formal schroffsten tritt das Ich in solchen Einlagen wie der „Rede des toten Christus" oder dem „Fest der Sanftmut" hervor, die ja beide völlig selbständig auf den Erzähler bezogen sind. Kaum anders verhält es sich Jahrzehnte später mit der Einleitung und den Kommentaren zu Wilhelm Raabes „Schüdderump".

Was die zweite typologische Möglichkeit betrifft – den erzählerlosen, den sogenannten „objektiven" Roman der Moderne, den in Deutschland namentlich Friedrich Spielhagen proklamiert hat –, so wäre ein extremes Beispiel etwa „The Awkward Age" von Henry James (1899), ein Werk, das die vollständige dramatische Illusion anstrebte und auch beinah erreichte ... oder noch mehr Lion Feuchtwangers kolossaler Dialog „Thomas Wendt" (1919; mit dem Untertitel „Ein dramatischer Roman"), dem diese Illusion dann tatsächlich gelang – womit er freilich in die Bezirke der Bühne hinüberwechselte, um dort nicht zufällig Brechts Konzeption des epischen Theaters zu beeinflussen ... Von der dritten Möglichkeit schließlich, den „Romanen des Phänotyp", war ausführlich genug die Rede.

Es könnte nun den Anschein haben – und manche Theoretiker neigen offenbar zu dieser Auffassung –, als bedeuteten die von der Gegenwart des Erzählers geprägten Werke vornehmlich des 18. Jahrhunderts die „normale", „echte", ja gar die „gesunde" Form des Romans, und die ganze folgende Entwicklung wäre von vornherein zu verdammen, wäre Entartung, Verfall. Diese Auffassung ist jedoch falsch. Jedenfalls trifft sie nicht in solchem Maße zu, daß sich daraus allgemein Krise und Niedergang der Romanform ableiten ließen. Es gab nämlich auch damals bereits jene drei Typen des Romans, und zwar so extrem verabsolutiert, wie man nur will. Von Schlegels „Lucinde" können wir dabei ruhig absehen; denn fünf Jahre vorher, 1794, erschien von dem Franzosen Xavier de Maistre ein Werk mit dem Titel „Voyage autour de ma chambre", das sich beinah in nichts von dem genau hundertfünfzig Jahre später entstandenen „Roman des Phänotyp" unterscheidet. „Ein Roman im Sitzen", so schrieb ja Gottfried Benn im Jahr 1944. Zwischen ihm und de Maistre steht Huysmans: „Wozu soll ich mich vom Fleck rühren, wenn man auf seinem Stuhl so herrlich reisen kann?"

Andererseits wurde anonym bereits 1771 in England der Dialogroman „The Disguise" veröffentlicht, dessen Untertitel wörtlich dem Untertitel bei Feuchtwanger entspricht: „A Dramatic Novel" – „Ein dramatischer Roman". In Deutschland war diese Form des Romans damals ebenfalls verbreitet; sie findet sich u. a. bei Klinger. Liest man vollends Sterne, der 1767 das letzte Buch seines „Tristram Shandy" zum Druck beförderte, so möchte man mit W. Emrich allen normierungssüchtigen Theoretikern zurufen: „Die großen Romane der Weltliteratur sind gar keine Romane." Eine provokative Formel; aber das, was sie meint, stimmt. Ich setze hinzu, daß gerade die kühnsten und scheinbar zerstörerisch-modernsten Romane des 20. Jahrhunderts – die Werke der Proust, Joyce, Döblin, Musil, Gide und Broch – jene sogenannte „heile" Einheit von Ich und Welt, Erzähler und Geschehen ja keineswegs aufgegeben haben. Im Gegenteil: „Die Persönlichkeit des Künstlers dringt in die Erzählung selber ein und umspült deren Gestalten und Vorgänge wie ein lebendiges Meer", sagt James Joyce; und Robert Musil ergänzt: „*Ich* wird in diesem Buche weder den Verfasser bedeuten noch eine von ihm erfundene Person, sondern ein wechselndes Gemisch von beidem." Das ist, beiläufig vermerkt, eine wirklich exakte, weil dynamische Definition des Verhältnisses von Dichter und Erzähler, Autor und auktorialem Medium (F. K. Stanzel), die auch die merkwürdige Dehnbarkeit des Bennschen Begriffs vom „Phänotyp" rückwirkend zu erläutern vermag.

Eines steht demnach fest: Die angebliche Krise, in die der moderne
Roman geraten sein soll, *ist* überhaupt keine Krise. So etwa drückt es
wiederum Emrich aus. Oder mit den Worten eines englischen For-
schers: „Mannigfaltigkeit und Verschiedenheit der Romankunst im
20. Jahrhundert spiegeln nur die Zustände, die schon bei ihrer Entstehung herrschten." Nichts weiter. Damit fällt jede bloß negative Beur-
teilung endgültig weg – auch die geschichtsphilosophisch (noch nicht
marxistisch) begründete des frühen Lukács, dem immerhin das Ver-
dienst gebührt, den hier beschriebenen Romantypus als erster zumindest annäherungsweise erkannt zu haben.

Allerdings erhebt sich dafür sofort eine Menge anderer Probleme.
Ich greife zum Schluß nur noch das wichtigste heraus. Wie kam, fragt
man sich doch, Friedrich Schlegel an der Schwelle zum 19. Jahrhundert dazu, als höchste Dichtungsform den absoluten Roman zu propagieren, der ja ohne Zweifel aufs engste mit den „Romanen des
Phänotyp" verwandt ist? Vorher – nimmt man den einsamen, aber in
vielem schon höchst modernen „Versuch" Blanckenburgs aus – hatte
der Roman ja bestenfalls als Halbkunst gegolten. Noch Schiller nennt
den Romancier, wie man weiß, einen „Halbbruder" des Dichters, und
selbst zu dieser Bezeichnung ließ er sich nur widerwillig herbei. Im
Briefwechsel mit Goethe war Schiller offener; da erklärt er sogar
brutal die Romanform für „schlechterdings nicht poetisch" und kehrt
damit noch hinter Gottsched zurück, der dem Roman wenigstens
„eine von den untersten Stellen" im Reich der Poesie anweisen wollte.

Wie konnte Schlegel plötzlich zur selben Zeit den absoluten Roman propagieren?

Offensichtlich liegt der Schlüssel zum Verständnis darin, daß bis
ans Ende des 18. Jahrhunderts das Gebäude der poetischen Gattungen fast unangetastet bestand – jenes ehrwürdige Gebäude, das die
deutsche Klassik dann noch zusätzlich zu festigen suchte. Der Roman
hatte in ihm keinen Platz; deshalb hieß er unpoetisch und ein minder-
wertiges Produkt. Als jedoch mit der aufkommenden Romantik (im
Ansatz übrigens schon bei Blanckenburg) die alten Gattungsmauern
brachen, war mit einem Male Raum für den Roman. Seine unendli-
chen Möglichkeiten, die man bisher nur naiv oder außerhalb der
Gattungen, gleichsam illegitim, genutzt hatte, wurden nun bewußt.
Mehr noch: sie wurden – sehr im Gegensatz zu mancher späteren
Dogmatik der Dichtung, welche alle Romanformen, die sich nicht in
ihr System fügen wollen, verwerfen zu müssen glaubt – von der
Theorie anerkannt. Nichts war nun dem Roman mehr verschlossen.
Alles konnte in ihn einströmen. In dialektischem Umschlag wurde die
verpönte Halbkunst, ja Unkunst zur eigentlichen, zur absoluten Kunst.
Und Schlegel war durchaus nicht der einzige, der dies sah. Auch der

alte Herder, scharfäugig wie immer, wußte die Zeichen zu deuten. In seinen „Humanitätsbriefen" umriß der Weimarer Generalsuperintendent in gedrängten Sätzen erstmals die Poetik des absoluten, des phänotypischen und damit einer Spielart des modernen und modernsten Romans:

„Keine Gattung der Poesie ist von weiterem Umfange, als der Roman; unter allen ist er auch der verschiedensten Bearbeitung fähig: denn er enthält oder kann enthalten nicht etwa nur Geschichte und Geographie, Philosophie und die Theorie fast aller Künste, sondern auch die Poesie aller Gattungen und Arten – in Prose. Was irgend den menschlichen Verstand und das Herz interessiret, Leidenschaft und Charakter, Gestalt und Gegend, Kunst und Weisheit, was möglich und denkbar ist, ja das Unmögliche selbst kann und darf in einen Roman gebracht werden, sobald es unsern Verstand oder unser Herz interessiret. Die größesten Disparaten läßt diese Dichtungsart zu: denn sie ist Poesie in Prose."*

*) Der Essay „Romane des Phänotyp", ursprünglich ein Vortrag, entstand 1961/62 – damals noch als Skizze einer größeren Studie, die aber dann liegenblieb. Gekennzeichnet ist dieser Entwurf zwar durch eine gewisse Frische und Entdeckerfreude des ersten Ansatzes, doch zugleich durch Keckheit und Unbekümmertheit. Manches würde ich heute nicht nur anders sehen, sondern auch anders sagen. Was das Phänomen selber betrifft, so scheint es mir aber nach wie vor richtig gesichtet und somit der weiteren Beachtung wert, zumal dies im deutschen Bereich neuere Werke wie etwa Wolfgang Hildesheimers „Tynset" und „Masante" oder, mit interessanten Abweichungen, die entsprechenden Texte von Herbert Achternbusch und Karin Struck nachdrücklich unterstreichen. Jene *soliloquies in solitude,* die schon vor 1800 begannen, werden wohl noch eine Weile andauern.

Wilhelm Emrich

Literatur um die Jahrhundertmitte

In Robert Musils Roman „Der Mann ohne Eigenschaften" finden sich folgende Sätze: „Alle die lebhaften Menschen des Lebens, die es gänzlich unmöglich fänden, einen Kraftwagen zu benützen, der älter als fünf Jahre ist, oder eine Krankheit nach den Grundsätzen behandeln zu lassen, die vor zehn Jahren die besten waren, die überdies ihre ganze Zeit freiwillig-unfreiwillig der Förderung solcher Erfindungen widmen und davon eingenommen sind, alles zu rationalisieren, was in ihren Bereich kommt, überlassen die Fragen der Schönheit, der Gerechtigkeit, der Liebe und des Glaubens, kurz alle Fragen der Humanität, soweit sie nicht geschäftliche Beteiligung daran haben (wie etwa Professoren) am liebsten ihren Frauen, und solange diese noch nicht ganz dazu genügen, einer Abart von Männern, die ihnen von Kelch und Schwert des Lebens in tausendjährigen Wendungen erzählen, denen sie leichtsinnig, verdrossen und skeptisch zuhören, ohne daran zu glauben und ohne an die Möglichkeit zu denken, daß man es auch anders machen könnte. Es gibt also in Wirklichkeit zwei Geistesverfassungen, die einander nicht nur bekämpfen, sondern die gewöhnlich, was schlimmer ist, nebeneinander bestehen, ohne ein Wort zu wechseln, außer daß sie sich gegenseitig versichern, sie seien beide wünschenswert, jede auf ihrem Platz. Die eine begnügt sich damit, genau zu sein, und hält sich an die Tatsachen; die andere begnügt sich nicht damit, sondern schaut immer auf das Ganze und leitet ihre Erkenntnisse von sogenannten ewigen und großen Wahrheiten her. Die eine gewinnt dabei an Erfolg, und die andere an Umfang und Würde. Es ist klar, daß ein Pessimist auch sagen könnte, die Ergebnisse der einen seien nichts wert und die der anderen nicht wahr. Denn was fängt man am Jüngsten Tag, wenn die menschlichen Werke gewogen werden, mit drei Abhandlungen über die Ameisensäure an, und wenn es ihrer dreißig wären?! Andererseits, was weiß man vom Jüngsten Tag, wenn man nicht einmal weiß, was alles bis dahin aus der Ameisensäure werden kann?"

Die literarische Situation der Gegenwart ist in diesen Sätzen exakt gekennzeichnet: Die Literatur, die „immer auf das Ganze schaut", vermag die ihr eigenen Fragen, die Fragen „der Schönheit, der Gerechtigkeit, der Liebe und des Glaubens", nicht mit jener „Genauigkeit" zu artikulieren, die vom Bewußtseinsstand unserer Epoche zu fordern ist und von allen „lebhaften Menschen des Lebens" im technischen, medizinischen, naturwissenschaftlichen und organisatorischen Bereich auch tatsächlich geleistet wird. Die Literatur ist hinter dem Bewußtseinsstand ihrer Epoche zurückgeblieben, beschwört in „tausendjährigen Wendungen" unglaubwürdig gewordene „sogenannte ewige und große Wahrheiten". Niemand „denkt" an die Möglichkeit, „daß man es auch anders machen könnte", d.h. daß Genauigkeit auch und gerade in allen Fragen des Geistes die einzige Möglichkeit ist, den technischen Erfindungen und den mit ihr verbundenen neuen Lebensformen „Wert" zu verleihen und die Sphäre der Humanität glaubwürdig und im wörtlichen Sinne „wahrzumachen", die Schizophrenie des Zeitalters zu überwinden und Denkformen und Maßstäbe zu gewinnen, die das einzelne und das „Ganze" einsichtig und damit verpflichtend binden.

Der Literatur fällt damit die Aufgabe zu, den neuen technologischen Bewußtseinsstand der Epoche konsequent weiterzubilden und zu übersteigen, ihn aus der Enge seines Spezialistenhorizontes zu befreien, seine vom Ganzen (Jüngster Tag) aus gesehen „wertlose" Tätigkeit in die Frage nach diesem Ganzen, von dem aus alle Werke „gewogen" werden, mit hineinzunehmen, statt sie von vornherein von einem rational undefinierbaren Ethos oder „Sein" des Ganzen aus als „nichtig" zu entwerten. Die Kritik dieser Sätze richtet sich daher nicht nur gegen die ungenauen Visionen etwa expressionistischer Prägung oder gegen die Dichtungen, die das abendländische Erbe konservieren und damit verraten, sondern ebenso scharf gegen die avantgardistische Literatur, die alles „Daseiende" hohnvoll „nichtet" im irrational monoton blinden „Warten" auf einen undefinierten Seinsgott „Monsieur Godot" (Samuel Beckett) oder die mit den Trümmern einer angeblich zersprungenen Wirklichkeit ihr surrealistisch „hermetisches" Spiel treibt. Sie zielt aber auch gegen jeden „Realismus", dem die „Gesetzmäßigkeiten" der geschichtlichen Entwicklungen zuhanden stehen wie einem Ingenieur seine Rechentabellen, in die sich alle Komplikationen des Geistes einzeichnen lassen wie Spiegelbilder, die als irreal-fiktive „Überbauten" über den einzig realen ökonomisch-gesellschaftlichen „Unterbauten" in verzerrenden Hohlspiegeln durch die „abstrakte" Geister-, Gespenster- und Ideologiengeschichte der Welt dahinhuschen und der „Entlarvung" bedürfen, damit sich jener realistische Humanismus verwirkliche, der ebenso ungenau vorausentworfen wird wie die „genauen" Statistiken der „konkreten" gegenwärtigen Wirklichkeit durch diese Wirklichkeit selbst ständig widerlegt werden.

Die schizophrene Formung der heutigen menschlichen Welt durch

zwei isoliert nebeneinander bestehende Geistesverfassungen führt
also einerseits zu einer scheinhaft „perfektionierten" technisch-öko-
nomischen Lebensgestaltung, die vom Ganzen aus gesehen „nichts
wert" ist, andererseits zur Verkündigung ewiger und großer Wahrheiten oder sogenannter „Leitbilder", die „nicht wahr" sind, aber unaus-
gesetzt auch in das politische, soziale, juristische und wirtschaftliche
Leben hineingeworfen werden als bewußte oder unbewußte Lügen,
die ungenaue, verwirrte Lebensformen und Handlungen erzeugen
und die katastrophalen Zustände unseres heutigen Bewußtseins und
Daseins nicht nur spiegeln, sondern hervorbringen.

Die Literatur unseres Jahrhunderts ist an diesem Zustand beteiligt,
hat ihn gefördert. Sie hat ihn beschrieben, kritisiert, und in ihren
Höchstformen gerann er zur sprachlich-bildhaften Form, so daß er
durch diese Form anschaubar, einsichtig, erkennbar wurde. Aber sie
hat bis heute nicht die Konsequenzen aus ihren eigenen Formungen zu
ziehen vermocht. Ihr mißlang ihre Aufgabe: die Artikulierung des
Bereiches, den sie vertreten und in Erscheinung bringen sollte. D. h. sie
drang nicht zu ihrem vollen Selbst-und damit Weltbewußtsein vor,
wenngleich sie gerade dies – wie Musil – immer erneut als Forderung
formulierte. Erst die Literatur der Jahrhundertmitte markiert und
reflektiert dieses Scheitern illusionslos präzis. In ihren jüngsten Formen (Uwe Johnson) wird die Möglichkeit zur vollen Bewußtwerdung
und Artikulierung sichtbar.

Leistungen und Grenzen dieser jüngsten Literatur lassen sich daher
nicht bestimmen ohne Einsicht in ihre Vorgeschichte, d. h. in die
Geschichte dieses Scheiterns, die sich in den Dichtungen der ersten
Hälfte unseres Jahrhunderts abspielte. Auffälligerweise haben sich
zudem in der jüngsten Literatur – sieht man sie in ihrer Breite – wie in
einem Strombett alle Strömungen der Vergangenheit versammelt. In
ihr mischen oder überkreuzen sich – oft in einem einzigen Werk –
kraß naturalistische, extrem expressionistische, dadaistische, surrealistische, symbolistische, impressionistische, neusachliche, ja sogar
klassizistische Form- und Inhaltselemente. Dies zwingt zur Pflicht,
alle diese in der Literaturgeschichte entstandenen und benutzten Ismen mit Mißtrauen zu betrachten und die Frage zu stellen, ob diese
Ismen nicht selber nur Ausdrucksformen einer einzigen Weltsituation
waren und sind, deren triste Einheitlichkeit („Seinesgleichen geschieht" ([Musil]) erst jetzt bewußt wird und deutlich zur Erscheinung gelangt in der heutigen gesichtslos ungenauen Vermischung
aller vergangenen Stilelemente und Ismen. Bereits vor Beginn unseres
Jahrhunderts um 1890 setzt der Versuch des sogenannten „konse-
quenten Naturalisten" Arno Holz ein, die Genauigkeit naturwissen-
schaftlicher Methoden und Denkformen auch in der dichterischen

Gestaltung der inneren – seelischen und intellektuellen – Vorstellungswelt des Menschen und der empirischen Erscheinungen zu erreichen. Dementsprechend führt seine „Wortkunst", indem sie möglichst genau mit den zu gestaltenden Phänomenen „identisch" zu werden versucht, zu ungeheuerlichen, bis ins Unabsehbare sich differenzierenden Wortzusammensetzungen und Wortketten, um die gesamten Assoziationen und Vorstellungsvarianten, die ein Phänomen in sich enthält, sprachlich exakt „wiedergeben" zu können. Damit aber wird gerade die eigenste Leistung der Dichtung, die Gestaltung der „Fragen der Schönheit, der Gerechtigkeit, der Liebe und des Glaubens", verhindert. Der Geist wird zu einem verdinglichten Phänomen, mit dem nach Analogie der Physik experimentiert werden kann wie in den spiritistischen Sitzungen des Dramas „Ignorabimus" von Holz. Er wird zum Objekt der Empirie statt zu ihrem Gesetzgeber. Er löst sich auf in empirisch faßbare Bestandteile, die sprachlich nachgeahmt werden können, indem der gesamte bewußte und unterbewußte Vorstellungsstrom des Menschen in uferlosen Assoziationsreihen imitiert wird unter rücksichtsloser Zerschlagung auch aller gewohnten Wortbildungen und syntaktischen Gliederungen.

Dieser Versuch zur dichterischen Genauigkeit läßt sich von Arno Holz über James Joyce und den Surrealismus bis zu Alfred Döblin, Hermann Broch und schließlich bis zu den heute monoton fast überall auftretenden sogenannten „inneren Monologen" jüngster Autoren verfolgen (Heinrich Böll, Martin Walser: „Halbzeit", Arno Schmidt, Günter Grass, Uwe Johnson: „Mutmaßungen über Jakob" u. a.). Gegensätzliche Ismen wie Naturalismus und Surrealismus haben also im Grunde die gleiche Wurzel und das gleiche Ergebnis: Die Welt des Geistes wird präzisiert durch ihre Preisgabe an die analytisch-deskriptive Methode empirischer Forschung. Der Geist gibt seinen Geist auf, zerfällt zu manipulierbaren Vorstellungstrümmern. Aber er rächt sich für seinen Tod, indem noch die Zuckungen seiner leichenhaften Bestandteile die empirischen Ordnungen durchschlagen und „absurde", surreale Konstellationen mitten im Empirischen hervorbringen (sogar schon bei Arno Holz). Präzision wird zur Deformation. Die Perfektion, die im Bereich des Empirischen nur in den toten Gegenständen der Technik erreicht werden kann, schlägt beim Versuch der Verdinglichung und Vertotung des Geistes um in perfektioniertes Chaos, indem sich, wie bei James Joyce, totale Desintegration aller Teile und totale Integration aller Teile durch rational ausgeklügeltste Symbolkonstruktionen und unterirdische Verknüpfungen aller Teile zu einem unentrinnbaren Netz von Bezügen verbinden, die den Triumph des organisierten Chaos über die formende Kraft eines aus der Welt vertriebenen Geistes vollkommen machen.

Jedoch auch dort, wo die moderne Dichtung ihr „autonomes" Reich zu bewahren und auszuformen versuchte im Protest oder in der Distanz gegen die empirische Sphäre, auch in den „absoluten" Formen der „poésie pure" von Rimbaud, Mallarmé, George, Hofmannsthal, Rilke, Valéry bis hin zu Trakl, Benn, T.S. Eliot, W.H. Auden und Paul Celan hat sich im Prozeß solcher Ausformung eines absoluten poetischen Eigenbereiches eine paradoxe Verkehrung ereignet:

Die reinen Formen des mit sich selbst beschäftigten Geistes, die „genau" jeden „Eindruck" (George), jede „Empfindung" der „Seele", ja sogar wie bei Mallarmé und dem späten Rilke das allem Daseienden zugrunde liegende, alles Irdische begründende und sprengende, den Tod überstehende, „bleibende" „Sein" des Menschen zu artikulieren, ins Wort zu bringen versuchten und also einen genauen, klar gegliederten Kosmos des Geistes aufzubauen schienen, enthalten in ihrer hermetischen Diktion die Elemente des Seins, Daseins und „Nichtens" des Daseins in Gestalt von „Chiffren", deren Verrätselung und Enträtselung Ausdruck der Tatsache sind, daß das dichtende Bewußtsein in diesen Werken dem eigenen gestalteten Innen-Mikrokosmos gegenüber sich zugleich bewußtlos-unpersönlich wie überpersönlich-wissend verhält, in einem Zwischenzustand von Hingabe (Auflösung des Bewußtseins) und Aufstieg (Übersteigung des Bewußtseins), weil die unter- und übermenschlichen Mächte des Daseins bis hinunter zu den „reinen", alle Existenz gründenden Strukturen des „Seins" und des „Nichts" (Mallarmé) die Gegenstände dieser Dichtung sind, in die die Dichter eingehen, die sie wie Träumende aus einem alles umgreifenden „Absoluten" heraufholen und die ihnen daher selber als rätselhafte Chiffren begegnen, die sich im Schaffensprozeß fortschreitend dechiffrieren, aber auch immer wieder neu chiffrieren müssen in einem unausgesetzten Prozeß der Klärung, Verdunkelung und neuen Klärung, der Identifikation: „Ich bin nunmehr unpersönlich ..., eine Fähigkeit des geistigen Universums, sich selbst zu sehen und zu entfalten, und zwar mittels dessen, was mein Ich war. Ich vermag nur noch die Entfaltungen auf mich zu nehmen, die absolut notwendig sind, damit das Universum in diesem Ich sein Selbstsein [‚identité'] findet" (Mallarmé). „Unserem Geschlecht [= der Menschheit] fiel die Ehre zu, der Furcht, welche die metaphysische, verschlossene Ewigkeit vor sich selber hat – und zwar anders als in der Weise des menschlichen Bewußtseins – Eingeweide zu geben" (Mallarmé). Ein Formenspiel absoluter, von allem Empirischen „losgelöster" Daseinselemente entsteht analog dem Entpersönlichungsvorgang der Mystik, kein seiner selbst und der Welt gewisses, wissendes Bewußtsein, das sich selbst und die Welt zu formen, in die Welt hineinzuwirken vermag, Erkenntnis und neue Wirklichkeit stiftend, worin das Sigma und Vorrecht des Geistes besteht. D. h. der Geist ist in dieser Dichtung zwar „universal" geworden, aber nicht zu sich selber als Person gelangt. Vielmehr wird gerade die Personwerdung als eine untere, begrenzende Stufe gesehen und verworfen. Der Geist öffnet sich ins grenzenlose „Ewige", zugleich aber in paradoxer Widersprüchlichkeit bewegt und kreist er nur weltlos in sich und um sich in einer „leeren Idealität" oder „Transzendenz", wie Hugo Friedrichs Analyse dieses Dichtungstyps gezeigt hat.

Die weitere Paradoxie dieser Dichtung liegt darin, daß die „absolut" gewordenen Elemente des Daseins sich gerade als Elemente jener Außenwelt enthüllen, denen die poésie pure zu entrinnen trachtete (Trümmer der modernen Großstadtwelt, Neigung der Poeten zu technologischen Konstruktionen „künstlicher" Welten, Behandlung des Gedichts wie ein Fabrikat, das man aus Worten „machen", „fabrizieren" muß usw.). Die Poesie „arbeitet" mit den Methoden und „Techniken" der empirischen Welt, um durch überraschende Kombinationen ihrer atomisierten Teile „neue", „seltsame" Konstellationen zu erzeugen mit dem letzten Ziel, eine „ungreifbare", „unsägliche", allen empirischen Ordnungen entrückte Sphäre zu gewinnen, die aber selbst nicht mehr artikuliert werden kann, sondern als unfaßlich „Anonymes", als ein außerwirklich unter- oder überpersonales „Es" oder „Anderes" umschrieben wird, das unbestimmbaren Mächten der „Tiefe" angehört, denen der Poet sich wie einer Kollektivseele („l'âme universelle") ausgeliefert sieht: „Schon regt sich die Symphonie der Tiefe. Es ist falsch zu sagen: ich denke. Es müßte heißen: man denkt mich" (Rimbaud).

Eine verbindliche Ausformung der Welt des Geistes zu einer Bewußtsein und damit Ordnung stiftenden, gesetzgebenden Erkenntnis konnte hier nicht entstehen. „Poésie pure" und der aus dem Naturalismus erwachsene „innere Monolog" erweisen sich letztlich als identische Phänomene, was offenkundig im Surrealismus wird, wo innerer Monolog und die Formen- und Chiffrensprache der poésie pure zusammenfallen (André Breton, René Char, Paul Eluard, Henry Miller u. a.), nicht anders wie bei Paul Valéry („Monsieur Teste"), bei T. S. Eliot, W. H. Auden und Gottfried Benn. Welt, Seele, Bewußtsein werden dem experimentellen Spiel unter- und vorbewußter Mächte überlassen, und selbst die reinen „Seins"-Strukturen Rilkes münden in die Hingabe an das Anonyme: „Niemandes Schlaf zu sein unter soviel Lidern."

Im Drama hat sich von Gerhart Hauptmann über Wedekind, Georg Kaiser, Sternheim und Hofmannsthal („Der Turm") bis Sartre, Tennessee Williams, Jonesco und Samuel Beckett folgender Prozeß ereignet. Bei Hauptmann und heute bei T. Williams werden die alles lebendige Dasein bestimmenden Triebgewalten zu mythischen Schicksalsmächten stilisiert, die der Mensch nur zu bestehen vermag, indem er ihren Befehlen gehorcht, die blutigen Schicksalstaten selber vollstreckt, wodurch er ihrer Macht teilhaftig, selber „vergöttert" wird. Freiheit und Friede sind nur möglich durch Vernichtung der Welt selbst (mit all ihren göttlich-dämonischen Schicksalsgewalten) in einem weltjenseitigen, unbestimmbaren Ort, d. h. als extremste Gipfel-und Endphase von Krieg und Tyrannei (Gerhart Hauptmann: „Veland", „Atriden-Tetralogie"; Tennessee Williams: „Orpheus descending"). Dieser weltjenseitige Ort der Freiheit wird jedoch bereits bei Wedekind, Georg Kaiser und Sternheim und später erneut im sogenannten „existentialistischen" Drama der Franzosen in die Existenz der Einzelperson verlegt, d. h. aus der Abstraktion des „Nichts" (Hauptmann: „Veland") oder eines ethischen Postulats, das den einzelnen um der „Idee" der Freiheit willen opfert (idealistische Opfertragödie), gelöst und in die „konkrete" Existenz des einzelnen versetzt, der sich selbst, seine freie Person, auf Erden realisieren will. Der Mensch „bricht durch" oder „springt" aus einer unfreien, von Außen determinierten oder von inneren Ängsten und Gewissensqualen gepeinigten Existenz in eine zweite, „neue", freie Existenz. Dieses „Wagnis" führt zum „Scheitern", weil der Mensch sein neues Freiheitsbewußtsein seiner Umwelt nicht zu vermitteln vermag. Denn sein Freiheitsbewußtsein bleibt „Vision" (G. Kaiser) oder stummes Wissen um ein Anderssein (Hofmannsthal: „Der Turm": „Gebet Zeugnis, ich war da, wenngleich mich niemand gekannt hat") oder ethisches Postulat, das nach Analogie einer „negativen" dialektischen Theologie alle positiv-empirische Moralität kritisch negiert und eben durch diese radikale Negativität seine Freiheit behauptet (Sartre), oder es entzieht sich überhaupt allen Bestimmungen in Gestalt einer „absurden" Existenz (Camus), eines „grotesken, sinnlosen Etwas, in das wir hineingestoßen sind" (Jonesco). Schon Wedekinds „groteske" Helden, deren Freiheit oder „Menschenwürde" (König Nicolo) sich nur im Irrenhaus realisieren läßt (Marquis von Keith), nehmen diese – in sich konsequente – Konzeption der modernen existenzialistischen Freiheitsvorstellung vorweg:

Da alle psychischen und intellektuellen Inhalte der Person durch Psychologie und Wissenssoziologie durchschaubar und determinierbar wurden, muß die Freiheit der Person zu einem undefinierbaren Etwas werden, das quer gegen alles Vorhandene steht und daher groteske, absurde Züge annimmt. Das gilt sogar für die frühen Dramen Bertolt Brechts, und selbst in seinen Spätdramen nimmt die in die Zukunft projizierte marxistische Freiheitsvorstellung im konkreten

Handlungsverlauf sprachlich und situationstechnisch die Form einer grotesk-absurden kritischen Verkehrung aller „bestehenden", „normalen" Vorstellungen an.

Schließlich wird in Samuel Becketts „Endspiel" auch noch dieses negative Residuum der freien Person, der pure absurde oder groteske Protest gegen die reale Unfreiheit, selber ad „absurdum" geführt und aufgehoben, indem er sich als identisch mit der realen Unfreiheit erweist, dessen monotone Dauer er endlos, in der Form eines verewigten Endspiels, selber repräsentiert und reproduziert. Das sinnlos „Daseiende" wird identisch mit dem ewigen „Sein" selbst. Das ist das hohnvolle Fazit nicht nur des existenzialistischen Dramas, sondern auch der modernen Existenzphilosophie.

Im Roman wird dieser permanent monotone Verfall des Sinnstiftenden an das Sinnlose nicht nur bei James Joyce und seinen Nachfahren sichtbar, sondern auch bei so gänzlich verschiedenartigen Autoren wie Thomas Mann, Robert Musil oder Franz Kafka:

Die Kontrahenten „Leben" und „Geist", die durch das gesamte Schaffen Thomas Manns ihr vielfältig ironisch-pretiöses Spiel miteinander treiben, erscheinen als mythische Kollektiv-Komponenten des Weltspiels, die vom Ursprung her (Zwei Bäume im Garten Eden) bis zur Gegenwart die gesamte Weltgeschichte konstituieren und variieren in immer erneuten, aber strukturell gleichartigen Gegensatzpaaren (Ammonskult – Sonnenkult, Christentum – Humanismus, Romantik – Aufklärung, Todestrieb – Lebenstrieb usw.). In ihren extremsten Ausformungen aber fallen sie identisch zusammen, so wenn der geistigste Typ (Adrian Leverkühn) der ungeistigen Triebsphäre (Faschismus) verfällt und ihr zum „Durchbruch" verhilft. Die kritische Instanz aber, die eine „humane" Versöhnung der Kontrahenten intendiert, kann sich nur als ein kompliziertes, zwischen ihnen balancierendes Spiel realisieren, das jeweils den beiden Mächten recht und unrecht zugleich gibt (Schneekapitel im „Zauberberg", Position „Josephs des Ernährers" u. a.). Sie kann keine eigene, substantielle Position entwickeln, da alle Bestimmungen den „ewig" vorhandenen und also unzerstörbaren, nie kritisch restlos aufzulösenden und zu überwindenden Kollektivphänomenen entnommen werden. D. h. es kommt nicht zur Geburt des seiner selbst bewußt gewordenen Geistes. Und nur ein solcher trägt den Namen „Geist" legitim.

Dagegen hat Robert Musil – auch als Antipode und Kritiker Thomas Manns – diese geschilderten modernen Identifikationen satirisch entlarvt: „Seinesgleichen geschieht" in allen modernen „Parallelaktionen", in denen die scheinbar gegensätzlichsten Ziele und Bemühungen auf kulturellem, religiösem, wissenschaftlichem, ökonomischem, politischem, militärischem und privat-erotischem Gebiet monoton zum gleichen parallelen Resultat führen, nämlich zu gar keinem, außer zur Katastrophe in Permanenz. Das Scheitern und ihre Ursachen werden durch Musil ins Bewußtsein gebracht. Seine ins Unabsehbare sich differenzierenden Beschreibungen und Analysen des modernen Lebens, Fühlens und Denkens fingieren nicht mehr ein mythisches Spiel ewiger Mächte, sondern sprengen ihre Wahrheit auf: die unheilvolle Verkettung von allem mit allem auf Grund des kollektiven Charakters aller Mächte, die *im* Menschen wirken und ihn beherrschen, statt *von* ihm geformt zu werden. Seine positive „Utopie der induktiven Gesinnung" erweist jedoch, daß solche Formung auch bei Musil sich orientiert am Vorhandenen, das kritisch – wie bei Thomas Mann – ausbalanciert werden muß zur humanen „mittleren Lage" im Sinne eines „regelnden natürlichen Ausgleichs" der Spannungen.

Den fortgeschrittensten Bewußtseinsstand entfalten Franz Kafkas Romane. Sie reflektieren nicht mehr wie alle anderen Romane unserer Zeit geschichtlich oder empirisch oder weltanschaulich Vorhandenes, sondern die Zeitsituation selbst ist in ihnen zur Form geronnen, wird ablesbar in ihr. So wird die Form der Behördenorganisationen in den Romanen „Der Prozeß" und „Das Schloß" zum Strukturmodell der Vorstellungswelt des Menschen, ihrer Bewegungsabläufe, Widersprüche und Konsequenzen. Sie erweisen sich alle in quälender Monotonie als identische Lebens-und Denkprozesse, die „amtlich" erfaßt, protokolliert und kontrolliert werden können in einem kollektiven Beamtenapparat, dessen verschiedene Kanzleien die verschiedenen Mächte des irdischen Daseins repräsentieren. In diese universelle Weltapparatur will K. im Roman „Das Schloß" als „Privatmann" eindringen, sein „Selbst" gegen und in ihr durchsetzen. Er scheitert. Denn auch er kann sein Selbst nicht artikulieren, da alle sprachlichen Formulierungen und Denkinhalte des Menschen bereits kollektiven Charakter haben, analysierbar und kontrollierbar sind, allgemeinen Gesetzmäßigkeiten unterstehen. Nur in einem stummen Zustand totaler „Übermüdung" zwischen Schlafen und Wachen, in dem die ganze Qual seiner Eigenexistenz sichtbar den Beamten vor Augen tritt, kann er vorübergehend diese Beamten beherrschen. Sie können seinen „Anblick" nicht „ertragen" und „schreien um Hilfe". Aber auch dies weiß K. nicht. Er kennt nicht die Macht seines „Selbst". Auch er ist nicht zum Bewußtsein des sich selbst wissenden Geistes erwacht.

Kafkas Romane sind insofern die fortgeschrittensten unserer Zeit, als sie die Struktur der „Kulturwelt", in der wir uns befinden, am präzisesten zur Anschauung und ins Bewußtsein bringen, jener „Kulturwelt", die Hegel in seiner „Phänomenologie des Geistes" als das

„geistige Tierreich" charakterisiert und begrifflich definiert auf Grund einer analytischen Durchleuchtung der ihr zugrunde liegenden Bewußtseinsstrukturen. Nicht ohne Grund erscheint daher auch bei Kafka in seinen Erzählungen der Mensch als Tier. Denn solange die seelischen und intellektuellen Qualitäten des Menschen in der Sphäre allgemeiner Gesetzmäßigkeit verbleiben, befindet er sich geistig noch auf der Stufe des Tieres.

Unsere Ausgangsfrage, ob die Sphäre des Geistes durch die Literatur „genau" artikuliert werden könne, spitzt sich also auf die Frage zu: Ist es möglich, eine geistige Stufe zu erreichen, die nicht determinierbar ist, nicht allgemeinen Gesetzmäßigkeiten sich unterwirft, und dennoch verbindlich ist für die in allgemeinen Gesetzmäßigkeiten sich bewegende empirische Welt, d. h. sich auch in einer Sprache auszudrücken vermag, die „verständlich" ist und als verbindlich anerkannt werden kann?

Möglichkeiten zur Antwort lassen sich bereits an Kafkas Romanen ablesen: Die inneren und äußeren Lebens- und Denkprozesse werden hier präzisiert analog moderner technologischer Methoden, sowohl in Kafkas exakter Sprachdiktion wie in seiner konstruktiven Übersetzung unsichtbarer geistiger Phänomene in anschauliche Modelle. Dabei erscheinen die in der amtlichen Weltapparatur sich abspielenden Vorgänge dem außerhalb von ihr stehenden individuellen „Selbst" K. als fremd und unverständlich. Denn er kann wie jeder reflektierende einzelne die sich vielfältig überkreuzenden und widersprüchlichen Lebens- und Denkvorgänge nicht als sinnvoll erkennen, da er keinen „vollständigen Überblick" über sie besitzt. Die in der amtlichen Weltapparatur Befangenen dagegen empfinden alle Vorgänge in ihr als „selbstverständlich" und „natürlich", da sie in ihnen „schwimmen", nicht kritisch reflektierend aus ihnen herausgetreten sind. Aber auch sie besitzen kein Wissen vom Wesen oder Sinn des Ganzen. Das für alle verbindliche „untrügliche Gesetz" und „oberste Gericht" ist allen, sowohl den Beamten und Rechtsanwälten wie den Individuen, „unbekannt" („Der Prozeß"). Der Mensch vermag jedoch „selbst" das bestimmende „Gesetz" zu werden („Zur Frage der Gesetze") und vollständigen „Überblick" zu gewinnen, wenn er den Mut zur „Klarheit des Blickes" gewinnt, d. h. wenn er die Determinationen *als* Determinationen durchschaut, sich angstlos wissend über sie erhebt und als ein derart „frei" Gewordener die Verantwortung für das Gesamte wie für sich selbst übernimmt, statt in der Angst vor den determinierenden „Notwendigkeiten" und den „Unbegreiflichkeiten" des Daseins zu verharren oder sich in einem balancierenden Spiel durch die jeweiligen Bedingungen hindurchzuwinden. Befreiung und Selbstbewußtwerdung – was eins ist und den Menschen erst zur

„Person" macht – werden bei Kafka erreicht durch äußerste Erkenntnisleistung („Klarheit des Blicks") auf Grund einer unbedingten Distanz zu allem, was auf Erden gelebt, gedacht, geglaubt wird. Nichts Vorgegebenes bestimmt sein Selbst, weder der „Zwang des Lebens" noch ein „allgemeines" verbindliches Gebot, Gesetz oder Glaubens- und Weltanschauungsgebäude. Er „selbst" aber kann nur darum „Gesetz" werden – auch sprachlich formulierbares und allgemein akzeptierbares Gesetz –, weil diese höchste Stufe des Bewußtseins, die Stufe des „seiner selbst gewissen Geistes" – von Hegel auch als die Stufe des „Gewissens" bezeichnet – als Möglichkeit im Wesen des Menschen selbst angelegt ist und daher von allen anderen respektiert werden kann, wenn auch nicht muß, da im geistigen Tierreich die Verblendung, der Haß gegen die autonom gewordene Person regiert. „Jeder einzelne Mensch ist es [das unzerstörbare Gesetz] und gleichzeitig ist es allen gemeinsam, daher die beispiellos untrennbare Verbindung aller Menschen" (Kafka). Erkannt und akzeptiert aber kann es nur werden, wenn alle zur erkennenden Distanz gelangen würden, es wagten, aus dem „Leben, das ihnen lieb ist", kritisch herauszutreten (Kafka: „Forschungen eines Hundes").

Die deutsche Literatur nach 1945 ist dadurch charakterisiert, daß diesem Prozeß der Bewußtwerdung durch die negativen Zeitereignisse günstige Voraussetzungen gegeben werden. Während die ältere Literatur sich noch an vorgegebenen allgemeinen „Werten", Idealen, Utopien und Ideologien zu orientieren vermochte, weil die Welt der „Bildung", d. h. des „sich entfremdeten Geistes" (Hegel) noch relativ intakt war, brachen mit der Katastrophe des zweiten Weltkriegs auch alle Ideale und Zielsetzungen zusammen, an denen sich die Dichtergenerationen nach dem ersten Weltkrieg in den berühmten, legendär gewordenen, in Wahrheit höchst problematischen zwanziger Jahren noch zu entzünden oder zu berauschen vermochten. Im Gegensatz zu jener Flut von Programmen, Manifesten, Bekenntnissen, Verkündigungen, Ismen und flammenden Protesten, die einst nach dem ersten Weltkrieg die literarische Welt überschwemmte, gab es nach 1945 in Deutschland keine literarischen Gruppenbildungen mehr. Der einzige bedeutsame Zusammenschluß von Dichtern vollzog sich charakteristischerweise überhaupt nicht unter dem Fanal eines Programms oder Manifestes, sondern trug nüchtern den Titel einer Jahreszahl: die „Gruppe 47". Die Dichter gewinnen kritische Distanz.

Einer unter ihnen, der 1901 geborene Hans Erich Nossack, hat in seinem Roman: „Nach dem letzten Aufstand. Ein Bericht" (1961) diese gewonnene Distanz und ihre möglichen positiven Konsequenzen im Bild folgender Fabel gestaltet: Kurz vor dem letzten Aufstand, der die gesamte geistige Sphäre, Religion, Unsterblichkeitsglaube usw. ausrottet und nur noch eine rein technisch-ökonomisch orientierte Gesellschaftswelt und Denkweise duldet, befindet sich die Menschheit im Zustand der universalen, perfektionierten Lüge. Sie lebt bereits faktisch in der entgeisteten Welt nach dem letzten Aufstand, fingiert aber noch den Glauben an einen jungen Gott, der Jahr für Jahr neu aus der Jünglingsschar des Volkes ausgewählt, neun Monate in Ritualen verehrt und dann feierlich geopfert wird, um als Unsterblicher in den Götterhimmel des Volkes einzugehen. Niemand glaubt mehr daran, aber der Mord an dem Jüngling muß durchgeführt werden, um die Fiktion des Glaubens aufrechtzuerhalten. Denn diese Fiktion gewährt schrankenlose Herrschaft über das Volk, die sich konzentriert in dem „Obersten der Diener", der den Jüngling auswählt, die Rituale leitet und die Staats- und Gesellschaftsapparatur befehligt. Dem Helden des Romans, dem „Begleiter des Gottes", gelingt im geheimen verstehenden Zusammenwirken mit dem Jüngling-Gott die Zerstörung der Lüge: Er durchschaut alles, fingiert noch die Fiktion, spielt sie, als nehme er sie ahnungslos ernst, als sei sie „wahr". Er nimmt den Lügner beim Wort, in das sich der Lügner selber verstrickt sieht, und bricht damit dessen Macht, im Gegensatz zu allen anderen, die sich von der „realen" Macht korrumpieren lassen und – wie der Mächtige – die Fiktion als bloße Fiktion behandeln.

Zugleich aber wird damit die Fiktion selber „wahr": der fiktive, erlogene Gott begreift auf Grund seiner alles kritisch durchschauenden Distanz das Wesen wahrer Göttlichkeit. Er begreift seine absolute Differenz zu allem, was „allgemein" gelebt, gedacht, getan wird, d. h. er begreift sich selbst als unbedingtes freies Wesen: „Er wollte das sein, woran schon niemand mehr glaubte, und wollte es so sein, daß es des Glaubens und der Gewohnheiten nicht mehr bedurfte. Er wollte das sein, was man nicht mehr brauchte, und dadurch wurde er zu dem, was man von ihm als Letztem verlangte, daß er es darstelle: zu einem Gott. Einen anderen Namen gibt es dafür nicht." Und sein Begleiter, der auf Grund seiner erkennenden Liebe zu diesem Jüngling die Macht der Lüge zu brechen vermochte, formuliert diesen Durchbruch zum absoluten Selbstbewußtsein im Jüngling folgendermaßen: „Ob man ihn einen Gott nennt und eine Religion daraus macht, zählt überhaupt nicht. Man muß an diesen einen denken, das genügt."

Die Artikulierung des Geistes, die Musil gefordert hatte in einer Welt, die aufgespalten ist in unglaubwürdig gewordene ewige und große Wahrheiten und in „reale" technologische Macht, wird hier bei Nossack geleistet, indem die Lügen, durch die sich die Macht tarnt, genau beim Wort genommen werden. Darin lag schon die entlarvende Kraft der Sprachkritik von Karl Kraus. Zitate genügten. Durch scheinbar argloses, aber präzises „Wahrnehmen" der Sprache der Gegner wird der Gegner durch sich selbst gefangen, die Wahrheit gewonnen. Der Logos täuscht nie. Er verrät demjenigen alles, der „genau" auf ihn hört.

Aber dieses durch Distanz gewonnene Selbstbewußtsein des „Gottes" und seines Begleiters wirkt nicht hinein in die Welt. Es lebt nur noch als „Erinnerung" nach dem letzten Aufstand in dem Begleiter und der Geliebten des getöteten Gottes fort, ohne von der nun völlig entgeisteten Welt vernommen zu werden. Welt und Bewußtsein (übergreifendes Weltbewußtsein) haben sich völlig isoliert. Nossacks Werk spiegelt die gleiche Situation, die bereits bei Karl Kraus und im Drama von Wedekind bis Jonesco ansichtig wurde und heute literarisch selbst schon „allgemein" wurde und mit ermüdender Monotonie dem Publikum vorgeführt wird: Rückzug des Bewußtseins in das einsam sich er-innernde Innere verfestigt die Abschirmung zwischen den zwei Welten, wird zum bergenden Schema, in dem sich mit aller Verzweiflung immer noch geborgen weiterleben läßt. Die Regression in die Schlupfwinkel der „Erinnerung" an die „Ursprünge" der Sprache und der „Kindheit" war schon bei Karl Kraus das schattenhafte Eiland, an dem die revolutionierende Kraft seiner Satiren zerbrach. Und selbst ein so „avantgardistisches" Werk wie Samuel Becketts „Endspiel" kreist immer noch in der bannenden Imago eines von der explodierten Welt abgetrennten „Innenraums". Erst jüngste Autoren wie Uwe Johnson zerbrechen die letzten illusionären Residuen der „Seele", setzen mit Bewußtsein verbindliche Maßstäbe in die Welt.

Einige Beispiele mögen diesen Prozeß der Bewußtseinshärtung verdeutlichen, der zugleich einen Wandel der Generationen spiegelt:

Der gesellschaftskritische Roman „Schlußball" von Gerd Gaiser (geb. 1908) bewegt sich nicht mehr wie die großen Gesellschaftsromane des 19. und beginnenden 20. Jahrhunderts primär in einer differenzierenden Analyse und Darstellung der die jeweilige Gesellschaft repräsentierenden sozialen Typen, Individuen, Ideen, Weltanschauungen, Lebensformen, Liebes- und Moralauffassungen usw., sondern konzentriert seine Thematik auf die Frage nach dem Selbstverständnis des einzelnen. In Anspielung auf die Katastrophe des zweiten Weltkrieges, der für allgemeine Ziele, für das angeblich „Ganze" geführt wurde, heißt es: „Wir gehörten dazu und begnügten uns mit der Meinung, um des Ganzen willen müßte Hartes geschehen. Vielleicht hat das zu den Schulden gehört, die ich habe zusammenkommen lassen. Es gibt kein Ganzes. Das Ganze, das sind wir alle einzeln. Das Ganze, das war auch ich. Darum haben sie mich totgemacht wie eine Ratte." D. h. der Mensch könnte sich erst dann der Schlachtung aller für ein sogenanntes Ganzes widersetzen, wenn er autonomes Eigenbewußtsein gewönne. Dann erst wäre auch Liebe möglich, nicht, wie im vergangenen Roman, durch analytische Durchleuchtung aller die Liebe zusammensetzenden Komponenten: „Und wenn wir selber uns selbst nicht gleichen, so kann es schwer sein, daß zwei immer das gleiche sind." „Die abgestandenen Tonarten alle: Sie sind eine wunderbare Frau. Und dann der nächsten das gleiche. Alte Platten: Ich kann nicht leben ohne dich. Anfängergewäsch. Jeder kann ohne jede leben und jede ohne einen. Außer er will es nicht. Außer sie will es nicht."

Die Männer dieses Romans gelangen jedoch nicht zu diesem eigenwilligen Selbstverständnis. Der Held flieht aus Neu-Spuhl, statt seinen Eigenberuf als Lehrer trotz oder gerade wegen seiner Vergangenheit, seiner mangelnden juristischen Legitimation, anzutreten. Er dringt nicht zur absoluten Selbstgewißheit seiner Liebe zu Herse Andernoth vor. Er bleibt dem Vorentwurf seiner Vergangenheit, ihren das allgemeine und das individuelle Bewußtsein und Unterbewußtsein bestimmenden Imagines verhaftet. Nur die Frauen besitzen eine Ahnung vom Wesen der Person und damit von unbedingter Liebe, die nur zwischen Personen möglich ist, die „selber sich selbst gleichen" im Gegensatz zu jenen komplizierten Seelen der vergangenen Literatur, die „in jedem Augenblick etwas anderes sind", weil sie personenlos dem ewigen Wechselspiel allgemeiner Mächte, Stimmungen, variabler Konstellationen ausgeliefert bleiben. Aber da auch die Frauen nur eine Ahnung und Erinnerung davon besitzen (Rückblick auf Herses erste Liebe) und da auch sie noch letztlich in Kollektivvorstellungen leben, wie etwa die Äußerung verrät, daß zwei Liebende „immer das gleiche sind", so mündet der ganze Roman in eine fatale Regression in die vormenschliche Sphäre, d.h. er kehrt seine Position vollkommen um: der „Natur" wird der Durchbruch zu einer „höheren" Existenz überlassen nach Analogie von Libellen, die sich aus den im Morast kriechenden Larven erheben. Eine „Imago" (S. 278), eine passiv-bequem erlebte kollektive Kurzschlußvision verhindert auch hier noch – wie fast durchgehend in den Dichtungen der älteren Generationen – die Verwirklichung des eigenen Ansatzes. Ja der halbe Schritt Gaisers war schlimmer als die intellektuell redlichen analytischen Bewegungen seiner Vorgänger im Ausweglosen. Die Halbheit mußte umschlagen in die Preisgabe des eigenen Postulates.

Max Frisch (geb. 1911) hat das Problem entschiedener geformt. Der Held seines Romans „Stiller" bricht total mit seiner Vergangenheit, ja überhaupt mit allen Kategorien, nach denen seine Person beurteilt, gedeutet, identifiziert werden kann. Er läßt sich mit nichts mehr identifizieren, auch nicht mit sich selbst, d.h. nicht mit jenem Menschen, der er selbst vor seinem Verschwinden aus Europa gewesen war. Er springt, wie schon die Helden Georg Kaisers, in eine vollständig neue, zweite, freie Existenz. D. h. er will den Durchbruch zur Autonomie der Person radikal vollbringen. Im „Prozeß", der um die Frage seiner Identität entsteht, tritt Stiller gleichsam sich selbst (seinem vergangenen Ich), seiner Frau, seiner Geliebten, seiner Umwelt gegenüber, gewinnt kritische Distanz. Das entscheidende Problem, das eigene, neue, autonome Gesetz seiner Person zu artikulieren und durch dieses Gesetz „verwandelnd" und verbindlich ein neues Leben zu gestalten, führt zu folgender, konsequent durchgeführten Antinomie:

Da dieses Gesetz, bzw. die Wahrheit oder „Wirklichkeit" seiner Person, sich nicht in empirischen oder „allgemein" formulierbaren ethischen Kategorien ausdrücken kann und darf, so muß es „unaussprechlich" bleiben: „Man kann alles erzählen, nur nicht sein wirkliches Leben: – diese Unmöglichkeit ist es, was uns verurteilt zu bleiben, wie unsere Gefährten uns sehen und spiegeln, sie, die vorgeben, mich zu kennen, sie, die sich als meine Freunde bezeichnen und nimmer gestatten, daß ich mich wandle, und jedes Wunder (was ich nicht erzählen kann, das Unaussprechliche, was ich nicht beweisen kann) zuschanden machen – nur um sagen zu können: ‚Ich kenne dich.'" „Wie soll einer denn beweisen können, wer er in Wirklichkeit ist? Ich kann's nicht. Weiß ich denn selbst, wer ich bin? Das ist die erschreckende Erfahrung dieser Untersuchungshaft: ich habe keine Sprache für meine Wirklichkeit."

Stiller formuliert hier jene Paradoxie, die analog bei Kleist und Kafka und in der Sprachnot Hofmannsthals („Brief des Lord Chandos") auftritt: das wahre bestimmende Gesetz, die ureigenste „Wirklichkeit" des Menschen liegt in ihm selbst und ist zugleich ein Transzendentes, allen formulierbaren Vorstellungen Entzogenes. So versteht es auch Stillers Staatsanwalt und Freund: „Ohne die Gewißheit von einer absoluten Instanz außerhalb menschlicher Deutung, ohne die Gewißheit, daß es eine absolute Realität gibt, kann ich mir freilich nicht denken, daß wir je dahin gelangen können, frei zu sein."

Die Kritik des Romans an seinem Helden Stiller besteht nun darin, daß er nicht zu dieser absoluten Instanz in ihm selbst vordringt, nicht den „festen Punkt" erreicht, durch den er erst wahrhaft frei sein Leben neu zu formen, positiv zu verwandeln vermöchte. Er hofft auf ein „Wunder", einen Akt der „Gnade" und Wiedergeburt und glaubt ihm in Momenten äußerster Ausweglosigkeit „nahe" zu sein. Aber er leistet gerade nicht den – auch im Religiösen zu fordernden – „Tod" seines im Empirischen gebundenen Bewußtseins (Hegel) und daher auch nicht den Durchbruch zur Gewißheit eines absoluten Selbst- und Weltverständnisses, d. h. er dringt nicht zur Stufe des seiner selbst gewissen Geistes, nicht zum „Gewissen" vor, das erst alles Fühlen, Denken und Handeln zu formen vermag. Zwangsläufig muß er wieder jenem alten Leben verfallen, dem er zu entrinnen versuchte. Die Imagines der Vergangenheit behalten ihre bannende Macht. „Unverwandelt" bleiben er und seine Frau, bleiben seine konfliktgeladenen Liebesbeziehungen, unfähig bleibt er zur Liebe, die nur zwischen ihrer selbst gewissen Personen möglich ist. Die Verwandlung wird von ihm passiv „erwartet" durch Einbruch einer außermenschlichen Instanz, die das „Wunder" vollziehen soll.

Scharf hat damit Max Frisch jene pseudochristliche Haltung gestaltet, die die Welt unverwandelt in ihren Krisen und Katastrophen dahintreiben läßt und vergebens auf ein Wunder aus dem Jenseits hofft. Der Mensch bleibt dualistisch gespalten. Das Wort am Schluß von Max Frischs Drama „Graf Öderland": „Wer, um frei zu sein, die Macht stürzt, übernimmt das Gegenteil der Freiheit, die Macht", zeigt schonungslos die Verewigung der Tragödie der Welt durch eine solche pseudochristlich-dualistische Konzeption: Freiheit wird verstanden als eine machtlose, weil außerempirische Sphäre, die, wenn sie in Erscheinung treten will, selber in den tierischen Machtkämpfen zergeht. Daß Freiheit identisch ist mit Bewußtsein, ein Wissen vom Menschen und seiner Weltwirklichkeit voraussetzt und also mächtig formend in die Welt eingreifen kann, ja muß, wenn sie sich selbst restlos verstehen und realisieren will, kann auf dieser Bewußtseinsstufe nicht erkannt und gestaltet werden, da auch „Macht" hier lediglich begriffen wird als organisierter Wille zur Durchsetzung egoistischer Interessen, nicht als eine vom Bewußtsein geformte oder zu formende Wirklichkeit, die selber erst dadurch akzeptabel und damit „legitim" konstituiert werden kann, wenn sie dem inneren „Gesetz" des Menschen adäquat sich ausformt, das allen Menschen, und sei es auch nur als Ahnung oder unklare Forderung, innewohnt. Das Bewußtsein dieses Gesetzes muß aber geweckt werden. Das ist die Aufgabe der Dichtung.

Uwe Johnson (geb. 1934) hat in seinem Roman „Mutmaßungen über Jakob" diese Aufgabe folgendermaßen gestaltet. Jakob kennt und lebt das innere Gesetz, das allen anderen unbekannt und unerreichbar bleibt, aber dunkel als die entscheidende Instanz ihres Lebens auch von ihnen akzeptiert wird. Daher wird Jakob für alle ihm Begegnenden zum erregenden Rätsel ihres Daseins, das sie in immer neuen „Mutmaßungen" umkreisen müssen. Er weist jedem hart und entschieden die ihm jeweils zukommende Aufgabe und Entscheidung zu. Denn „zumindest für die eigene Situation sollte man Entscheidungen treffen". Und „niemand besteht aus Meinungen". Aber alle bleiben den „Meinungen" verhaftet, sind daher letztlich „niemand".

Auch und gerade die angestrengtesten Selbstreflexionen etwa des Philologen Dr. Jonas Blach führen nur zu einem Leben „in der größten Angst und Eile" mit peinigenden Fragen: „Und was kommt dann? und was sagt das soziale Urteil zu meinem Verhalten? was hat mich veranlaßt zu dieser Änderung meines Lebens aus der sichernden Gewohnheit heraus?" Gerade der angeblich „geistige" Mensch zerreibt sich an der Vielfalt möglicher Aspekte. Er will „nicht augenblicks bedenken", sondern nur Ansichten „hören": „Die unendliche Leere der Müdigkeit und des Überdrusses, die nichts mehr aufbringen kann aus sich selbst und von fremden Lauten Wirklichkeiten leben muß, sie annimmt unbesehener Maßen." Auch der viel diskutierende Intellektuelle ist „niemand", verharrt im „geistigen Tierreich".

Dagegen besitzt ausgerechnet der die äußere „Macht", das staatliche „Gesetz" vertretende Rohlfs, Hauptmann des Staatssicherheitsdienstes, eine deutlichere Vorstellung vom inneren Gesetz. Jakob bezwingt ihn von der Sache, vom „Dienst" her, indem er ihn mit den Widersprüchen, in denen sich Rohlfs und die Staatsmacht selber befinden, überhaupt erst bekannt macht, nicht durch Diskussionen, sondern durch die „Verläßlichkeit", mit der Jakob seinen Beruf als staatlicher Angestellter der Eisenbahn ausübt. Unaufdringlich, durch die Überzeugungskraft der Sache selbst, gehen Rohlfs bei „Kennenlernen" Jakobs, bei dessen präzisem, sachadäquatem Verhalten, die Widersprüche auf, die zwischen der offiziellen Staatsideologie und der staatlich-gesellschaftlichen Wirklichkeit auftreten. Nach einem politischen Verhör, das er mit Jakob angestellt hatte, sagt Rohlfs: „Mit einem Mal saß ich fest vor ihm und konnte mich nicht rühren vor Spannung, irgendetwas an seiner Art zu denken kam mir untergründig bei ... ich hielt still wie der Vogel im Netz ... Mir war es recht, daß Jakob sich auskannte in meinem Gespräch und wußte, wohin es lief; obwohl ich ja glaube er hat niemals Angst und bei nichts."

Auf Grund seiner angstlosen Selbstgewißheit zwingt Jakob dem Beamten des Staatssicherheitsdienstes, Rohlfs, seinen Willen auf, da Rohlfs selbst das subjektive wie objektive Recht dieses eigenen Willens Jakobs innerlich respektieren und akzeptieren muß. Als Dr. Blach versagt hat und den ihn verhaftenden, äußerlich an Jakob gescheiterten Rohlfs einen schlechten Verlierer nennt, heißt es von Rohlfs: „Er dachte in seinem Herzen, daß es nicht die Wahrheit sei. Daß er mit Jakob darüber sich hätte verständigen können. Wortlos, in einem kurzen unauffälligen Schweigen und Blickwechseln. Daß Jakob gerechter gewesen wäre."

Jakob steht über den traditionell festgefahrenen, unwahren Antinomien zwischen Privatmann und Staat, Individuum und Gesellschaft. Er bindet beide durch das Gesetz seiner sich selbst wissenden Person, die dem einzelnen wie der Gesellschaft den Maßstab „richtigen" Handelns vorschreibt. Sein sicheres Selbstbewußtsein wird auch nicht zu einer utopischen Ideologie neben tausend anderen. Ein Lokführer will ihm klarmachen, daß sein Anspruch, als unverwechselbare, eigene Person in der Gesellschaft zu leben, unwesentlich sei und nichts ändern könne: „Ich gebe dir alles zu mit der wie hast du gesagt eigenartigen Person und Jedem sein eigener Blutkreislauf, Niemand Kann Im Ernst Dein Lächeln Nachahmen, aber kommt es darauf an? wird denn das erheblich? Das sind Gründe aus denen einer geheiratet wird, oder die sind sonstwie nützlich für dein heimliches Privatleben. Diese (wir können ja sagen:) persönliche Eigenart braucht aber Gelegenheiten, wird ja nur in Äußerlichkeiten sichtbar; in dem was du tust und nicht in dem wie du dich fühlst. Und Möglichkeiten zu tun gibt es immer nur was du vorfindest im Licht der Welt und was die Besserwisser: deine Erzieher dir anbieten." Darauf erwidert Jakob nur mit „Ja": „Nimm es nicht so ernst daß ich ja sage. Ich weiß nichts anderes, dies ist spät am Abend."

Jakobs Souveränität beruht in seiner Überlegenheit auch gegensätzlichen Ansichten gegenüber, in seiner Fähigkeit, die jeweiligen Bewußtseinsstufen seiner Partner, ihr Recht wie ihre Grenzen, zu erkennen und sich ihnen gegenüber adäquat zu verhalten, hier durch dieses in Zweifel belassene „Ja", das den Partner zu eigenem Nachdenken nötigt, die sich festfahrenden Fronten von Argumenten und Gegenargumenten auflöst.

Sein Freitod erfolgt aus der Einsicht, daß seine Geliebte Gesine nicht seine Partnerin ist. Er zieht die Konsequenz, verläßt Gesine, verweist sie zurück auf ihre winzig klein und nichtig werdende Existenz (S. 296) und wählt den Tod, aber nicht den Tod eines Privatmannes, sondern den Freitod als Beamter im Dienst für das „Gesetz". Er geht nach Hause, zieht seine „Uniform" an und stirbt „auf dem Wege zum Dienst".

Zum erstenmal in einer ernst zu nehmenden modernen Dichtung wird die „Uniform" zum auszeichnenden Recht der Person, statt zum Symbol eines gesichtslos uniformen Untertanen- und Tyrannengeistes.

Damit erweist sich Uwe Johnson – so wenig einsichtig dies auch von der Form und dem Inhalt seines Werkes aus erscheinen mag – als der legitime Erbe und Fortsetzer der Dichtung Franz Kafkas. Jakob verwirklicht in seiner Person das in den Beamtenorganisationen Kafkas bestimmende und den Beamten selbst unbekannte Gesetz. Keiner kennt ihn, jeder stellt nur endlose, unsichere „Mutmaßungen" über ihn an, und dennoch leitet, regiert er alle. Aber während bei

Kafka das Gesetz personenlos bleibt und sein Held K. sich vergeblich abmüht, in dem „Beamten" Klamm zugleich dem „Privatmann" Klamm zu begegnen und mit ihm zu „sprechen", weil nur dadurch K. Klarheit über sich selbst und das Gesetz der Weltbehörde gewinnen könnte, wie auch umgekehrt die Beamten nur dadurch zu Herren und Gesetzgebern über ihre eigene Weltbehörde aufsteigen könnten, wenn ihnen der Privatmann K. „unangemeldet" begegnete (Bürgel-Episode), wird bei Johnson diese hoffnungslose Kluft Kafkas überbrückt. Das „unaussprechliche" verbindliche Gesetz artikuliert und realisiert sich in der Person Jakobs, nicht durch die Verkündigung einer neuen Lehre, sondern durch sein „verläßliches" Verhalten, durch das er sich sogar mit Rohlfs „verständigen" kann, „wortlos, in einem unauffälligen Schweigen und Blickwechseln".

Das bei Johnson noch ungelöste, aber entscheidende Problem der Bewußtwerdung und Verwandlung der Partner wird zum (gleichfalls noch ungelösten) Thema seines zweiten Romans „Das dritte Buch über Achim". Achim, ein Gegenbild Jakobs, gelangt nicht zu sich selbst, ja er leugnet und verrät sein Selbst, indem er sich weder seiner Vergangenheit noch seiner Gegenwart stellt, sondern ein ideologisch akzeptables Bild von sich hergestellt haben möchte. Dies macht es unmöglich, ein „Buch" über ihn zu schreiben.

Auch dies setzt Kafkas Einsichten fort: Aus dem „Chor der Lügen" (Kafka) kann und darf keine Dichtung mehr entstehen. Sie ist zu vernichten. Die Dichter als „Lügner" (Nietzsche) sind an ihr Ende gelangt, sobald die Lüge als Lüge durchschaut ist. Uwe Johnson, und mit ihm die junge Generation, haben den härtesten Weg noch vor sich: die Entlarvung der Lügen der „Welt", die Bewußtwerdung und Verwandlung ihrer Gegner und – Freunde.

Hans Mayer

Felix Krull und Oskar Matzerath

Aspekte des Romans

„Man kann eine Geschichte in der Mitte beginnen und vorwärts wie rückwärts kühn ausschreitend Verwirrung anstiften. Man kann sich modern geben, alle Zeiten, Entfernungen wegstreichen und hinterher verkünden oder verkünden lassen, man habe endlich und in letzter Stunde das Raum-Zeit-Problem gelöst. Man kann auch ganz zu Anfang behaupten, es sei heutzutage unmöglich, einen Roman zu schreiben, dann aber, sozusagen hinter dem eigenen Rücken, einen kräftigen Knüller hinlegen, um schließlich als letztmöglicher Romanschreiber dazustehn. Auch habe ich mir sagen lassen, daß es sich gut und bescheiden ausnimmt, wenn man anfangs beteuert: Es gibt keine Romanhelden mehr, weil es keine Individualisten gibt, weil die Individualität verloren gegangen, weil der Mensch einsam, jeder Mensch gleich einsam, ohne Recht auf individuelle Einsamkeit ist und eine namen- und heldenlose einsame Masse bildet."

Es handelt sich hier offenbar, wie des Sprechers ironische Distanz anzudeuten scheint, um einen modernen Beitrag zu beliebten Rundfunk- oder Podiumsdiskussionen über die Problematik des modernen Romans und Schwierigkeiten heutiger Schriftsteller beim Erzählen. Der Redner – denn der rhetorische Tonfall ist unverkennbar – hält ersichtlich nicht allzu viel von einer Krise des Romans und der modischen Sitte, größere Erzählungen dem Leserkreis in verdinglichter Form, ohne Helden also und Gegenspieler, zu präsentieren. Noch weniger ist er bereit, theoretische Debatten über das Romanschreiben als Roman neuen Typs anzubieten: gleichsam also „statt eines Romans" oder als „Roman eines Romans".

Der „gelockerte" Tonfall aber ist trügerisch, und es handelt sich auch gar nicht um Sätze aus einem Symposion. Im Text geht es folgendermaßen weiter: „Das mag alles so sein und seine Richtigkeit haben. Für mich, Oskar, und meinen Pfleger Bruno möchte ich jedoch feststellen: Wir beide sind Helden, ganz verschiedene Helden, er hinter dem Guckloch, ich vor dem Guckloch; und wenn er die Tür aufmacht, sind wir beide, bei aller Freundschaft und Einsamkeit, noch immer keine namen- und heldenlose Masse."

Erstes Kapitel also der *Blechtrommel*, Oskar Matzerath exponiert seine Situation in der Heil- und Pflegeanstalt, stellt den Freund und Pfleger Bruno vor, zeigt sich vorzüglich unterrichtet über die epischen Schwierigkeiten und poetologischen Diskussionen, bezieht vor ihnen aber die Position des konservativen Erzählers alter Schule. Der Blechtrommler mithin als Partisan dessen, was Peter Handke, mit allen Anzeichen tiefen Ekels, als die Position des „handfesten Erzählens" zu diskriminieren pflegt.

Die ironische Verwirrung ist auf dem Höhepunkt. Günter Grass hat gerade begonnen, eine Geschichte zu erzählen, deren exzentrische Ausgangssituation nur mit Kafkas *Verwandlung* oder *Strafkolonie* verglichen werden kann. Gleich darauf wird, wenn die literaturtheoretische Einleitung und Exposition der Rahmengeschichte absolviert wurde, die Zeugung der künftigen Anna Matzerath unter den Röcken der Anna Bronski berichtet. Indem der Verfasser der *Blechtrommel* durch den schreibenden Oskar das Prinzip einer erzählerischen Herkömmlichkeit verkünden und – abermals durch Oskar – das Gerede von der Romankrise als Spintisiererei abtun läßt, beweist er im Gegenteil, wie berechtigt jene Vorbehalte gegen das herkömmliche Erzählen sind, mit denen der zwerghafte Autobiograph und Epiker Oskar Matzerath so wenig Umstände macht.

Für Oskar ist Oskar ein Held, und Pfleger Bruno ist auch einer: Individualitäten im guten alten Sinn. Im Sturm und Drang hätte man wohl von ihnen als von „Originalgenies" gesprochen. Ein Romanheld aber muß, so will es die Tradition, der epischen Wahrscheinlichkeit entsprechen. Mag man hier von „innerer Wahrheit" reden oder die Vokabel vom Realismus bemühen: wo von Romanhelden die Rede ist, wird nach den Prinzipien der Mimesis gearbeitet, der Nachahmung von Lebensvorgängen in der Kunst.

Wird man aber sagen können, die Geschichte Oskars samt Eltern und Großeltern sei nach diesen mimetischen Grundsätzen komponiert? Zweifel melden sich sogleich bei der Lektüre. Das ist von Grass beabsichtigt, gehört zu seinen Gestaltungsmitteln. Scheinbar fließt alles im breiten Bett der epischen Tradition. Man hat häufig behauptet, in der *Blechtrommel* sei ein merkwürdiges und reizvolles Amalgam entstanden aus einem Bildungsroman, meinethalben einem Mißbildungsroman, und einem Schelmenroman der picaresken Überlieferung. Oskar Matzerath mithin gleichzeitig als Nachfolger des Gil Blas von Santillana und des Goetheschen Wilhelm Meister. Allein der Held eines Bildungsromans nimmt seinen Weg durch die Gesellschaft, geht in sie ein, manchmal in ihr auf, wie der Grüne Heinrich, entwickelt sich auch wohl, nach allzu enger Berührung, ausdrücklich und entschieden von ihr weg, wie manchmal bei Wilhelm Raabe oder Hermann Hesse. Immer aber steht er im Sozialen.

Nichts von alledem bei Oskar Matzerath. Er hat keine Konflikte mit Umwelt und Gesellschaft, ist monadenhaft von ihr abgeschlossen: zwischen ihnen gibt es keinen Weg. Für die Gesellschaft ist Oskar ein Monstrum, das man – je nachdem – haßt, bemitleidet oder verhätschelt. Er selbst formuliert einmal, an den Leser sich wendend: „Nie hat ein Mensch – wenn Sie bereit sind, in mir einen Menschen zu sehen – ein enttäuschenderes Weihnachtsfest erlebt als Oskar." Für Oskar wiederum ist die Gesellschaft bloßes Objekt der Betrachtung. Sie wird ihm zum Vorwand, neues Bewußtsein in sich zu entdecken und heraufzuholen. Kein Konflikt zwischen Oskar und der Familie. Dies ist eine Relation ohne Zorn und Trauer. Den mutmaßlichen Vater Alfred Matzerath nennt er als sachlicher Erzähler einfach Matzerath. Über den Tod der Mutter schreibt er: „Ich konnte nicht weinen, da all die anderen, die Männer und die Großmutter, Hedwig Bronski und der bald vierzehnjährige Stephan weinten."

Aber das ist kein Vorgang des unterdrückten Gefühls aus Vorsatz und Konstellation. Oskar hat keine gemeinsamen Empfindungen mit den übrigen Menschen. Daß der Roman in der letzten Phase, im Zeichen des Ringfingerprozesses, die Hauptfigur in Anfechtungen durch Gebet, Sinnlichkeit, Zutraulichkeit verstrickt, stellt keine Zurücknahme der Konzeption dar, sondern eher einen Mangel an Folgerichtigkeit beim Erzähler, dem plötzlich die Episoden wichtiger geworden sind als die Konturen seiner Zentralgestalt. Oskars überheblicher Selbsteinschätzung ist gleichfalls nicht zu trauen. Mit seinem Selbstbewußtsein ist es nicht ganz geheuer. Er sieht sich zumeist genau so verdinglicht und objekthaft wie alle übrigen. Immer wieder wechselt er beim Erzählen von der Ich-Erzählung zum „Bericht über Oskar". Er schildert Oskars Geschichte als scheinbar unparteiischer Historiker, so wie Julius Cäsar über sich als Cäsar zu schreiben pflegte.

Ein Bildungsroman setzt voraus, daß äußere Ereignisse sich in verursachende Faktoren beim Aufbau eines Charakters verwandeln. Nichts davon bei Oskar Matzerath. Er wandelt sich nicht. Aufhören des Wachstums und gönnerhafte Tolerierung einer kleinen Wachstumsrate sind nicht verursacht durch Erfahrungen mit der Gesellschaft oder Reaktionen auf sie. Oskar nimmt sich Bestandteile des Sozialen, verdankt aber der Gesellschaft nichts. Er verhält sich zu ihr wie ein Freibeuter und Pirat, nicht wie ein zoon politikon. Da es sich als notwendig erweist, das Lesen und das Schreiben zu lernen, verwandelt er Gretchen Scheffler in sein Lehrobjekt. Sie muß ihm aber bloß den Weg zu Rasputin und Goethe erschließen; alles andere wird im Verfahren der Selbsthilfe geleistet. Ein Bildungsroman pflegt anders auszusehen.

Oskar Matzerath als fensterlose Monade. Als Selbsthelfer, der die Gesellschaft bloß als Objekt betrachtet. Oskar Matzerath – um die grausame Kapitelüberschrift des Schlußberichts aus dem ersten Buch anklingen zu lassen – ohne „Glaube, Hoffnung, Liebe". Man sieht: der Versuch des Romaninterpreten, die Thesen des Poetologen Matzerath ernst zu nehmen und ihn als Helden eines konventionellen Berichts zu verstehen, wird durch den Bericht selbst von Grund auf widerlegt. Oskar ist weder ein Held noch eine Romanfigur im Sinne der von ihm selbst als Norm gesetzten epischen Tradition. Das Wesentliche des Buches wird verfehlt, wenn man sich damit abmüht (indem man auf Oskars Thesen hereinfällt), den Roman als „handfesten" epischen Bericht verstehen zu wollen.

Das ist die *Blechtrommel* nicht, und Oskar ist auch keine Individualität im Sinne von Tom Jones oder Madame Bovary; auch nicht eines Leopold Bloom und Baron de Charlus. Oskar ist eine Kunstfigur in einem durchaus neuen und folgenreichen Sinne. Seine Existenz im Roman ist ein artistischer Vorgang, der sich so weit wie möglich entfernt hält von der Vortäuschung irgendwelcher „Natur". Die Ingredienzien dieser Kunstfigur kommen nach und nach zum Vorschein. Oskar ist vor allem Bewußtsein, das mit einem Minimum an Körperlichkeit auszukommen vermag, dafür aber bereits im Mutterleib, erst recht vom Augenblick der Geburt an, eine hohe Reflexionsstufe demonstriert. Das Bewußtsein gedenkt sich so wenig wie möglich zu entäußern. Während Oskar seine präzise Strategie verfolgt, um mit Hilfe eines Bilderbuches über Rasputin das Lesen zu lernen, spielt er Gretchen Scheffler kindisches Lallen vor, unterhält sich aber mit dem Liliputaner und Musicalclown Bebra in einer formvollendeten, etwas altertümlichen deutschen Sprechweise.

Die Blechtrommel-Sprache ist eine Kunstsprache, die Oskar erlernt und perfektioniert, weil sie ihm gleichzeitig erlaubt, das Bewußtsein zu artikulieren und doch auf Kommunikation mit Hilfe der Sprache zu verzichten. Reines Bewußtsein fast ohne Körperlichkeit. Die Blechtrommel-Sprache als Gegenposition zum menschlichen Sprechen. Der Trommel beraubt, gerät Oskar stets in Gefahr, erwachsen zu werden und zum menschlichen Sprechen übergehen zu müssen. Er weiß das und schreibt: „Wie sollte Oskar auf die Dauer sein dreijähriges Gesicht bewahren können, wenn es ihm am Notwendigsten, an seiner Trommel fehlte?" Endlich das Zersingen von Glas als Form einer Destruktion ohne verursachende Empfindung. Der Romanablauf zeigt, wie diese groteske Gabe des kleinen Oskar nur in den Anfängen als Mittel der Verteidigung eingesetzt wird, dann als das einer gefühlsmäßig motivierten Aggression, um schließlich die Form der reinen Artistik anzunehmen, einer zweckfreien, also ästhetisch einwandfreien Zerstörungshandlung.

An dieser Stelle der Analyse erscheint es notwendig, den Autor Günter Grass einzubeziehen, auf der Distanz also zwischen Oskar und seinem Autor zu bestehen. Es ist die Frage nach der Funktion der Kunstfigur Oskar Matzerath. Da Oskar keine Emotionen hat, von kleinen Nervenkrisen und Sinnlichkeitsanfällen abgesehen, sondern reines Bewußtsein bleiben möchte ohne Kommunikation mit dem Sozialen, muß angenommen werden, daß Grass mit Hilfe des angeblichen Helden, der weder zum Bildungsroman taugt noch zum Schelmenroman, eine besondere gesellschaftliche Konstellation darzustellen versucht.

Die Kunstfigur Oskar ist zunächst einmal wichtig als ein Standort und Standpunkt. Unterhalb nämlich der menschlichen Normaldimensionen. Oskar sieht von allem nur die Unterseite. Er ist der Gnom, das Rumpelstilzchen, der Mitwisser, den man nicht sieht oder ahnt. So entgeht er (und mit ihm sein Autor) den Schwierigkeiten eines realistischen Erzählers alten Stils, welcher das Treiben seiner Gestalten stets nur so darstellen konnte, wie es die breite Öffentlichkeit zu sehen vermochte. Darum die vielen Gasthaus- und Gastmahlszenen in den alten Romanen, von Fielding bis zu den *Buddenbrooks*. Die epische Realität als gesellschaftliches Verhalten in der Außenwelt, wo alle Romanfiguren vollständig bekleidet und als Mitglieder der Gesellschaft gezeigt werden mußten. Da der Erzähler vorgab, bei allen berichteten Vorgängen anwesend zu sein, war es nur folgerichtig, wenn er Szenen aussparte, bei welchen seine Anwesenheit unschicklich gewesen wäre. Marcel Proust hat unter dieser Spielregel schwer gelitten. Einmal mußte er in der *Suche nach der verlorenen Zeit* gewisse Vorgänge schildern, die sein Erzähler Marcel im Roman nicht selbst erlebt haben konnte. Proust behalf sich damit, daß er dem jungen Marcel diese Dinge durch eine ältere Romangestalt berichten ließ. Dann aber waren, gleich zu Beginn von *Sodom und Gomorrha*, einige Szenen zwischen Charlus und Partner zu schildern, die ihrer Natur nach keinen Zeugen zuließen. Proust machte diesmal seinen Berichterstatter Marcel zum heimlichen Lauscher und Schlüssellochgucker.

Andererseits verlangt die Ich-Erzählung durch Oskar Matzerath, daß Oskar wirklich miterlebte, was er beschreibt. Dazu hilft ihm seine Heinzelmännchengestalt. Nun kann die Unterseite einer Familie, einer Stadt, einer Kleinbürgerschicht in einer Weise beschrieben werden, wie sie einem normalen Gil Blas oder Figaro nicht möglich gewesen wäre. Die Funktion des Blechtrommlers für Günter Grass ist evident: sie erlaubt eine Darstellung des bösen Blicks, der Distanz, der Hinter- und Untergründe.

Noch eines wird dadurch erreicht. Da Oskar das Dasein einer Monade und Kunstfigur führt, ist er selbstverständlich frei von allen tabuistischen Vorurteilen der Gesellschaft. Gleich weit entfernt von Schamhaftigkeit wie vom lasterhaften Zynismus. Hier wird erkennbar, daß Günter Grass in der *Blechtrommel*, mit Hilfe seiner grotesken Kunstfigur, den satirischen Roman eines modernen Aufklärers schrieb. Oskars Dasein im Danziger Vorkrieg wie im Düsseldorfer Nachkrieg spielt sich wie das Verhalten eines modernen Gulliver ab, wobei nicht ausgemacht bleibt, ob er sich als Zwerg bei Riesen befindet, oder selbst, dem Bewußtsein nach, einen Riesen darstellt inmitten von geistig unentwickelten Zwergen. Wenn man daher von Tradition im ersten großen Roman von Grass sprechen will, so drängt sich, was die Form betrifft, weit eher die Erinnerung an Laurence Sterne auf, an Jean Paul, an E.T.A. Hoffmann. Man denkt bei Oskars Bericht über Zeugungsvorgang und Geburt an die entsprechenden Partien aus *Leben und Meinungen des Tristram Shandy*. Oskars Körperlichkeit gemahnt an Klein Zaches genannt Zinnober bei Hoffmann. Grass liebt seinen Sterne und seinen Hoffmann. Dem Romantyp nach gehört die *Blechtrommel* also nicht zur realistischen Konvention der picaresken oder pädagogischen Wandlungsromane, sondern zur satirischen Aufklärungsgattung eines Swift, Voltaire oder Diderot. Es entspricht durchaus der Tradition jener humoristisch-satirischen Romane, wenn der Erzähler, der eigentliche Romanverfasser also, ein geheimes Einverständnis mit dem Leser dadurch herstellt, daß er bisweilen die Rahmenfigur, die angeblich das Geschehen berichtet, als hinderlich beiseite schiebt, um – hinter dem Rücken seines Chronisten – selbst ans Publikum sich zu wenden. Auch Günter Grass bedient sich, sogar an entscheidender Stelle der *Blechtrommel*, dieses Kunstgriffs. Es soll berichtet werden, wie Oskar sich, entgegen seiner ersten Aussage, in Wirklichkeit bei Einnahme der Polnischen Post und der Verhaftung seines mutmaßlichen Erzeugers Jan Bronski verhielt. Daher beginnt das Kapitel *Er liegt auf Saspe* im zweiten Buch in sonderbarer Weise: „Soeben las ich den zuletzt geschriebenen Absatz noch einmal durch. Wenn ich auch nicht zufrieden bin, sollte es um so mehr Oskars Feder sein, denn ihr ist es gelungen, knapp, zusammenfassend, dann und wann im Sinne einer bewußt knapp zusammenfassenden Abhandlung zu übertreiben, wenn nicht zu lügen. Ich möchte jedoch bei der Wahrheit bleiben, Oskars Feder in den Rücken fallen und hier berichtigen, daß erstens Jans letztes Spiel, das er leider nicht zu Ende spielen und gewinnen konnte, kein Grandhand, sondern ein Karo ohne Zwein war, daß zweitens Oskar beim Verlassen der Briefkammer nicht nur das neue Trommelblech, sondern auch das geborstene, das mit dem toten Mann ohne Hosenträger und den Briefen aus dem Wäschekorb gefallen war, an sich nahm."

All dies ist höchst zweideutig formuliert. Man kann sich mit der Erklärung zufriedengeben, Oskar selbst füge hier eine Berichtigung an, die mit dem Geständnis seiner Schuld an der Ermordung des eigenen Vaters endet. Bekanntlich wechselt Oskar immer wieder vom Ich-Bericht zum Bericht über Oskar. Hier jedoch meint das Ich des Erzählenden plötzlich ein anderes Subjekt: den Erzähler Günter Grass. Der Autor berichtigt den Berichterstatter Oskar Matzerath. Allein das ist nur ein Augenblick (deren gibt es noch einige in der Geschichte), dann schließt sich die Romanform aufs neue: das Ich des Erzählers wird wieder zum Ego des kleinen Blechtrommlers.

Grass wendet hier einen typischen Kunstgriff der humoristischen Romantradition an. Die Formen der Groteske und der Satire, der Ironie und des Humors verlangen Distanz, lassen niemals zu, daß der Erzähler ganz sich an das Erzählte verliere. Nur ein Romantyp, der so gern funktionslos sein möchte, ohne es werden zu können, wie bei Flaubert, wird danach streben, die Geschichte allein und nichts als die Geschichte zu präsentieren, gleichsam eine Erzählung ohne Erzähler. Ein funktional angelegter Roman aber, wie die *Blechtrommel*, braucht das Zusammenspiel zwischen Erzähler und Leser: meist mit Hilfe einer fingierten Erzählerfigur, oft auch im Gegensatz zu ihr.

Nicht wesentlich anders geht es zu in Thomas Manns Alterswerk. „Wer also läutet die Glocken Roms?", liest man gleich zu Beginn des Romans *Der Erwählte,* um die verblüffende Antwort zu erhalten: „Der Geist der Erzählung". Der Satz ist bei Thomas Mann sogar noch kursiv gesetzt. Wenige Seiten darauf wird dem Leser der sonderbare Vorgang erläutert: „Indem der Geist der Erzählung sich zu meiner mönchischen Person, genannt Clemens der Ire, zusammenzog, hat er sich viel von jener Abstraktheit bewahrt, die ihn befähigt, von allen Titular-Basiliken der Stadt zugleich zu läuten." Der Leser durchschaut das Spiel und sucht beim Lesen mit dem Blick immer wieder den Gegenblick des Erzählers Thomas Mann, unbekümmert um das epische Getue Clemens des Iren. Auch der Krull ist ein solches Produkt des episch-ironischen Einvernehmens zwischen Autor und Leser. Eine Konfrontierung zwischen Thomas Manns letztem, fragmentarisch gebliebenen Erzählwerk und dem ersten großen Roman von Günter Grass vermag es zu demonstrieren.

Felix Krull und Oskar Matzerath: hier scheint eine Zusammenstellung vorzuliegen, die zwei Grenzfälle miteinander konfrontiert. Die höchste Gesellschaftlichkeit des unwiderstehlichen Hochstaplers, und die extreme Gesellschaftslosigkeit des Blechtrommlers. Der mythisch überhöhte Verführer und Lügengott als Gegenposition zum Repräsentanten einer „Unterwelt" in jeglichem Verstande. In Felix Krull ist immer noch Hermes spürbar, das weiß nicht nur die tribadische Schriftstellerin Diane Houpflé. Neben Oskar Matzerath aber muß sich noch Thersites wie eine klassische Göttergestalt ausnehmen. Dennoch sollte man auch hier nicht, im Falle Felix Krulls, die Rechnung machen ohne den Ironiker Thomas Mann. Die Satire bei Günter Grass ist nicht allzu weit entfernt von der Ironie des späten Thomas Mann.

Im *Tagebuch über die Entstehung des Doktor Faustus* finden sich gleich zu Anfang merkwürdige Hinweise auf die Beziehung zwischen Faustus und Krull, zwischen dem deutschen Tonsetzer Adrian Leverkühn und dem unwiderstehlichen Hochstapler. Thomas Mann erinnert sich damals, im Jahre 1943, ganz früher Faustprodukte, weiß aber nicht so recht, ob er den Sprung ins Ungewisse wagen oder lieber den bereits vorliegenden Krullkapiteln einige neue hinzufügen soll: mit dem Ziel, den Hochstaplerroman nach mehr als 30 Jahren doch noch zum guten Ende zu schreiben. Dann heißt es: „Ein Tag brachte trotz allem die Auflösung der Materialpakete zum ‚Hochstapler', die Wiederlesung der Vorarbeiten. – Mit wunderlichem Ergebnis. Es war ‚Einsicht in die innere Verwandtschaft des Faust-Stoffes damit' (beruhend auf dem *Einsamkeitsmotiv*, hier tragisch-mystisch, dort humoristisch-kriminal); doch scheint dieser, wenn gestaltungsfähig, der mir heute angemessenere, zeitnahere, dringendere …" Die Waage hatte ausgeschlagen. Dem *Josef*-Theater sollte nicht „erst noch" der Schelmenroman folgen.

Zum zweiten Mal übrigens befand sich Thomas Mann an einem Kreuzweg solcher Art; abermals entschied er gegen Felix Krull. Als der Erste Weltkrieg zu Ende gegangen war und durch sein Ergebnis alle Thesen und politischen Philosophien Thomas Manns aus den *Betrachtungen eines Unpolitischen* widerlegt zu haben schien, mußte neue Arbeit gesucht werden. Ein heiteres Gegenstück, gleichsam ein Satyrspiel zum *Tod in Venedig* war noch vor dem Weltkriegsbeginn entworfen worden: mit einer höchst unromantischen Szenerie, die sich mit Venedig gar nicht vergleichen durfte, nämlich einem der ebenso berühmten wie teuren Schweizer Lungensanatorien. Allein auch die *Bekenntnisse des Hochstaplers Felix Krull,* gleichfalls ein Produkt der Vorkriegszeit, boten sich zur Weiterarbeit an.

Thomas Mann entschied sich damals zunächst einmal gegen beide Entwürfe, um dem Familienhund Bauschan den Vorzug zu geben. So entstand die Geschichte von *Herr und Hund.* Aber die eigentliche Dezision war damit nur aufgeschoben. Die Entscheidung fiel aus für Davos und gegen Felix Krull. Das beabsichtigte kleine Satyrspiel wuchs hinüber in die Riesendimensionen des Zauberberg-Romans.

Im Jahre 1943, als ein Kriegsende abzusehen war und die Josefs-Tetralogie, die ursprünglich bloß als Trilogie entworfen wurde, abgeschlossen vorliegt, wird eine neue Alternative fällig. Eigentlich ist es gar keine. So bedeutet uns jedenfalls die Notiz aus Thomas Manns Tagebuch. Die Geschichte Krulls und Leverkühns habe – so muß der Hinweis verstanden werden – mit demselben Vorgang zu tun: mit der Künstlereinsamkeit. Beim Faustus-Thema dränge sich die tragisch-mystische Darstellungsweise auf, beim Hochstapler Krull die Gattungsform des humoristischen Romans.

Abermals muß Krull zurücktreten. Sein Roman ist Fragment geblieben, wie man weiß. Noch im letzten Lebensjahr (1954/55), als Thomas Mann einen ersten Band der Krull-Memoiren vorgelegt hat und abermals der Begeisterung seiner Leser sicher sein kann, öffnet sich zum dritten Mal ein Kreuzweg. Soll der Krull vom Erzähler, der nun im 80. Lebensjahr steht, abgeschlossen werden, oder verlangt der Altersstil Thomas Manns nach dem ganz Anderen und Neuen? Man erfuhr damals aus gelegentlichen Interviews, die der Dichter gab, es sei ein Lustspielplan aufgetaucht, mit Luthers Hochzeitstag als Thema. Im Nachlaß fanden sich erste Materialien für das neue Projekt. Krull war zum dritten Mal bedroht. Dabei ist es geblieben.

Daß der junge rheinische Hochstapler „aus feinbürgerlichem, wenn auch liederlichem Hause" mit der Lieblingsproblematik des frühen Thomas Mann, dem Verhältnis also zwischen Bürgerwelt und Künstlertum, zu tun hatte, war von Anfang an evident. Schon in den ersten Erzählungen, dem *Bajazzo* etwa, später im *Tonio Kröger* oder im *Tristan*, hatte der Erzähler aus Lübeck ein späteres Thema der *Dreigroschenoper* vorweggenommen: die Sehnsucht der Außenseiter nach den Wonnen bürgerlicher Gewöhnlichkeit. Freilich waren Bettler- und Verbrecherkönig bei Brecht die Repräsentanten eines gesellschaftlichen Outsidertums. Thomas Mann dagegen meinte immer ein seelisches Abseits, kulminierend in der Randexistenz des Literaten. Die Konstellation Tonio Krögers und Hans Hansens, des Herrn Spinell vor König Marke Klöterjahn. Hanno Buddenbrook im Kampf mit den Normen und Riten der Schulhierarchie. In allen Fällen: Artistenleben gegen Bürgerlichkeit. Überall strebten diese Erzählungen nach den Wonnen geistiger Erniedrigung durch die Ungeistigkeit.

Hier setzte die ursprüngliche Konzeption des Krull-Romans ein. Auch Krull wird als Künstler präsentiert, freilich in einer Disziplin, die an keiner Kunsthochschule gelehrt wird, nämlich im Bereich der „strafgesetzlich normierten Tatbestände". Dennoch ist Krull virtuell und sogar real, nämlich in der hohen Kunst der Betrügerei, ein echter Artist. Er treibt sich nicht durch gesetzwidriges Verhalten aus dem Bürgerbereich, sondern gehörte von Anfang an nicht dazu. Er war Hochstapler noch vor Begehung der ersten Hochstapelei. Daraus entspringt seine Einsamkeit. Seine Geschichte hat nichts zu tun mit der trivialen Story vom Sohn aus gutem Hause, der einen Fehltritt begeht und nun von der Gesellschaft zurückgestoßen wird. Krull ist nicht Mittelpunkt eines sentimentalen, sondern eines humoristischen Romans. Seine Position ist antibürgerlich von Anfang an. Er ist ein Vetter des Wedekindschen *Marquis von Keith*. Man weiß, daß Thomas Mann einen prachtvollen kleinen Essay über dieses Schauspiel Wedekinds eben in jener ersten Vorkriegszeit niederschrieb, als er am Krull arbeitete.

Diesen Grundentwurf hat der Erzähler bis zum Schluß beibehalten. Das 3. Kapitel im 3. und letzten Buch der Krull-Memoiren, geschrieben in Thomas Manns letzter Lebenszeit, beginnt mit zwei kurzen Sätzen rückblickender Meditation. Felix Krull stellt fest: „Ich kann mein inneres Verhalten zur Welt, oder zur Gesellschaft, nicht anders als widerspruchsvoll bezeichnen. Bei allem Verlangen nach Liebesaustausch mit ihr eignete ihm nicht selten eine sinnende Kühle, eine Neigung zu abschätzender Betrachtung, die mich selbst in Erstaunen setzte." Felix Krull kennt die Künstlereinsamkeit und läßt sich durch keinen erotischen Triumph über die Grundtatsachen seines Verhaltens zur Umwelt hinwegtäuschen. Krull scheint in allen Situationen der Werbende und Nehmende zu sein. In Wahrheit verhält es sich umgekehrt: er bleibt überall das Objekt von Libido, Sympathie, Zutraulichkeit. Der Scharlatan kann den Genuß vorzüglich spielen; ob er selbst wahrhaft genießt, bleibt offen. Das macht: Krull ist ein Mann der Fiktionen. Er lebt in den Gespinsten der Phantasie, natürlich auch der Lüge, und schlägt Vorteil aus dem Eigentlichsten seiner Existenz: dem Spiel der Einbildungskraft. Er ist ein Artist im Bereich dessen, was der Betrugsparagraph des Strafgesetzbuches mit der Formel „Vorspiegelung falscher Tatsachen" zu fassen sucht. Aber die Vorspiegelung ist zunächst einmal artistischer Selbstzweck. Krulls Existenz ist eine solche des l'art pour l'art. Daß diese Artistik dabei auch etwas abwirft, meist recht viel, wird wohlgefällig akzeptiert, aber zunächst nicht einmal angestrebt.

Nun wird spürbar, warum Krulls Einsamkeit von Thomas Mann ohne weiteres mit der Einsamkeit des wirklichen Künstlers Leverkühn gleichgesetzt werden kann. Auch Krull empfindet jede Aktion eigentlich als einen Kunstvorgang. Er ist eine Kunstfigur und macht sich überdies selbst in jedem Augenblick zur Kunstfigur. Wenn er in Paris als Lebemann ausgeht, so bereitet er einen Theaterauftritt vor nach dem Modell jenes unwiderstehlichen Operettenhelden aus der *Lustigen Witwe*, den er als Kind hatte bewundern dürfen: „Die neuen Errungenschaften aber, ein Smoking-Anzug, ein Abendmantel mit seidengefütterter Pelerine, bei dessen Auswahl ich unwillkürlich von einem immer frisch gebliebenen Jugendeindruck, der Erinnerung an Müller-Rosé als Attaché und Schürzenjäger bestimmt gewesen war, dazu ein matter Zylinderhut und ein Paar Lackschuhe, hätte ich im Hotel nicht sehen lassen dürfen." Der Hochstapler Felix Krull ist Prototyp eines homo ludens. Er verbringt sein Leben als ästhetische Existenz. Darum finden sich im Mittelpunkt der drei Romanbücher gleichzeitig drei große Schilderungen von Spielvorgängen: Operette, Zirkusartistik, Stierkampf.

Die Einsamkeit Felix Krulls, des Hochstaplers und Künstlers, nähert ihn dem monströsen Dasein des Blechtrommlers Oskar Matzerath an. Auch Oskar schlägt die Laufbahn eines erfolgreichen Artisten ein: „Oskarnello" wird zur artistischen Attraktion. Die Kluft zwischen ihm und seinen Bewunderern, die eine solche des Bewußtseins ist gegenüber einer unbewußten Vitalität, gegenüber den Wonnen der Gewöhnlichkeit, schließt sich nicht. Nur: Krull sehnt sich – erfolglos – nach der bürgerlichen Welt, riskiert sogar den Persönlichkeitstausch mit dem echten Marquis, aber ohne Erfolg. Er ist und bleibt Objekt für die All-Sympathie – der andern.

Wenn angemerkt werden konnte, daß Günter Grass im Blechtrommel-Roman gelegentlich den selbstbewußten Literaten Oskar mit leichtem Schulterruck beiseite schiebt, um – gleichsam in eigener Sache – dem Leser etwas mitzuteilen, so findet sich im Krull-Roman der analoge Vorgang. Die vom alten Thomas Mann geschriebenen Partien arbeiten sogar ganz überwiegend mit diesem Kunstgriff, so daß der Leser die Zwischenschaltung des drauflosschreibenden Hochstaplers nur als durchsichtige Finte empfindet und glaubt, in Wirklichkeit permanent mit dem eigentlichen Verfasser im Gespräch zu sein. Daß Krulls gestelzte Prosa in den ersten Kapiteln dazu dienen muß, hinter der scheinbaren Offenheit aller Enthüllungen den Erzlügner sichtbar werden und ertappen zu lassen, gehörte zur künstlerischen Absicht des Verfassers. Der Leser wußte außerdem von vornherein, daß – bei aller Geschicklichkeit und genialen Eklektik – der Hochstapler Krull niemals so elegant zu schreiben imstande sei wie der berühmte Schriftsteller Thomas Mann aus Lübeck. Vorwand also und Mittel der Figurencharakteristik. Noch im *Doktor Faustus* wird die Erzählhaltung des Biographen Serenus Zeitblom nach ähnlichen Prinzipien angelegt. Da gibt es einen Zeitblom, der als kleiner deutscher Studienrat im Hitlerreich schreibt; dann einen Berichterstatter, der gleichsam „über seine Verhältnisse" formuliert; schließlich, und vor allem gegen das Ende hin, Thomas Mann selbst als Berichterstatter mit der flüchtig vorgebundenen Maske der Kunstfigur Zeitblom.

Gegen Ende des *Felix Krull* entsteht eine neue Kunstfertigkeit dadurch, daß neben der Figurencharakteristik des Hochstaplers durch seine Sprache und der unmittelbaren Intervention Thomas Manns, der sich gleichsam in eigenem Namen an den Leser wendet, noch eine *dritte* Darstellungsform erprobt wird: Thomas Mann als Parodist des Spätstils von Thomas Mann. Das zweite Buch der Memoiren Krulls debütiert mit Betrachtungen des Hochstaplers, die man als Simultanspiel des realen Erzählers mit der Stilistik Krulls und Thomas Manns bezeichnen kann: „Lange haben diese Papiere unter Verschluß geruht; wohl ein Jahr lang hielten Unlust und Zweifel an der Ersprießlichkeit meiner Unternehmung mich ab, in treusinniger Folge Blatt auf Blatt schichtend, meine Bekenntnisse fortzuführen. Denn obgleich ich auf den vorstehenden Seiten mehrfach versichert habe, daß ich diese Denkwürdigkeiten hauptsächlich und in erster Linie zu meiner eigenen Unterhaltung und Beschäftigung aufzeichne, so will ich nur auch in diesem Betreff der Wahrheit die Ehre geben und freimütig eingestehen, daß ich insgeheim und gleichsam aus dem Augenwinkel beim Schreiben doch auch der lesenden Welt einige Rücksicht zuwende und ohne die stärkende Hoffnung auf ihre Teilnahme, ihren Beifall wahrscheinlich nicht einmal die Beharrlichkeit besessen haben würde, meine Arbeit nur bis zum gegenwärtigen Punkte zu fördern."

Fragt man, was da vorgeht, so ist zunächst die Aufhebung aller epischen Illusionen zu konstatieren. Hier wird keinerlei Wirklichkeit vorgetäuscht. Der späte Thomas Mann hat ganz gewiß nichts mehr mit dem Romantyp des 19. Jahrhunderts zu tun. Der Krull-Roman war von Anfang an dazu bestimmt, die offene epische Form zu demonstrieren. Nun könnte eingewandt werden, diese spezifische Romantechnik heutiger Erzählwerke, z.B. auch der *Blechtrommel,* stelle sich dar als Rückwendung zu epischen Modellen des europäischen 18. Jahrhunderts unter Aussparung der realistischen Kompositionen des bürgerlichen Romans aus dem 19. Jahrhundert. Allein da ist ein Unterschied. Der Leser von Romanen Sternes und Jean Pauls oder wohl auch der *Epigonen* von Karl Immermann wußte von vornherein, daß er im Romanverlauf mit Maximen und Reflexionen Sternes, Jean Pauls oder Immermanns konfrontiert werden würde. Das erwartete er, und so betrachtete er alle Einkleidungen als ein Versteckspiel, das er ganz ohne Illusionen mitzuspielen bereit war.

Thomas Mann aber oder Günter Grass entziehen sich dem Leser im selben Augenblick, da er glaubt, nach Ausschaltung der Kunstfiguren Krull oder Oskar, mit ihnen selbst ins Gespräch zu kommen. Man kann es so formulieren: Wenn die Marionetten Krull und Matzerath vom Puppenspieler hinuntergezogen wurden, wird die Bühne frei für neue Kunstfiguren. Sie heißen diesmal Thomas Mann und Günter Grass, aber es sind Kunstfiguren. Im *Doktor Faustus* werden „wirkliche" Musiker und Kritiker episodenweise aufgerufen: Bruno Walter und Klemperer oder der Kritiker Dr. Willi Schuh. Allein es handelt sich um *Romanfiguren* mit Namen nach realen Namensträgern. Das Wort Brechts: „Wen immer ihr hier sucht, ich bin es nicht", gilt in allen Fällen.

Dabei wird ein neues Moment des zeitgenössischen, nicht bloß des deutschen Romanschaffens wichtig, das von vielen heutigen Romanlesern nicht verstanden wurde, woraus nur Mißverständnisse entspringen konnten. Weniger denn je nämlich ist es in der heutigen Literatur möglich, irgendwelche Thesen, Aktionen und Repliken irgendeiner Kunstfigur auf dem Theater oder im epischen Bereich nach guter alter Schulmeisterweise „dem Dichter" zuzuschreiben. Das bürgerliche Zeitalter einer Literatur, die nach Selbstverwirklichung des Künstlers strebte, ist zu Ende.

Allenthalben sind Kunstfiguren miteinander im Spiel. Die Funktionen des Romans und die eigentlichen Motive des Verfassers – man darf darin einen künstlerischen Fortschritt sehen – sind vom Gesamtwerk her zu interpretieren, nicht aber durch eine fragwürdige Identifizierung des Autors mit einzelnen Partien oder Figuren der Geschichte zu erschließen. Damit hängt auch die auffallende Vorliebe der modernen Erzähler für sogenannte *Rollenprosa* zusammen. Man hat die Fiktion vom allwissenden Erzähler aufgegeben und läßt irgendeine Figur in der Ich-Form etwas berichten, aber dergestalt, daß der Leser, mit oft sehr kunstvollen Tricks, daran gehindert wird, jenem epischen Ego durch Identifizierung und Sympathie auf den Leim zu gehen. Eher geht der moderne Epiker darauf aus, möglichst rasch eine Distanz zwischen dem Ich-Erzähler und dem Leser herzustellen: sei es durch schockierende Elemente beim Berichterstatter, sei es durch schockierende Begebnisse. In diesem Verstande war der *Felix Krull* von Anfang an kein Werk der überhängenden Romantradition nach Tolstoi oder Flaubert, sondern eine Vorwegnahme moderner Formen des Erzählers. Oskar Matzerath steht mit dem „hermetischen" Hochstapler von Thomas Manns Gnaden im selben Familienregister.

Noch ein anderer gehört zur Familie, obwohl er jedesmal nervös und melancholisch zusammenzuckt, wenn von Familie irgendwo gesprochen wird, denn: „Meine Eltern, strenggläubige Protestanten, huldigten der Nachkriegsmode konfessioneller Versöhnlichkeit und schickten mich auf eine katholische Schule. Ich selbst bin nicht religiös, nicht einmal kirchlich, und bediene mich der liturgischen Texte

und Melodien aus therapeutischen Gründen: sie helfen mir am besten
über die beiden Leiden hinweg, mit denen ich von Natur belastet bin:
Melancholie und Kopfschmerz." Man wird den Schreibenden und
den Tonfall erkannt haben. Auch dies Bekenntnis gehört zu den
Ansichten des Clowns Hans Schnier aus der Familie der Braunkohlen-
Schniers und von Heinrich Bölls Gnaden.

Zum dritten Mal ein Sachverhalt, der bereits vertraut anmutet:
völlige Antinomie zwischen der Gesamtgesellschaft und einem ihrer –
angeblichen – Mitglieder. Das Monstrum Oskar hatte sich selbst zur
Menschenunähnlichkeit stilisiert. Der Hochstapler Krull lebte nicht
etwa wie ein hochgemuter Delinquent im Widerstand gegen die rechtlichen, sittlichen und politischen Normen, was immerhin eine Form
des Zusammenlebens bedeutet, sondern außerhalb aller Gesellschaftlichkeit. Er war ein Objekt, das stets begehrt, aber niemals besessen
wird, da es sich von Natur aus aller Gemeinsamkeit entzieht. Frigidi-
tät eines Menschen kann zur Not von einer Gesellschaft integriert
werden, wie man weiß. Die Einsamkeit des Erwählten aber läßt sich
nicht in Kommunikation verwandeln. Das gilt für die Künstlereinsamkeit Adrian Leverkühns wie für die kriminelle, aber angeborene
Artistik des Felix Krull.

Hans Schnier gehört dazu. Er ist der Künstler, der einsam bleibt
und der auf die Gesellschaft, im Gegensatz zu Oskar Matzerath, dem
bösartigen Täter, nur durch die Idiosynkrasien eines Leidenden zu
reagieren vermag. Er lebt in einer Gesellschaft, die alles zu integrieren
vermag, bloß den Clown nicht, weil er alles, was in der Gesellschaft
getrieben wird, nur von außen sieht und fratzenhaft imitiert, ohne ein
einziges Mal selbst beteiligt zu sein. Er ist der Betrachter und Nachäf-
fer. Die Gesellschaft lebt als Ganzheit, mag sie schlecht oder gut sein.
Der außenstehende Clown aber, den die Ganzheit nichts angeht,
erlebt immer nur den Zerfall aller Totalitäten in unverständliche und
unverstehbare Einzelmomente. Bruder Leo Schnier fragt das entartete
Mitglied der protestantischen Bourgeoisfamilie aus Bonn am Telefon:
„Was bist du eigentlich für ein Mensch?" Die Antwort lautet: „,Ich
bin ein Clown', sagte ich, ,und sammle Augenblicke'."

Bei ihnen allen, Thomas Mann und Böll und Günter Grass, ist der
Roman früheren Typs „überwunden" worden, wobei man sich hüten
sollte, von Fortschritt oder Dekadenz zu sprechen. Allein die Romane unserer Zeit sind anders als die Erzählwerke früherer Generationen.

Krull und Matzerath sind Monstren, und der melancholische
Clown Hans Schnier ist ebenfalls, nicht nur in den Augen seiner
Umwelt, eine Art von Ungeheuer. Der böse Zwerg Oskar präsentiert
sich für den Leser in der Aura des häßlichen und argen Widersachers.

Menschliches ist nicht an ihm. Das hat Grass gewußt und einkalkuliert. Wir denken beim Lesen der *Blechtrommel* an Rumpelstilzchen und an Mime, den schnatternden Zwerg mit dem nervösen Kopfnikken bei Wagner, den der Musikdramatiker, wie Adorno behauptet, zugleich als Judenkarikatur *und* als unbewußt geformtes Selbstporträt entworfen hatte. Das Unheimliche an der zwerghaften Existenz wird von Grass als spezifische Kunstwirkung eingesetzt. Er leistet sich sogar den Spaß einer Konfrontation des künstlichen Zwerges Matzerath mit einem gleichsam „natürlichen" Liliputaner.

Krull dagegen ist ein etwas liederlicher Halbgott, worin er seinem Archetypus Hermes nur wenig nachsteht. Auch er ist nicht menschlich, und ihm will scheinen – darauf läuft es bei Thomas Mann immer wieder hinaus –, daß jeder artistischen Existenz von vornherein einige Ingredienzien der Unmenschlichkeit beigegeben seien. Als Krull die waghalsige Zirkusnummer der Trapezkünstlerin Andromache sieht und auch die anderen Auftritte bewundern darf, fragt er sich: „Was für Menschen, diese Artisten! Sind es denn welche? Die Clowns gleich zum Beispiel, grundsonderbare Spaßmacherwesen mit kleinen roten Händen, kleinen, dünn beschuhten Füßen, roten Schöpfen unter dem kegelförmigen Filzhütchen, mit ihrem Kauderwelsch, ihrem auf den Händen Gehen, über alles Stolpern und Hinschlagen, sinnlosen Herumrennen und vergeblichen Helfenwollen, ihren zum johlenden Jubel der Menge entsetzlich fehlschlagenden Versuchen, die Kunststücke ihrer ernsten Kollegen – sagen wir: auf dem Drahtseile – nachzuahmen,... sind sie, sage ich, Menschen, Männer, vorstellungsweise irgendwie im Bürgerlichen und Natürlichen unterzubringende Personen?"

Als Andromache den Künstlerkampf mit der Todesgefahr aufnimmt, fragt sich Krull abermals: „Aber wiederholt frage ich hier: War Andromache etwa menschlich? War sie es außerhalb der Manege, hinter ihrer Berufsleistung, ihrer ans Unnatürliche grenzenden, für eine Frau tatsächlich unnatürlichen Produktion? Sie sich als Gattin und Mutter vorzustellen war einfach läppisch." Die Fragen des Hochstaplers stellen das Einverständnis her zwischen ihm, dem unmenschlichen Halbgott und Diebeskünstler, und den Unmenschen am Trapez oder im Bajazzogewand.

Hans Schnier pflegt wütend zu werden, wenn man ihm die Berufsbezeichnung „Clown" vorenthält, um ihn mit irgendeinem bürgerlich geläufigen Artistenberuf zu begaben. Er meint einmal, und hat vermutlich sogar recht: „Ich glaube, es gibt niemanden auf der Welt, der einen Clown versteht, nicht einmal ein Clown versteht den anderen, da ist immer Neid oder Mißgunst im Spiel."

Drei Formen der Unmenschlichkeit: Zwerg, Halbgott und Clown.

Das brauchte noch nicht spezifisch zu sein für die Erfindungsrichtung
moderner Erzähler, denn mit gewaltigen Sündern und Verbrechern
pflegte auch der bürgerliche Illusionsroman (und sogar noch der
Desillusions-Roman) des 19. Jahrhunderts zu arbeiten. Allein Vautrin
bei Balzac oder der Schwerverbrecher Valjean in den *Elenden* von
Victor Hugo standen durch ihre Taten und Neigungen außerhalb der
Bürgerwelt, verzehrten sich jedoch in Sehnsucht nach der Integrie-
rung. Sie alle umgab, ebenso wie die Dirnen und Künstler, jene
Lieblingsfiguren europäischer Novellistik um 1890, ein Duftkreis der
Sentimentalität. Der Autor sah sie mit den Augen der Bürgerwelt; was
er ihnen zu bieten hatte, war Mitleid. Noch Thomas Manns *Tonio
Kröger* folgt, als ironische Variante, diesem epischen Schema. Felix
Krull ist anders.

Bei den heutigen Formen einer Romankunst mit widermenschli-
chen Zentralfiguren wird Einsamkeit dargestellt, die nichts mehr zu
tun hat mit einem Schema früherer Künstlerromane, dem etwa noch
Hermann Hesse nachzufolgen pflegte: wonach Überdruß an der Gesellschaft die Peter Camenzind, ganz zu schweigen von Gestalten bei
Ernst Wiechert, allmählich zur innerweltlichen Vereinsamung führte.
Sie alle blieben innerhalb der gegebenen Welt. Auch Eremit und
Eigenbrötler haben ihre Planstelle in einer durchformierten Gesellschaft.

Matzerath aber und Krull und Schnier sind keine Einzelgänger.
Hier ist etwas anderes und Neues. Überdies fällt auf, daß sie alle das
Künstlertum eines höchst ungewohnten Typs verkörpern. Oskar
durch Gestalt, angeborene und erworbene Gaben; Krull durch die
gleichzeitig sakrale und verruchte Sphäre von Schönheit und Gau-
nerei; Schnier dadurch, daß er nirgendwo „mitzumachen" imstande
ist und alle „Engagements" der andern, der Katholiken und Protestanten, Artisten oder Kommunisten, nur als – negative – Nervenrei-
zungen zu erleben vermag.

Dadurch aber gesellen sie sich der großen Phalanx von Künstlern,
vor allem auch von Schriftstellern, die den modernen Roman, in
Deutschland und außerhalb, seit einigen Jahrzehnten zu bevölkern
pflegen. Oskar, Krull und Schnier sind Künstler jenseits der Sprache.
Aber neben sie treten die vielen Romanhelden, deren buchenswerte
Begebenheiten vor allem darin zu bestehen pflegen, daß sie Leben in
Literatur zu verwandeln suchen. In den zwanziger Jahren pflegte das
meist noch zu glücken: wenn man den Autoren glauben wollte. Ein
Schriftsteller beschreibt in Lion Feuchtwangers Romanen die Münch-
ner Ereignisse von 1920 bis 1923, oder den jüdischen Krieg gegen die
Römer, oder den Vorabend der französischen Revolution. Eigentliche
Helden sind aber die Schriftsteller. Arnold Zweigs Bücher über den

Ersten Weltkrieg sind so angelegt, daß der Schriftsteller Werner Bertin, ein Sprecher seines Autors, Leben konsumiert, um es in Romanwelt zu verwandeln. Sogar noch Marcel Prousts *Suche nach der verlorenen Zeit* ist ähnlich angelegt.

Die neueren Schriftstellerromane dagegen über Schriftsteller pflegen mit eigentümlicher Hartnäckigkeit zu demonstrieren, warum sich Leben nicht mehr in Literatur verwandeln läßt. Max Frisch betont in seinen Reden nicht weniger als im Gantenbein-Roman die schroffe Antinomie zwischen erlebter und beschriebener Wirklichkeit. Der sterbende Vergil bei Hermann Broch will die Aeneis vernichtet sehen, weil nicht gelungen sei, Leben in Dichtung zu verwandeln; Arno Schmidt debütierte im *Leviathan* mit historisch drapierten Schriftstellergestalten, die Wirklichkeit nur noch als Arbeitsmaterial entgegenzunehmen pflegen; der *Mann ohne Eigenschaften* bei Musil führt gleichfalls die Existenz eines Literaten und Geisteswissenschaftlers, der Erleben und Beschreiben, Ekstase und Exaktheit – vergeblich – miteinander zu vereinen sucht. Zwei Briefschreiber im *Herr Meister* von Walter Jens werden am Schluß des Buches darüber einig, daß der geplante Roman nicht entstehen kann. Übrig bleibt ein Briefwechsel über Roman-Projekte, so wie mehr als dreißig Jahre früher, bei André Gide, der Romanschreiber Edouard durch die Begegnung mit Falschmünzern aller Art daran gehindert wurde, einen Roman mit dem Titel *Die Falschmünzer* zu schreiben. Bei Uwe Johnson fährt ein westdeutscher Journalist namens Karsch nach Leipzig, um die Biographie eines Volkslieblings und Radrennfahrers namens Achim zu schreiben. Zwei Bücher gibt es schon über den, nun soll das dritte geschrieben werden. Es kommt nicht zustande: das ist der Inhalt des Romans *Das dritte Buch über Achim*. Anselm Kristlein im *Einhorn* von Martin Walser soll ein Buch über die Liebe schreiben, so realistisch wie nur möglich. Aber Wirklichkeit und Sprache widersetzen sich dem Unterfangen. Es fehlt an *Wörtern über Liebe*, die Schriftstellerei versagt abermals vor der Realität.

Sie alle, und der Schriftsteller Gordon Allison in Alfred Döblins Hamlet-Roman, und der Schriftsteller Philipp bei Wolfgang Koeppen im Roman *Tauben im Gras*, sind Gefährten von Krull, Schnier, Matzerath. Der penetrante Eigensinn so vieler und heterogener Autoren, immer wieder das Thema der erfolglosen Kreation, der Unmöglichkeit nämlich darzustellen, Erlebtes in eine Kunstwelt zu verwandeln, hängt mit den Beziehungen zwischen Schriftsteller und Gesellschaft zusammen. Es sagt etwas über die Zustände aus, wenn die Autoren das eigene Verhältnis zur Umwelt nur noch durch Archetypen der Unmenschlichkeit oder Berichte über erfolglose Berichtsversuche wiederzugeben vermeinen. Dann sind Narr und Unmensch in der Tat die zweckmäßigsten Repräsentanten einer Literatur der verlorenen Sprache und der abgerissenen Kontakte.

Wer heute das Romanschaffen der neuen Erzähler zu charakterisieren sucht, findet natürlich viel Repetition der einstigen Formen, Motive und Inhalte. Man kann immer noch durch Wiederholung der Geschichten von einst mit leicht abgeänderter Pointe und dank der Erzählweise eines objektiven und gottähnlichen Berichterstatters Eindruck machen. Aber es hat nichts mit krampfigem Avantgardismus zu tun, wenn den ernsthaften Erzählern der jüngeren und auch schon einer älteren Generation diese Art des Geschichtenerzählens schlechthin zuwider geworden ist.

„Woher weiß der Erzähler das eigentlich?" – fragte Alfred Döblin vor mehr als dreißig Jahren bei Betrachtung der herkömmlichen Romanstories. In der Tat: woher wissen die Erzähler eigentlich, was sie erzählen? Es gilt als ehrlicher, ein Werk der Einbildungskraft ausdrücklich auf einbekannten und kunstvoll servierten Fiktionen aufzubauen. Dann erzählt eine Figur, und der Autor hat sich von der ersten Seite an, unverkennbar für den Leser, von ihr distanziert. Es sind Lügengeschichten, die der moderne Epiker schreibt. Nun ist alles in Ordnung. Alle Dichter lügen, das wußte schon Platon, weshalb er sie aus seinem Staatswesen zu verbannen suchte. *Lügengeschichten* nennt Martin Walser einige seiner Fiktionen. Die Grenzen zwischen erzählter und erlebter Wirklichkeit sind durch ästhetische Mauern streng voneinander getrennt. Nur die offizielle Ästhetik der sowjetischen und ostdeutschen Literaturtheoretiker ist merkwürdigerweise gegen das Errichten solcher Mauern: dort hält man, bei Erwin Strittmatter und erst recht bei minderen Autoren, nach wie vor am Romantyp der Balzac- und Tolstoi-Nachfolge fest. Dort strebt man, höchst folgerichtigerweise, immer noch jenen Formtyp des positiven, durchschnittlichen oder negativen Helden an, den sich die kritischen Erzähler in aller Welt, aus ästhetischem Gewissen, längst abgewöhnt haben.

Sie sind, diese Erzähler von heute, dadurch nicht glücklicher geworden, aber wahrhaftiger. Wenn ihre Romane jenseits der Menschlichkeit angesiedelt wurden, so verbirgt sich dahinter nicht eine faschistoide Lust an der Inhumanität. Man schreibt die Geschichte eines Felix Krull oder Oskar Matzerath, des Hans Schnier oder Anselm Kristlein nicht mit heiterem Sinn und gutem Gewissen. Der frühe Thomas Mann fand einmal für die Arbeit des Schriftstellers eine bezaubernde Formel: er sei ein Mensch, dem das Schreiben besonders schwer falle. Wir erleben heute ein Romanschaffen, das den meisten von denen, die sich damit abgeben, als fast unzumutbare Belastung erscheint. Erzählen wollen von einer Wirklichkeit, die man immer weniger zu durchschauen glaubt. Erzählen wollen in einer Sprache, der man insgeheim nicht mehr zutraut, irgendeinen Sachverhalt zu treffen, ohne ihn zu deformieren. Geschichten niederschreiben nach einer Handwerksregel, die nicht mehr gilt.

Da kann es nicht wundernehmen, daß viele dieser Romane einen Titel tragen könnten, der ganz am Anfang der neuhochdeutschen Literatur zuerst auftauchte und von der Amerikanerin Katherine Ann Porter vor einigen Jahren als neuer Romantitel entliehen wurde: *Das Narrenschiff.* Narren, Neurotiker, Verbrecher, Monstren, Artisten aller Art bevölkern die Romanwelt in unserer Mitte des 20. Jahrhunderts. Hat das nur damit zu tun, daß die Romankunst von heute eine späte Kunstübung darstellt, oder läßt sich von den Romanen auf den Zustand einer Gesellschaft schließen?

Walter Höllerer

Die kurze Form der Prosa

Eine Dichtungsgattung durch eine Definition ganz und gar festlegen zu wollen, wird nie recht befriedigen; besonders dann nicht, wenn es sich dabei um eine junge und schillernde Gattung handelt wie die Kurzgeschichte. Sie ist höchst unzureichend umschrieben worden. Im „Lexikon der Weltliteratur" von Kindermann-Dietrich lesen wir: „Zwischen Novelle und Skizze stehende erzählerische Kurzform mit Urformen in der Schwankliteratur". Wolfgang Kayser bringt im „Kleinen Literaturlexikon" fast wortwörtlich genau die gleiche Formulierung; in seinem „Sprachlichen Kunstwerk" fehlt das Stichwort ganz. Klaus Doderer spricht in seiner Monographie „Die Kurzgeschichte in Deutschland" vom „Einbruch eines schicksalhaften Ereignisses in die Folgerichtigkeit des Geschehens", eine weitgefaßte und wiederum zu eng gefaßte Definition, mit der man nicht viel anfangen kann. Dabei ist noch zu bedenken, daß die amerikanische Short-Story deswegen, weil es einen Novellenbegriff im Amerikanischen und Englischen nicht gibt, weitergefaßt ist als der deutsche Begriff „Kurzgeschichte". Er überschneidet sich zuweilen mit dem deutschen Novellenbegriff. Auch die russische Kurzerzählung seit Nikolai Gogol hat eine etwas andere Richtung genommen.

Ich stelle keine Definition der Kurzgeschichte an den Anfang, die angibt, was in dieser Gattung vorgehen dürfe und was nicht. Das setzte Ansichten von normativer Poetik voraus, die mir fremd sind. Ich will vielmehr, empirisch vorgehend, ihre Möglichkeiten einkreisen, die sich bis jetzt in der Praxis gezeigt haben. Meine Behauptung am Anfang lautet wie folgt: Die Kurzgeschichte ist ein Sammelplatz all *der* Eigenarten geworden, die die traditionellen Prosagattungen nur am Rande neu aufnehmen konnten, die sich ihnen aber in der neuesten Zeit mehr und mehr aufdrängten. Näher besehen kann sie, wenn überhaupt, nur dadurch ihre Notwendigkeit haben. – Die allzu naheliegende Kausalerklärung, daß die Leute eben nicht mehr so viel Zeit hätten zu lesen (als ob sich nicht zu allen Zeiten die Leute die Kürze ihres Lebens und die Wichtigkeit ihrer Geschäfte vorgehalten hätten!), diese Kausalerklärung allein kann doch wohl nicht ausreichen, in Jahren, in denen dicke Bücher wie „Die Strudlhofstiege" und „Die Blechtrommel" in großer Zahl gelesen werden.

Ich frage in meinem ersten Teil: Welche Eigenarten, die die traditionellen Prosagattungen nur am Rande neu aufnehmen konnten und die notwendig zur Kurzgeschichte führten, sind das? Ich frage in meinem zweiten Teil: Welche Arten von Kurzgeschichten ergaben sich daraus? Auf diese Weise hoffe ich, die Kurzgeschichte von den mehr traditionellen Prosa-Gattungen her einzukreisen. –

In diesem Verfahren werden wir von den vorliegenden Untersuchungen bestärkt. Elizabeth Bowen wies nach, daß die Modern Short Story, im engeren Sinn, mit dem Beginn der antiklassischen Dichtungsbewegungen im letzten Drittel des vorigen Jahrhunderts auftritt, also zugleich mit dem Beginn von revolutionierenden Erscheinungen auf dem Gebiet des Romans. Und Ruth Lorbe zeigte, wie in Deutschland die Zeit des Umbruchs zu einer neuen Art Lyrik, seit Arno Holz und den frühen Expressionisten, auch die Geburtsstunde der Kurzgeschichte im eigentlichen Sinne war.

Die Tradition der Novelle wurde dadurch in Deutschland nicht abgebrochen. Sie hat einen soliden Stammbaum, der hier nicht aufzuzeigen ist, und sie kennt einige feste Regeln, die ihr doch andererseits, besonders in der deutschen Literatur, Spielraum genug für mannigfache Variationen ließen. Von der alten romanischen Gesellschafts-Erzählform der Novelle hat sich nach wie vor das einmalige, unvorhergesehene, bedeutsame, abgeschlossene Ereignis erhalten; man kann es linear, ohne Umschweife, darstellen; die geraffte Exposition, der scharf herausgearbeitete Wendepunkt zeigen Verwandtschaft mit dem Dramatischen; der lineare Verlauf steuert auf einen vorbereiteten Schluß; der sogenannte Falke (falls er vorhanden ist), ein bildhaft-sichtbares Handlungs-Merkmal, hält die Geschichte mit zusammen. Die Erweiterungen dieser Novellenform durch Problem, Psychologie und Schicksalsgeladenheit seit Heinrich von Kleist haben die Grundordnung dieser Gattung nicht zerstört, obwohl es einige ihrer Theoretiker, z. B. Grolman, behauptet haben.

Jedoch bereits Gottfried Keller, der einmal in sein Tagebuch schrieb: „Die Vergangenheit reißt sich nur blutend von mir los", – und in einem Brief an den Heidelberger Literaturhistoriker Hermann Hettner: „Es ist der wunderliche Fall eingetreten, wo wir ... nach dem unbekannten Neuen streben müssen, das uns so viele Geburtsschmerzen macht" –, dieser oft als altväterlich, biedermeierlich, ungelenk verlästerte Gottfried Keller stieß sich an der selbstverständlichen Abgeschlossenheit der Novellenabläufe. Der Glaube an die Wahrheit solcher endgültiger, zweifelloser Schlüsse, der den Novellen seit Boccaccio eigen war, ist schwankend geworden; bei Keller äußert sich das z. B. in „Romeo und Julia auf dem Dorfe" in einem berühmten Schlußbild, das zwar das Liebespaar enden läßt, es aber einbettet und hinüberführt in eine größere, weitertragende Bewegung des Stromes, auf dem das Heuschiff weiterschwimmt, bis es langsam anlegt:

„Der Fluß zog bald durch hohe dunkle Wälder, die ihn überschatteten, bald durch offenes Land; bald an stillen Dörfern vorbei, bald an einzelnen Hütten; hier geriet er in eine Stille, daß er einem ruhigen See glich und das Schiff beinahe stillehielt, dort strömte er um Felsen und ließ die schlafenden Ufer schnell hinter sich; und als die Morgenröte aufstieg, tauchte zugleich eine Stadt mit ihren Türmen aus dem silbergrauen Strome. Der untergehende Mond, rot wie Gold, legte eine glänzende Bahn den Strom hinauf, und auf dieser kam das Schiff langsam überquer gefahren. Als es sich der Stadt näherte, glitten im Froste des Herbstmorgens zwei bleiche Gestalten, die sich fest umwanden, von der dunklen Masse herunter in die kalten Fluten. Das Schiff legte sich eine Weile nachher unbeschädigt an eine Brücke und blieb da stehen." – Eine verhüllende, andeutende, aussparende, über die Geschichte hinausgleitende Erzählkunst legt sich über den Endbericht der einmaligen Begebenheit, da es doch sonst Gepflogenheit der Novelle ist, den Schluß möglichst hart und gedrängt, ohne Schwebe zu markieren. Die anschließende kritische Beleuchtung des Ereignisses vom Tagesgespräch der Stadt her, und damit die Kritik an diesem Tagesgespräch selbst, verstärken nur noch den Eindruck der Unabgeschlossenheit:

„Als man später unterhalb der Stadt die Leichen fand, und ihre Herkunft ausgemittelt hatte, war in den Zeitungen zu lesen, zwei junge Leute, die Kinder zweier blutarmer zugrundegegangener Familien, welche in unversöhnlicher Feindschaft lebten, hätten im Wasser den Tod gesucht, nachdem sie einen ganzen Nachmittag herzlich miteinander getanzt und sich belustigt auf einer Kirchweih. Es sei dies Ereignis vermutlich in Verbindung zu bringen mit einem Heuschiff aus ihrer Gegend, welches ohne Schiffleute in der Stadt gelandet sei, und man nehme an, die jungen Leute haben das Schiff entwendet, um darauf ihre verzweifelte und gottverlassene Hochzeit zu halten, abermals ein Zeichen von der um sich greifenden Entsittlichung und Verwilderung der Leidenschaften."

Das einmalige und bedeutende Ereignis wird am Schluß sichtbar als eine der vielen kleinen Bewegungen im großen Schattenspiel der gehenden und kommenden Wellen: eine Erfahrung, die, wie man sieht, die Novelle zwar noch aufnimmt, die aber doch im Grunde ihrer Konzeption widerspricht.

Eine noch viel schwierigere Situation bewältigt Robert Musil in seiner meisterhaften Novelle „Die Portugiesin". Nicht nur die Abgeschlossenheit des Ausgangs wird als fragwürdig erkannt und dargestellt, sondern auch die selbstverständliche Durchschaubarkeit und damit die Reihung der Handlung selbst. Musil nimmt die Novellen-tradition des „Falken" auf. Näher besehen verwendet er zwei „Falken", den zahmen Wolf, den der Herr von Ketten schließlich erschießen läßt, und die kranke Katze, die nach langem Zögern zuerst der Jugendfreund der Portugiesin, dann die Portugiesin selbst dem Tod überantwortet. Diese „Falken" sind aber nicht mehr eindeutig bezogen, daher das Rätselraten um diese Geschichte. Sie werden unauflösbar, sie vermögen das aus Schuld, Leidenschaft, Schicksal, Willens-anstrengung und Faktizität ineinandergeflochtene Geschehen nicht eindeutig zu verkörpern. Sie bleiben Rätselbilder. Der Wolf ist weder eindeutig auf die Gesundheit des Herrn von Ketten, auf seine Eifer-sucht noch auf die Idealvorstellung der Portugiesin von ihrem Mann zu beziehen, wozu man – an die Funktion des „Falken" gewöhnt – versucht ist zu denken. Die Katze zeigt weder endgültig auf die Schwä-che des Burgherrn, auf die Liebe der Herrin, noch auf die Schuld des Jugendfreundes:

„Der Knecht, der die Katze hinuntergetragen hatte, erzählte, daß sie ihm nachgelaufen war, als er zurückging, und daß er noch einmal hatte umkehren müssen: zwei Tage später war sie wieder oben am Schloß. Die Hunde wichen ihr aus, die Dienstleute trauten sich wegen der Herrschaft nicht, sie fortzujagen, und als die sie erblickte, stand schweigend fest, daß jetzt niemand ihr verweigern wollte, hier oben zu sterben. Sie war ganz abgemagert und glanzlos geworden, aber das ekelerregende Leiden schien sie überwunden zu haben und nahm bloß fast zusehens an Köperlichkeit ab. Es folgten zwei Tage, die verstärkt alles noch einmal enthielten, was bisher gewesen war: langsames, zärtliches Umhergehen in dem Obdach, wo man sie hegte; zerstreutes Lächeln mit den Pfoten, wenn sie nach einem Stückchen Papier schlug, das man vor ihr tanzen ließ; zuweilen ein leichtes Wanken vor Schwäche, obgleich vier Beine sie stützten, und am zweiten Tag fiel sie zuweilen auf die Seite. An einem Menschen würde man dieses Hin-schwinden nicht so seltsam empfunden haben, aber an dem Tier war es wie eine Menschwerdung."

Die beiden Tiere erscheinen als Objekte, die von allen Personen und allen Tugenden und Schwächen etwas in sich aufgenommen haben; das Leitbild gilt nicht mehr nur als Vehikel in einer Novellenappara-tur, es spielt mit; Gegenstand und Personen sind einander angenähert; der leicht durchschaubare Falke der traditionellen Novelle verdichtet sich zum „image", zum Bild nach dem Programm des jungen Ezra Pound: Verkörperung eines intellektuellen und emotionalen Komple-xes in einem Moment-Bild. Und er nähert sich der Epiphanie von James Joyce, einem wahrnehmbaren Einzelobjekt, das die Vision vom Ganzen mit sich führt. Die Worte der Portugiesin am Schluß der

Novelle, die das Bild der Katze keineswegs aufschlüsseln, deuten auf
den Epiphaniecharakter:
„Wenn Gott Mensch werden konnte, kann er auch Katze werden."
Der Handlungsfalke der Novelle ist damit verlassen, er ist umge-
wandelt unter dem Druck einer anderen Auffassung von Begebenheit,
einer anderen Betrachtungsweise und einer anderen Beurteilungsart.
Das Lineare der Geschichte wird festgehalten, aber gleichzeitig deh-
nen sich die einzelnen Situationen aus, sind nicht mehr nur in einer
Dimension durchmeßbar. An dem Undurchschaubaren der Begebenheiten haben die Subjekte wie die Objekte Anteil, die Wirklichkeit
wird als Labyrinth widergespiegelt, das nicht geradlinig zu durchmes-
sen ist und das sichtbar wird in dem, was an die Stelle des Falken
getreten ist: Bilder mit Hinweiskraft in einer bestimmten Bewegungsrichtung, doch nicht auf eine festlegbare Eigenschaft.
    Ich bringe noch ein Beispiel aus dem Umkreis der Novelle. Vorne-
weg gesagt: ich will nicht darauf hinaus, zu sagen, es sei unmöglich,
heutzutage eine Novelle zu schreiben. Das beweisen ja gerade die
Beispiele, daß es möglich ist. Nur gibt es Formen des Schreibens, die
das, was den traditionellen Gattungen zusätzlich an Schwierigkeiten
zugemutet wird, ohne den Widerstand dieser vorgefundenen Gat-
tungsordnungen auszudrücken und sich langsam ebenfalls Ordnungen ausfindig zu machen suchen: zum Beispiel eine bestimmte Art von
Vierzeilern oder Siebenzeilern in der Lyrik, den Einakter in der Dra-
matik, die Kurzgeschichte in der Epik. Ob aber nicht gerade durch die
Schwierigkeit der Auseinandersetzung mit den älteren Formen besonders eindringliche Leistungen zustandekommen, wenn auch selten,
weil oft nur Modelle nachgeahmt werden, sei dahingestellt.
    Als letztes Novellenbeispiel nehme ich den Anfang von Günter
Grass' „Katz und Maus". Es ist eine Novelle mit linearer Handlung,
einem Wendepunkt und einem Falken. Ähnlich aber der oben zitierten Novelle von Musil beharrt sie auf Augenblickssituationen, die sie
kabinenartig ausbaut, und in denen sie den Details, den Einzeldingen,
als Gegengewicht gegen die lineare Abfolge ein mit den Personen eng
verknüpftes Eigenleben gönnt. Die Abneigung neuerer Autoren gegen
die eindeutige Abgeschlossenheit am Ende der einmaligen, bedeutenden, sich ereignenden Begebenheit richtet sich bei Grass schon auf die
Abgeschlossenheit am Anfang der Novelle: er beginnt seine Novelle
mit drei Punkten und einem kleingeschriebenen „und", demonstriert
also von vornherein den Ausschnitt aus etwas Umfassenderem, zeigt
seinen Unglauben an in sich geschlossene, abmeßbare Wirklichkeits-
strecken. Die Novelle beginnt: „... und einmal, als Mahlke schon
schwimmen konnte, lagen wir neben dem Schlagballfeld im Gras. Ich
hätte zum Zahnarzt gehen sollen, aber sie ließen mich nicht, weil ich

als Tickspieler schwer zu ersetzen war. Mein Zahn lärmte. Eine Katze strich diagonal durch die Wiese und wurde nicht beworfen. Einige kauten oder zupften Halme. Die Katze gehörte dem Platzverwalter und war schwarz. Hotten Sonntag rieb sein Schlagholz mit einem Wollstrumpf. Mein Zahn trat auf der Stelle. Das Turnier dauerte noch zwei Stunden. Wir hatten hoch verloren und warteten nun auf das Gegenspiel. Jung war die Katze, aber kein Kätzchen. Im Stadion wurden oft und wechselseitig Handballtore geworfen. Mein Zahn wiederholte ein einziges Wort. Auf der Aschenbahn übten Hundertmeterläufer das Starten oder waren nervös. Die Katze machte Umwege …"

Im dauernden Perspektivenwechsel von Nah und Fern werden die einzelnen Wahrnehmungen zusammengebaut, das Ganze ergibt den Querschnitt durch einen Augenblick, mit den festen Raumqualitäten eines Augenblicks: Sportplatz. Eine nach allen Seiten hin offene Momentaufnahme ohne Exposition: zunächst völlig unnovellistisch, wir können es jetzt aussprechen: „kurzgeschichtenhaft", – aber: dies ist die erste Station einer Novelle, die linear Kabine an Kabine reiht, die dem Grundschema treu bleibt, das allerdings unter Beschuß liegt: durch Augenblicksquerschnitte, Überblendungen von Wahrnehmungen und Überlegungen, durch das Adabsurdumführen von Kausalität: „… über den Nebel kroch langsam und laut ein dreimotoriges Flugzeug, konnte aber meinen Zahn nicht übertönen";

– durch Aktivierung der Idylle, durch die Hypothetik des Erzählens: „… und so lasse ich am Anfang die Maus über den Schraubenzieher hüpfen, werfe ein Volk vollgefressener Seemöven hoch über Mahlkes Scheitel in den sprunghaften, aber nicht allzu heftigen Nordost, nenne das Wetter sommerlich und anhaltend schön".

Dieser so beschworene Moment setzt sich novellenhaft fort: blendet zurück auf eine Handlung, die das Tauchen in ein abgesunkenes Minensuchboot schildert; gibt einen Motor für kommende Handlung durch die Begebenheit des Sprunges der Katze auf den sich bewegenden Adamsapfel von Mahlke, der Ritterkreuzträger werden wird. – Diese Novelle endet nicht mit dem selbstverständlich eintreffenden Schluß der einmaligen Begebenheit; eine solche Art von Realismus wäre der skeptischen Wirklichkeits-Einsicht einer Geschichte dieser Tonlage nicht gewachsen. Der abschließende Schluß ist problematisch, deshalb wird der Schluß unter das Fragezeichen des Erzählers gestellt:

„Wer schreibt mir einen guten Schluß? Denn, was mit Katze und Maus begann, quält mich heute als Haubentaucher auf schilfumstandenen Tümpeln …"

Auf einer Versammlung von Ritterkreuzträgern in Regensburg läßt der Erzähler den Namen des Unteroffiziers Mahlke ausrufen. „Aber du wolltest nicht auftauchen", ist der letzte, den Ausgang offenlassende Satz. – Der strengen traditionellen Novelle gegenüber kommen Schriftstellern heutzutage, mehr bewußt oder mehr unbewußt, Bedenken auf. So sauber und glatt scheinen die einzelnen Abschnitte des Lebens sich nicht zu fügen.

Was an der Novelle an hinzukommenden Besonderheiten, Abweichungen vom Grundriß, herrührend aus einer neuen Situation, festzustellen ist, das ist auch am Roman zu beobachten. Ich versuche hier zunächst in sieben Behauptungen diese hinzukommenden Besonderheiten, die ich für Grundbedingungen des Entstehens der Kurzgeschichte halte, zusammenzufassen. Man könnte wesentlich mehr aufstellen.

Die Autoren gehen darauf aus

Erstens: sich auf die Augenblicksfixierung, und dabei auf die Rolle der Einzelgegenstände, der einzelnen Worte und Gesten zu besinnen.

Zweitens: die Ansichten über Wichtigkeiten und Belanglosigkeiten zu revidieren: an scheinbar belanglosen Situationen entzünden sich die entscheidenden Stellen; sie werden zu Impulsen. Einmalige bedeutende Ereignisse im Stil der Haupt- und Staatsaktion werden dagegen zum Schattenspiel.

Drittens: Geschehnisse erscheinen mehrdeutig, labyrinthisch, und werden dementsprechend andeutend dargestellt.

Viertens: Subjekt und Objekt, Personen und Gegenstände nähern sich in den Momentsituationen aneinander an. Die Objekte bleiben nicht manipulierbar, sondern spielen mit; werden zuweilen grotesk vergrößert und erscheinen übermächtig.

Fünftens: Die Handlung baut sich oft auf einzelne, unverwechselbar festgehaltene, atmosphärisch genau bezeichnete Abschnitte auf, auf Kabinen des Erzählens, die in sich zusammenhalten, die sich gegenseitig stützen oder sich Widerpart geben.

Sechstens: Der Erzähler sucht nicht zu vertuschen, daß er erzählt; er zeigt das ganz offen und desillusionierend. Das führt zuweilen zu stilistischen Arabesken des Erzählens. Es steht im Gegensatz zu Versuchen einiger Novellen, durch Erfinden eines Berichtes, durch das Auffinden einer Chronik das Erzählen zu motivieren.

Siebentens: Unabgeschlossenheit am Anfang und am Ende treten an die Stelle von Streckenberechnungen und Streckenvermessungen mit aufsteigender und abfallender Handlung.

Diese sieben in der gegenwärtigen Prosa beobachteten charakteristischen Eigenschaften – ich kann, wie gesagt, nur eine Auswahl aus zahlreichen Einzelbeobachtungen treffen – kommen gegenwärtig häufig auch zum Grundplan eines Romans mit hinzu, der nach wie vor auf seinen klassischen Eigenschaften besteht: Er ist, ob der Autor nun will oder nicht, ein Kausalgebilde breiterer Anlage, eine Art Fuchsbau; jeder der Gänge hat eine bestimmte Funktion im Ganzen; – ein Kausalgebilde, das, verknüpfend und verknotend, Seelenlagen, Gesellschaftslagen zum Ausdruck bringt. In diesem Geflecht der Romanhandlung bewegen sich, nach Virginia Woolf, die Personen kreuz und quer von Szene zu Szene, von Schauplatz zu Schauplatz. Der Roman stellt damit einen Gegensatz zur linearen Novelle dar.

Was in neuerer Zeit dem Roman an, wie es scheint, notwendigen Schwierigkeiten zuwächst, entspricht den bei der Novelle skizzierten Schwierigkeiten. Fast alle modernen Literaturbewegungen steuerten auf eine gewisse Verselbständigung von Elementen der Erzählkunst hin, die im klassischen System des Erzählens nur dienende Funktion hatten. Augenblicksimpressionen, die sich verdeutlichen zu kleinen idyllischen oder sarkastischen Mythen, zu einer Art Kurzgeschichte, finden sich eingebaut in Heinrich Heines Prosa, in seine „Reisebilder". Seine Prosa besteht zuweilen hauptsächlich aus ihnen, und daran scheint damals auch sein Romanplan, der „Rabbi von Bacharach", gescheitert zu sein. Dem Zwang und dem Drang zur zugespitzten Kurzform im Prosaaufbau, den Heine damals wie kein anderer deutscher Schriftsteller verspürte, vorausahnend eine Weltsicht, die sich auf das genaue Abklopfen der Einzelheiten stützen muß, weil sie sich auf die großen Systemkonstruktionen aus Ideengebilden nicht verlassen kann, hat niemand so frühzeitig und hellsichtig Ausdruck verliehen wie er. – Ungefähr zur Zeit von Gottfried Kellers „Romeo und Julia auf dem Dorfe" schrieb Gustave Flaubert seinen Roman „Madame Bovary". Die Augenblicke werden dort impressionistisch verselbständigt, die Gesetzmäßigkeit des Romans wird damit aber nicht zerstört. Augenblick und Einzelgegenstand, Belanglosigkeit als Entdeckung, Kabinentechnik sind auf dieser Stufe des Romans festzustellen. Flauberts Meisterwerk beginnt mit dem Augenblick, in dem Charles Bovary in eine fremde Schulklasse eintritt. Seine Mütze und sein von ihm wunderlich ausgesprochener Name „Chabovary" stehen im Mittelpunkt dieses Moments, der einzelne Gegenstand, das einzelne Wort, die einzelne Geste. Diese Kabine des Erzählens steht äußerlich unverbunden dem weiteren Romanverlauf gegenüber, in dem immer wieder solche Situationen und Techniken auftauchen. – Der Naturalismus verstärkte nur noch den Hang zum Detail; der naturalistische Roman ließ, wie wir an Emile Zolas „Germinal" sehen, an bestimmten Stellen das Gegengift der Schauerromantik einströmen und gliederte auf solche Art erst recht in Erzählpartikel, die sehr oft gut für sich allein stehen könnten, und bei Arno Holz und Johannes Schlaf auch allein stehen, außerhalb des Fuchsbaus. Als was? Als Novellen? Als Erzählungen? Als Anekdoten und Episoden, wie sie im Roman des 18. Jahrhunderts eingelagert waren? Sicherlich nicht.

Der Expressionismus kam auf Grund seines Hanges zu eruptiver Einzelheiten- und Splittertechnik in der Prosa kaum über Ansätze zum Roman hinaus: Gottfried Benns Rönne-Prosa, Alfred Lichtensteins Roman „Kuno Kohn", von dem es nur Vorarbeiten und Partikel gibt. Eine der längsten davon heißt:

„Lahmer Tag hinkte heran. Zertrümmerte mit eiserner Krücke die Reste der Nacht. Das halbausgelöschte Kaffee Klößchen lag in dem lautlosen Morgen, eine glänzende Scherbe. In einem Hintergrund saß der letzte Gast. Kuno Kohn hatte den Kopf in den bebenden Buckel gesenkt. Die dürren Finger einer Hand bedeckten Stirn und Gesicht. Der ganze Körper schrie lautlos." – Eine kürzere:

„Der Kopf sitzt, eine Geschwulst, auf einem ausgestopften Anzug. In einer Tasche eine prachtvolle Miniaturausgabe des Konkursrechtes, in der anderen ein wertvolles kleines Strafgesetzbuch."

Die kürzeste heißt:

„Ich gieße meine Augen in meiner Hände Grab." – In allen diesen Partikeln sind Individuen und Sachen auf eine auffällige Weise ineinandergeschoben. Scherbe – letzter Gast; Kopf – ausgestopfter Anzug; Hände – Grab. An scheinbar belanglosen Situationen entzünden sich entscheidende Stellen. Einzelne atmosphärisch durchgezeichnete Abschnitte entstehen.

Mehr und mehr haben einige Richtungen des modernen Romans diese auffällige Zusammenfügung von Einzelheiten verstärkt. Bahnbrechend in Frankreich waren in dieser Richtung die Bücher von Louis Ferdinand Celine. Er stellte nicht nur einzelne Gegenstände, sondern auch einzelne Worte in den Mittelpunkt der Kabinen. Das Argot war ein Impuls. Diese Technik wirkt weiter bis zu Queneau's „Zazie in der Metro". Aber auch die anglo-irisch-amerikanische Entwicklung läßt diese Elemente erkennen: James Joyce, vom Naturalismus beeinflußt und mit Pounds Imagismus zusammenhängend, begann mit Epiphaniennotizen, d. h. mit dem Festhalten von Subjekt-Objekt-Augenblicken in der Art Lichtensteins, und mit dementsprechenden Kurzgeschichten, bevor er eine Methode fand, im Ulysses das „slowly, surely and evenly round and round spinning" des Romans mit diesen Einzeleinsichten zu verbinden. –

Den anscheinend notwendigen Einbruch des Kurzprosahaften in den Roman belege ich mit zwei Beispielen. Erstes Beispiel: Augenblicksquerschnitt am Morgen; Verselbständigung der einzelnen Gegenstände: eine Restauranteinrichtung; Revidierung der Ansichten über Belanglosigkeiten; pantomimisch-gestische Elemente: „Ein

Schritt zur Seite, den Stuhl in 30 cm Entfernung hinsetzen, dreimal mit dem Lappen darüberwischen, eine halbe Drehung nach rechts, zwei Schritte vorwärts; jede Sekunde hat ihre Bedeutung, vollkommen, gleichmäßig, makellos. Einunddreißig. Zweiunddreißig. Dreiunddreißig. Vierunddreißig. Fünfunddreißig. Sechsunddreißig. Siebenunddreißig. Jede Sekunde genau auf ihrem Platz. – Bald wird die Zeit leider nicht mehr Herr über alles sein. In ein paar Augenblicken schon werden die Ereignisse dieses Tages, so unbedeutend sie auch sein mögen, eingehüllt in ihre Schicht von Irrtum und Zweifel ihre Arbeit beginnen ... Es ist die Stunde, in der die 12 Stühle langsam von den Kunstmarmortischen heruntersteigen, auf denen sie die Nacht zugebracht haben. Sonst nichts. Ein mechanischer Arm baut die Dekoration des Tages auf. Wenn alles bereit ist, werden die Lichter aufflammen ...“ Es zeigt sich der typische, zum Roman hinzukommende Kurzgeschichtenimpuls. Er ist desillusionierend, zerlegend, und die getrennten Teile in Einzelteile auf eine neue, weniger vertraute Weise zusammenbauend. Es ist der Anfang von Alain Robbe-Grillet „Ein Tag zuviel“ („Les Gommes“).

Das zweite Beispiel: Der Erzähler sucht nicht seine Schwierigkeiten zu vertuschen. Das Erzählen selber wird in gewisser Weise zum Gegenstand des Erzählens. Daraus resultiert ein Arabeskenstil. Ein Ostzonenbahnhof wird vorgeführt, dessen Eisen-Glas-Beton-Massen zugleich die Eigenschaften der Personen, der Menschenmassen auf sich und in sich verteilen:

„Achim war nicht zu denken abseits der Stadt, die hier zusammentraf und sich verband mit der umgebenden Welt. Warum also sollte Karsch nicht sechs Personen ehemals an einem hartluftigen Abend im Oktober unter den leise zischenden Lampen zwischen hupenden Gepäckkarren und dem Klappern von Biergläsern im Gehäuse des Innenausschanks und inmitten vielfältigen Gesprächs und Geschreis auch einmal reden lassen über die Ereignisse, die Achims Anstieg zu einer der höchsten staatsbürgerlichen Ehren vorbereiteten: oder ermöglichten: oder zumindest zeitlich davor geschahen?“

Es ist der Mutmaßungsstil von Uwe Johnson; ein Abschnitt aus seinem Roman „Das dritte Buch über Achim“. Die Sachen treten aus ihrer poetisch-realistischen Konvention, bei genauer Betrachtung werden sie zu gespenstischen Mitspielern der Personen, die ihrerseits wieder sachlich arrangierbar sind und von den Funktionären arrangiert werden. –

Indem ich so die Grundbedingungen der Entstehung der Kurzgeschichte skizziert habe, habe ich die Kurzgeschichte einigermaßen eingekreist. Der nächste Schritt ist, sie von dem übrigen Kleinvieh der Prosa abzusondern.

Eine Kurzgeschichte ist keine *Anekdote*. Auf die Anekdote treffen unsere sieben Punkte nicht zu. Sie ist örtlich und zeitlich fest angesiedelt und mit einer abschließenden Pointe versehen. Sie ist, im Gegensatz zur Novelle, ein „erzählter Vorfall, der eine Persönlichkeit, eine Epoche, eine Gesellschaftsschicht, einen Charaktertyp oder eine geistige Strömung scharf charakterisiert"; und sie endet nicht selten in einem Witzwort. –

Der *Witz* hinwiederum führt nicht in einen historischen Zusammenhang wie die Anekdote, sondern in die Anonymität. Er ist, im Gegensatz zur ganz kurzen Kurzgeschichte, zur Kürzestgeschichte, scharf pointiert. –

Die *Fabel* bringt, im Gegensatz zur Kurzgeschichte, ein didaktisches Gleichnis, läßt Erkenntnis durch ausdrückliche Anführung eines Beispiels gewinnen. – Die *klassische Parabel* hat ebenfalls etwas Gleichnishaftes, läßt aber Erkenntnis, indirekter, durch Analogie-Schluß gewinnen. Demgegenüber ist eine *moderne Parabelhaftigkeit* festzustellen, die auch der Kurzgeschichte anhaften kann: Diese Art Parabel vergleicht nicht eines mit dem anderen, sondern deutet nur in eine angesteuerte Bewegungsrichtung. –

Der *Schwank* ist eine spaßhafte, volkstümliche, oft grobianische Kurzprosa mit Nähe zur mündlichen Erzählform. – Satirische, idyllische Kurzprosa im alten Sinn hat in den seltensten Fällen zugleich Kurzgeschichtencharakter, sondern gehört zur älteren aufklärerischen Episodenliteratur, wenn auch gewisse satirische Äußerungen, z. B. von Nestroy, geradezu auf manche psychologische Kurzgeschichten hinzusteuern scheinen:

„Es gibt eine Sprache, die nicht spricht und doch alles sagt. Wo man sich bloß denkt, was diejenige wohl gedacht haben kann, und sich dann denkt, was man derjenigen antworten würde, wenn sie das gedacht hätte, was man früher gedacht hat, daß sie sich wohl denken möchte. Auch eine nette Unterhaltung." –

Eine Kurzgeschichte ist keine *Skizze*; denn eine Skizze bietet keine Geschichte, keine Handlung, sondern gibt Stimmungen, vermischt mit Reflexionen wieder. Aus einem ähnlichen Grunde ist eine Kurzgeschichte kein *Sketsch*, denn ein Sketsch ist zunächst und zuerst einmal ein Stimmungsbild, ein nur in Umrissen festgehaltenes Dramulett mit zugespitztem Wirkungseffekt.

Schließlich aber muß ich zwei moderne Prosa-Kurzformen nennen, von denen einige Kurzgeschichten profitiert haben, oder, wenn wir es negativ wenden wollen, angesteckt worden sind. Das eine ist die *Feuilletongeschichte,* die im Plauderton, gefällig und allgemeinverständlich, dahingleitet; sie unterscheidet sich vor allem in der Tonart und in der Stillage von der Kurzgeschichte im engeren Sinn. Feuilletons können mehr oder weniger Handlung haben. Als Beispiel nenne ich die Geschichten von Adrian Morriën in dem Band „Ein unordentlicher Mensch". – Die andere in der Nähe liegende Kurzprosa ist die *lyrische Prosa.* Ihr Stammvater ist im Deutschen Jean Paul mit seinen Streckversen, im Französischen Aloysius Bertrand mit seinem „Gaspard de la nuit" (1842, sein einziges Buch, ein Jahr nach seinem Tode erschienen). Bertrand berief sich auf die deutsche Romantik, auf Jean Paul und auf die „Nachtwachen des Bonaventura", und er hatte einen großen Einfluß auf die künftige lyrische Prosa in Frankreich: Mallarmé, Baudelaire, Rimbaud, Verlaine. – Diese Linie setzt sich fort, verändert natürlich, bis zu René Char und Henry Michaux. Die lyrische Prosa kann auch Handlungselemente haben, z. B. bei Bertrand selbst, sie nähert sich oft dem Reisebild, (vgl. Ingeborg Bachmann, „Was ich in Rom sah und hörte"), sie dringt zuweilen in die Kurzgeschichte ein, z. B. bei Ilse Aichinger. Metaphorik und Rhythmik ist hier geballter, Stimmung und Illusion haben über die Handlung Übergewicht. Der Feuilletoneinfluß kann die Kurzgeschichte verflachen, der Einfluß der lyrischen Prosa kann sie überlasten und verdunkeln. Die Berechtigung der Feuilletongeschichten und der lyrischen Prosa wird dabei nicht angezweifelt. Mir scheint aber, daß Mischformen mit ihnen nicht günstig sind.

Schließlich noch die Abgrenzung gegenüber dem *Einakter.* Einige monologische Kurzgeschichten begeben sich in seine Nähe, in die Nähe des monologischen Taschentheaters Cocteau'scher Prägung. Bei einem Einakter wird jedoch immer ein Gegenspieler, wenn auch ein unsichtbarer oder nicht antwortender, erwartet. Die monologische Kurzgeschichte, beispielsweise „Leutnant Gustl" von Arthur Schnitzler, ist dagegen ein dramatisch verkappter Ich-Bericht. –

Nach all diesen Aussonderungen können wir bezeichnende Formen der Kurzgeschichte nennen. Auch hier beschränke ich mich auf eine Auswahl und nenne nur drei Möglichkeiten; man kann sie ergänzen.

Erste Möglichkeit: die *Augenblickskurzgeschichte*; zweite Möglichkeit: die *Arabeskenkurzgeschichte*; dritte Möglichkeit: die *Überdrehungs- und Überblendungskurzgeschichte.*

Erster Typus: die Augenblickskurzgeschichte.

„ ,... das war unsere Küchenuhr', sagte er, und sah sie alle der Reihe nach an, die auf einer Bank in der Sonne saßen. ,Ja, ich habe sie noch gefunden. Sie ist übrig geblieben.' Er hielt eine runde tellerweiße Küchenuhr vor sich hin und tupfte mit dem Finger die blaugemalten Zahlen ab.

,Sie hat weiter keinen großen Wert', meinte er entschuldigend, ,das weiß ich auch. Und sie ist auch nicht so besonders schön. Sie ist nur wie ein Teller, so mit weißem Lack. Aber die blauen Zahlen sehen doch ganz hübsch aus, finde ich. Die Zeiger sind natürlich nur aus Blech. Und nun gehen sie auch nicht mehr. Nein, innerlich ist sie kaputt, das steht fest. Aber sie sieht noch aus wie immer, auch wenn sie jetzt nicht mehr geht.'

Er machte mit der Fingerspitze einen vorsichtigen Kreis auf dem Rand der Telleruhr entlang. Und er sagte leise: ,Und sie ist übrig geblieben'. Die auf der Bank in der Sonne saßen, sahen ihn nicht an. Einer sah auf seine Schuhe und die Frau sah in den Kinderwagen. Dann sagte jemand: ,Sie haben wohl alles verloren?' ,Ja, ja', sagte er freudig, ,denken Sie, aber auch alles! Nur sie hier, sie ist übrig.' Und er hob die Uhr wieder hoch, als ob die anderen sie noch nicht kannten.''

Die Kurzgeschichte schließt:

„Und der Mann, der neben ihm saß, sah auf seine Schuhe. Aber er sah seine Schuhe nicht. Er dachte immerzu an das Wort Paradies.''

Die Geschichte stammt von Wolfgang Borchert: „Die Küchenuhr''. Sie stützt sich auf einen Augenblick; sie stützt sich auf einen Einzelgegenstand: die Uhr. Sie stützt sich auf ein einzelnes Wort in diesem Augenblick: Paradies, ein Wort, das der Mann flüstert, in dem Moment, in dem er an die Vergangenheit denkt, die er für selbstverständlich gehalten hatte. Sie verkehrt eine Belanglosigkeit (die Uhr) in eine Wichtigkeit; auch die einst belanglos erscheinenden Gesten der Mutter, die in seinem Gedächtnis auftauchen, werden nun wichtig. Personen und Gegenstände nähern sich in diesen Augenblickssituationen aneinander an: über die Uhr verteilt erscheinen alle menschlichen Regungen der Vergangenheit; die Dabeisitzenden wenden sich ab und den Gegenständen zu, die groß und überzeichnet hervortreten wie in Nahaufnahmen: die Schuhe des dabeisitzenden Mannes, der Kinderwagen der Frau. Die Geschichte ist unabgeschlossen, zum Anfang und zum Ende hin. In ihr ist nicht das Vertrauen auf organische Entwicklung, harmonische Weiterbildung und Steigerung. In ihr ist die Skepsis, die innere Bewegung und die äußere Härte, die Zähigkeit und die Unbestechlichkeit einer „Generation ohne Abschied''. – Diese Grundhaltung finden wir variiert in vielen Kurzgeschichten dieses Typs: „The old man at the bridge'' von Hemingway, die „Tobiasgeschichten'' von Felix Hartlaub, das „Fenstertheater'' von Ilse Aichinger, um nur einige Beispiele zu nennen. Georg Büchner, der ja in seiner Novelle „Lenz'' bereits einige wichtige Einsichten der modernen Poetik formulierte, sprach vom „Medusenhaupt'', das notwendig sei, um die Augenblicke festzuhalten: „Wie ich gestern neben am Tal hinaufging, sah ich auf einem Stein zwei Mädchen sitzen ... Man möchte manchmal ein Medusenhaupt sein, um so eine Gruppe in Stein verwandeln zu können."

Edgar Allan Poe, der die erste Short-Story-Theorie entwickelt hat, gebraucht den Ausdruck „Totalität des Effekts" (den er übrigens aus den Wiener Vorlesungen Schlegels über die dramatische Kunst und Literatur entlehnt zu haben scheint, die über Coleridge zu Poe kamen). –

Es gibt Abarten dieses Kurzgeschichten-Typs, dort, wo *zwei* Augenblicke in Verbindung gebracht werden, so in der Geschichte „Der Gast" von Ruth Rehmann (*Akzente* 1956, Heft I): Der Moment, in dem der Gefangene die Bodentreppe hinuntergestoßen wird, und der andere, in dem dem fremden Besucher die Füße gewaschen werden. Oder in der Geschichte „Wir Besenbinder" von Heinrich Böll: die Kreide des Mathematiklehrers beschreibt einen unvollkommenen Kreis, mit schrillem Ton; im Moment des Flugzeugabschusses wird ebenfalls ein unvollkommener, schriller Kreis erkennbar. – Eine weitere Abart des ersten Typus: die Kurzgeschichte fügt *mehrere* solcher *Augenblicke* zusammen oder spitzt sich erst nach vorbereitendem Anlauf auf den Augenblick zu. Gegen Schluß konzentriert sich dann doch die ganze Geschichte auf eine Augenblickssituation, die nicht abschließt, sondern offen ausmündet. Joseph Roth schrieb solche Geschichten, Georg Britting z. B. die Kurzgeschichte „Mohn" (*Akzente* 1955, Heft 4); Alfred Andersch: „Grausiges Erlebnis eines venetianischen Ofensetzers" (*Akzente* 1959, Heft 2). Ein Beispiel dafür ist Hans Benders „Die Wölfe kommen zurück" (*Akzente* 1954, Heft 3), eine Geschichte, die aus vier locker aufeinanderfolgenden Augenblicksbildern besteht. Erstens: deutsche Gefangene werden vom Starost aus dem Lager in ein Dorf geführt. Einer fragt nach den Wölfen. Zweitens: die Kinder erzählen von den Wölfen. Drittens: ein Wolf zeigt sich an dem Fenster auf dem verschneiten Hügel. Viertens: die Wölfe kommen in Rudeln in das Land zurück:

„Die Wölfe liefen entlang der Straße, vorbei, eine stumme wogende Meute, Reihe hinter Reihe, Rücken neben Rücken, lautlos, auf hohen Beinen. Sicher waren hinter dem Rudel andere Rudel, unsichtbare Rudel im Wirbel des Schnees, hundert, tausend Rudel. Manche Tiere kamen so nahe vorbei, daß die Rippen zu sehen waren, Knochen, Muskeln, Sehnen unter dem räudigen Fell ... dann kamen die letzten Wölfe, sie trabten hinter dem Rudel her, kranke, dürre Tiere, junge Tiere, denen es schwer fiel, die Pfoten zu heben ... Der Starost sprach als erster. Er sagte ‚Die Wölfe kommen zurück, sie wittern den Frieden.' –"

Zweiter Typus: die Arabesken-Kurzgeschichte. Ich gebe ein Beispiel von Vladan Desnica, einem jugoslawischen Schriftsteller. Die Geschichte ist überschrieben: „Die Geschichte von dem Mönch mit dem grünen Bart" (*Akzente* 1959, Heft 2): „Das ist eine ganz einfache Geschichte. So etwas kann jedem passieren, es kommt nur darauf an, daß wir den ersten Schritt wie zufällig auf diesen Weg setzen, das andere geht schon ganz von allein!

Sagen wir, ein Mensch, ein gewöhnlicher, ganz durchschnittlicher Mensch wie alle anderen träumt eines Nachts (und wovon träumt man nicht alles, was kommt den Menschen im Traum nicht alles in den Sinn! Und darf man denn daraus irgendwelche Schlüsse ziehen? – So ein Traum, mein Gott, reinste Phantasie, darin gibt es wahrhaftig keine Gesetzmäßigkeiten, keine Logik!) ... also dieser Mensch träumt eines Nachts, z. B., von einem Mönch mit grünem Bart. Oder wenn Sie wollen, von einem Mönch, der dauernd mit dem linken Auge zwinkert. Oder irgendetwas anderes in dieser Art – Belangloses, gleichgültig was! Denn dem Menschen kommen im Traum auch solche Dinge, die ihm wachen Sinnes nicht eingefallen wären, selbst wenn er hundert Jahre darüber nachgedacht hätte. Er träumt z. B. von einem Menschen ohne Knöpfe. Ich meine von einem Menschen, der an seiner ganzen Kleidung einfach nicht einen einzigen Knopf hat. Und zwar nicht so, als seien sie ihm abgefallen, so daß man noch die Zwirnsfusseln sieht, an denen sie herabhingen, nein, einfach ganz ohne Knöpfe, so als sei er überhaupt ohne sie geboren; ja sogar auch ohne Knopflöcher. Die Sache, wie man sieht, ist wahrhaftig nicht außergewöhnlich oder phantastisch. Auch in Wirklichkeit ist so etwas keineswegs schauderhaft. Und im Traum kann ein solcher Mensch ohne Knöpfe eine gewisse Ähnlichkeit, eine unklare Verwandtschaft mit jenem Wassertierchen annehmen, das man gewöhnlich Menschenfischchen nennt. Oder überhaupt mit einem blinden, ohne Augen geborenen Fisch, schwabbelig, schwach pigmentiert, blaß, rosigen Fleisches.

Aber lassen wir uns nicht vom Thema ablenken. Verlieren wir nicht den logischen Faden unserer Erzählung. Bleiben wir bei dem ‚Mönch mit dem grünen Bart', wenn wir schon einmal das Beispiel gewählt haben. Also, wie gesagt, dieser Mensch träumt eines Nachts von einem Mönch mit grünem Bart. Gut. Dann, am nächsten Tag, die ganze Zeit denkt er nicht einen Augenblick lang daran. Erst am Abend vor dem Schlafengehen, als er gerade auf der Bettkante sitzt und seinen rechten Strumpf auszieht, fällt es ihm plötzlich ein: Wer weiß, ob ich heute Nacht wieder von dem Mönch träume? Es vergeht diese Nacht, ohne daß er von ihm geträumt hätte. Aber morgens, auf dem Weg ins Büro, kommt er auf den Gedanken: ‚Sieh mal an! Ich habe vom Mönch nichts geträumt.' usw."

Die Geschichte schließt:

„Aber ausgerechnet in dieser Nacht träumte er wieder von ihm. Er sah etwas abgemagert aus, der Mönch. Er lächelte säuerlich, wobei er mit dem linken Auge zwinkerte, und mit dem Zeigefinger drohend sagte er: ‚Du irrst dich, mein Freund, du irrst dich! So oder so bin ich in dir. Du wirst mich nie mehr loswerden!' Und dann gab es tatsächlich keine Chance mehr."

Dies ist ein typisches Beispiel für eine Arabesken-Kurzgeschichte. Die Betonung liegt hier auf dem Punkt 6 unserer sieben Punkte: „Der Erzähler sucht nicht zu vertuschen, daß er erzählt, er zeigt es ganz offen und desillusionierend. Das führt zu stilistischen Arabesken des Erzählens."

Auch die Mehrdeutigkeit der Geschehnisse, die Zusammensetzung eines bestimmten Augenblicks sind in der Geschichte deutlich sichtbar. Der Impetus ist weniger skeptisch-verbissen als ironisch-spielerisch, reflektierend, und er führt die Reflexion ad absurdum. Elemente einer mündlichen Erzählweise spielen ebenso mit wie die einer literarisch-surrealistischen. Die Gestik der Sätze, die Syntax nimmt manches an Sinn auf, was nicht expressis verbis ausformuliert dasteht. – Die Bewegung der Sätze kann sich noch mehr verabsolutieren; die Arabesken-Geschichte hat den Hang zur Eindampfung der Motive und der Handlung in Sprechbewegung. Das finden wir vorexerziert in einigen dadaistischen Geschichten von Kurt Schwitters, z. B. „Der Schürm", und in Geschichten der Gertrude Stein. – Aber auch einige Kurzgeschichten von Robert Walser, dem Stilvorbild von Franz Kafka, gehören hierher, dann von Ilse Aichinger die monologische Geschichte „Rede unter dem Galgen", die zugleich auch eine Augenblickskurzgeschichte ist, aber eine mit Arabesken-Mitteln zerdehnte Augenblickskurzgeschichte. Sie zeigt auch deutlich den Perspektivenwechsel: Wichtiges-Unwichtiges unseres Punktes 2 und die Mehrdeutigkeit des Geschehens.

Arabesken nicht um den Monolog, sondern um den Dialog rankt die naturalistische Kurzgeschichte „Ein Tod" aus der Sammlung „Papa Hamlet" von Arno Holz und Johannes Schlaf, 1889. Eine Nachtwache bei einem im Duell auf den Tod verwundeten Studenten ist der Gegenstand. Alles, was Bedeutung sein könnte, ist nur aus der Tonart des Dialogs und zwischen den Zeilen abzulesen. Die naturalistische Geschichte zeigt: je detaillierter, sachnäher sich die Kurzgeschichte gibt, desto künstlicher muß sie zwangsläufig werden, desto arabeskenhafter.

Dritter Kurzgeschichtentyp: die Überdrehungs- und Überblendungsgeschichte. Diese Art Geschichten arbeiten mit zusätzlichen Überraschungs- und Kompositionseffekten. Die Überdrehungsgeschichten lassen in einer alltäglichen Situation eine groteske oder doch abrupte Veränderung eintreten; damit sind sie abgewandelte Augenblickskurzgeschichten. Am bekanntesten ist wahrscheinlich Bölls Geschichte: „Unberechenbare Gäste" (zuerst in *Akzente* 1955, Heft 1). Schon im Titel liegt der Hinweis auf den abrupten Zwischenfall. Es ist immerhin beunruhigend, wenn einem ein blutwurstfressender Löwe morgens beim Rasieren zuschaut. Daß es trotzdem eine Kurzgeschichte ist und nicht eine groteske Episode althergebrachter Provenienz, liegt wiederum im hervorgerufenen Perspektivenwechsel: Wichtiges-Unwichtiges, und in der Mehrdeutigkeit und Unabgeschlossenheit des Geschehens. Zu diesen Überdrehungskurzgeschichten gehören einige sehr schöne und wenig bekannte Kurzgeschichten von Herbert Heckmann, z. B. „Robinson", „Abwechslung in einem Haus", „Die Begegnung", alle gesammelt in dem 1958 erschienenen Bändchen: Herbert Heckmann, „Das Porträt". Ferner einige Geschichten von Martin Walser in „Ein Flugzeug über dem Haus", z. B. „Die Matinée." – Einige Geschichten von Kafka arbeiten u. a. mit diesem Impuls: „Die Verwandlung", „Ein Landarzt". Doch hier ist die Grenze zur modernen Parabel erreicht. Wolfdieterich Schnurre versammelte einige gute Überdrehungskurzgeschichten in seinem Band „Das Los unserer Stadt". Zu erwähnen ist hier auch „Der Tunnel" von Dürrenmatt. – Bei manchen solcher Überdrehungsgeschichten, die im äußerlichen Effekt bleiben, fällt einem dann die kritische Bemerkung Georg Friedrich Lichtenbergs zum Seltsamen in der Literatur ein: „Was sehr seltsam ist, bleibt selten lang unerklärt. Das Unerklärliche ist gewöhnlich nicht mehr seltsam und ist es vielleicht nie gewesen."

Die Überblendungskurzgeschichte arbeitet mit anderem Konfrontierungseffekt. Das Geschehen, das an verschiedenen Orten spielt, wird ineinandergeblendet: sei es in einem Augenblick oder in einem kurzen Zeitabschnitt (Borchert „An diesem Dienstag" – Siegfried Unseld nimmt diese Geschichte zum Anlaß poetologischer Erwägungen zur Kurzgeschichte; ferner Hans Bender „Die halbe Sonne", beides *Akzente* 1955, Heft 2); oder das Geschehen wird von den verschiedenen Orten her durch die Erinnerung in die kurze Zeit der Kurzgeschichtenausdehnung hineingeblendet (Hemingway „Schnee auf dem Kilimandscharo"). –

Der andeutende Erzählstil ist ein durch alle drei Gruppen durchgehendes Merkmal. Der Tonfall ist das wichtigste Instrument in der Wendung der Kurzgeschichte gegen abzuschildernde, manipulierbare Realität und gegen einen abschildernden, manipulierenden Helden.

Das Wort Lichtenbergs: „Es muß ein spiritus rector in einem Buch sein, oder es ist keinen Heller wert", gilt für keine Literaturgattung mehr als für die Kurzgeschichte. Sie entspringt sicherlich einem guten Teil Skepsis und Desillusion als spiritus rector. Desillusion, die gerade deswegen gern leben läßt, weil sie scharf die gefährdenden Umrisse zeigt; mit einer Lust und Aktivität, die dieser Gattung von Anfang an mitgegeben ist. Diese Form der Literatur will zum Zweifel und zur Kritik erziehen. Aber nur *der* Zweifel verführt nicht zu der unfruchtbaren Physiognomie der herabgezogenen Mundwinkel, der gern *das* anerkennt, was der geschärften Bereitschaft des Bewußtseins gewachsen ist und ihr standhält.

Gisbert Ter-Nedden

Allegorie und Geschichte

*Zeit- und Sozialkritik als Formproblem des deutschen Romans
der Gegenwart*

I

Gegenstand dieser Arbeit sind die zeit- und gesellschaftskritischen
Romane der deutschsprachigen Literatur nach 1945, soweit sie vom
Publikum, der Literaturwissenschaft und dem Deutschunterricht gleichermaßen akzeptiert und rezipiert worden sind – die Romane von
Grass, Böll, Frisch, Johnson, Lenz. Unsere Untersuchung soll zeigen,
daß diesen Romanen ein bestimmtes Modell literarischer Zeitkritik
zugrunde liegt, und sie soll einsichtig machen, daß dieses Modell einen
Widerspruch aufweist, der die Romane problematisch und in literarischer wie politischer Hinsicht unergiebig macht.

Das gemeinsame Modell läßt sich als Versuch beschreiben, die aus
dem 19. Jahrhundert überlieferte Tradition des historisch-biographischen Romans mit der des modernen Zeit- und Bewußtseinsromans
zu vermitteln. Aus der Tradition der realistischen Sozialkritik stammt
die Themenstellung dieser Romane, in der sich ihre politische Intention artikuliert: kritische Darstellung historisch-sozialer Sachverhalte
(Faschismus, Teilung Deutschlands, „Wohlstandsgesellschaft" etc.).
Ihre kritische Intention richtet sich nun aber nicht unmittelbar, d. i. in
naiver Übernahme der Konventionen des realistischen Romans, auf
die soziale Welt, sondern – darin der Tradition des modernen Romans
verpflichtet – zugleich auf den Interpretationsrahmen selbst, den der
realistische Roman zur Darstellung der sozialen Welt entwickelt
hatte.

Der Widerspruch, der diese Vermittlungsversuche problematisch
macht, liegt nun darin, daß im Nachkriegsroman Abstraktions- und
Reflexionsformen, die ursprünglich den Sinn hatten, historisch-sozia-
le Gegenständlichkeit zu hinterfragen, zur Darstellung bestimmter
gegenständlicher Sachverhalte angewandt werden. So übernimmt
z. B. Johnson in seinen Romanen Erzählstrategien, mit denen der
moderne Roman die Selektionsmechanismen und Idealisierungen
rückgängig gemacht hatte, die dem traditionellen, biographisch

strukturierten Romanmodell zugrunde liegen. Er motiviert aber nun das Mißlingen einer solchen traditionellen Geschichte durch Verständigungsschwierigkeiten, die sich aus der Teilung Deutschlands ergeben. Die Aufgabe, die er sich stellt, ist die klassische des historisch-biographischen Romans: Spiegelung historisch-sozialer Sachverhalte in der Lebensgeschichte konkreter Individuen. Aber die Konflikte, die sich aus der Teilung Deutschlands ergeben und von den einzelnen ausgetragen werden müssen, kommen nur noch in äußerster Abstraktheit vor, weil ihm die Kategorien fragwürdig sind, nach denen die traditionelle Romanpsychologie den Zusammenhang zwischen sozialen Fakten und individuellen Motivationen begreift. Diese Formproblematik erscheint aber nun wieder als Ausdruck und Folge der Teilung Deutschlands, die die Verständigung verhindert. Daß die Romanfiguren sich selbst und einander nicht mehr in der fraglosen Weise des traditionellen Romans verständlich sind, soll aufschlußreich für die politischen Bedingungen sein, unter denen sie leben. Daher liegt den Romanen Johnsons eine übertrieben unproblematische Welt privater, vorgesellschaftlicher Sozialbeziehungen wortloser Kommunikation der Liebe, des Vertrauens, der Freundschaft, der Sympathie etc. zugrunde, in die das Trennende von außen in Gestalt der öffentlichen Welt zerstörend einbricht. Die Standards der traditionellen Romanpsychologie werden hier gerade deshalb noch einmal restauriert, weil alles Problematische den Konstellationen der Zeitgeschichte zugeschrieben wird.

Dieselbe Unentschiedenheit zwischen Moderne und Realismus, zwischen Abstraktion und sozialkritischer Konkretion macht auch eines der jüngsten und erfolgreichsten Werke des hier diskutierten Typus unergiebig, den Roman ‚Deutschstunde' von Siegfried Lenz. Obwohl der historische Sachverhalt, um den es geht, völlig konventionell in aller epischen Breite erzählt wird, löst Lenz ihn dennoch sorgfältig aus allen historisch-sozialen Zusammenhängen heraus, die ihn erst verständlich machen würden. Übrig bleibt der abstrakte, unhistorisch-modellhafte Gegensatz zwischen dem Künstler, der sich im Umgang mit den tradierten Bildungsmächten Kunst, Natur, Liebe, Tod etc. als personifizierter Inbegriff des überlieferten Humanitätsideals erweist, und dem Inbegriff der Inhumanität, dem pflichtbewußten Polizisten, der darüber wachen soll, daß sein ehemaliger Freund das ihm auferlegte Malverbot einhält. Die Abstraktion soll den Leser mit einem sozial relevanten Syndrom konfrontieren und zugleich verhindern, daß diesem durch das Herbeischaffen von erklärenden Zusammenhängen die irritierende Monstrosität geraubt wird, die es literarisch ergiebig macht. Bewußtseinsbildend soll gerade der ästhetische Effekt der Fremdheit und Befremdlichkeit sein, der durch gegenständliche Ableitung aufgehoben würde; das motiviert die Polemik gegen die Psychologie innerhalb des Romans. Die durch methodische Abstraktion hergestellte Fremdheit wird zur gegenständlichen Qualität einer bestimmten Moral gegenüber einer anderen verkürzt, so wie Johnson die Formprobleme des biographischen Romanmodells zur Folge aktueller politischer Konflikte verkürzt. Damit verliert diese Abstraktionstechnik den Reflexionsgehalt, den sie bei Camus u. a. besitzt. In der Entgegensetzung der verständlich-humanen Welt des Künstlers und der unverständlich-inhumanen des Polizisten bildet sich ein moralischer Kontrast aus, der den Weg zur Selbstreflexion des Lesers abschneidet, die allein den hier praktizierten Verzicht auf gegenständliche Aufklärung legitimieren könnte.

Johnson und Lenz lassen das überlieferte historisch-biographische Romanmodell im wesentlichen unverändert. Die Abstraktionen, die sie vornehmen, lassen lediglich – bei Johnson stärker als bei Lenz – einen Vorbehalt gegenüber der praktischen Wahrheitsfähigkeit dieses Modells erkennen, der sich in einer Art „halbiertem" Realismus niederschlägt und die Grenzen des literarischen Modells fälschlicherweise zu außerhalb der Literatur angesiedelten Schwierigkeiten der Wahrheitsfindung uminterpretiert.

Die Frage, um die es im folgenden geht, lautet nun: Inwieweit läßt sich die literarische Ausdeutung der Vergangenheits- oder Gegenwartsgeschichte, die an ihrer Eigenständigkeit gegenüber den Formen politischer Publizistik festhält, mit theoretisch-praktischer Wahrheitsfindung über bestimmte soziale Sachverhalte widerspruchsfrei vermitteln? Die Autoren der zeitkritischen Nachkriegsromane gehen von der traditionellen Voraussetzung aus, daß die Literatur ein ausgezeichnetes Medium der Selbstaufklärung der Gesellschaft sein könne, weil sie mit der Kraft poetischer Imagination die Zeitgeschichte in den Stoff gelebten Lebens einbilde und so die konkrete Lebenswirklichkeit der Menschen gegen die Abstraktionen der Politik ideologiefrei und eben deshalb ideologiekritisch zur Geltung bringe.[1] Die oben diskutierten Beispiele sollten den Widerspruch vorläufig illustrieren, den wir in diesem literarisch-politischen Programm zu sehen glauben – den Widerspruch zwischen der zeitkritischen Intention des realistischen und der traditionskritischen Intention des modernen Romans, der eben jene Interpretationsmuster hinterfragt, die vorausgesetzt sein müssen, damit eine als kritische Gegeninstanz brauchbare „konkrete Lebenswirklichkeit" zustande kommt. Unsere Argumentation geht dabei von dem Leseeindruck einer eigentümlichen literarischen wie politischen Unentschiedenheit und Unergiebigkeit der Nachkriegsromane aus und knüpft an ihn den Verdacht, daß es sich bei der hier vorgetragenen Zeitkritik um eine illegitime Umdeutung der Grenzen der praktischen Wahrheitsfähigkeit der Literatur, wie sie in der Moderne offenkundig geworden sind, zu Resultaten politischer, ideologiekritischer Aufklärung handelt. Dieser Verdacht soll zunächst in einer historischen Vorüberlegung zur Geschichte der praktischen Wahrheitsfähigkeit der Literatur erläutert und dann an drei Beispielen im einzelnen überprüft werden.

„Der Faschismus läuft folgerecht auf eine Ästhetisierung des politischen Lebens hinaus [...] Der Kommunismus antwortet ihm mit der Politisierung der Kunst."[2] Politisierung der Kunst als Antwort auf eine Ästhetisierung der Politik ist nicht an die historische Konstellation gebunden, von der Walter Benjamin sie ablas; sie ist Teil der Dialektik von Kunst und Politik, die mit der Aufklärung in Gang kam und noch die aktuelle literarisch-politische Diskussion bestimmt. In der bürgerlichen Emanzipationsbewegung befreiten sich Politik wie Kunst nicht nur gegenüber dem Zwang der Tradition, sondern auch voneinander; so wie das politisch-soziale Handeln mit der Entstehung der bürgerlich-industriellen Gesellschaft und des modernen Staats und durch „Entzauberung" der kulturellen Überlieferung seine eigene, durch Technik und Wissenschaft angeleitete Rationalität entwickelt, so löst sich die Kunst mit der Befreiung von den überlieferten religiösen, moralischen, politischen Zwecken von der Verpflichtung auf praktisch-politische Orientierung des Handelns überhaupt. Im Rahmen der zugleich literarischen wie politischen bürgerlichen Öffentlichkeit verloren die Kunst ihre politisch-praktische Wahrheitsfähigkeit und die „ausgebildeten, rechtlichen, moralischen und politischen Verhältnisse" des „heutigen Weltzustandes"[3] ihre poetisch-ästhetische Ausdeutbarkeit. Diesen Zusammenhang hatten bereits Schiller (in der Entgegensetzung des „ästhetischen" gegen den „dynamischen" und „ethischen Staat"), Hegel (in der Theorie vom Ende der Kunst) und Heine (in der Rede vom „Ende der Kunstperiode")[4] in völliger Klarheit dargelegt:

„Die schönen Tage der griechischen Kunst wie die goldene Zeit des späteren Mittelalters sind vorüber. Die Reflexionsbildung unseres heutigen Lebens macht es uns, sowohl in Beziehung auf den Willen als auch auf das Urteil, zum Bedürfnis, allgemeine Gesichtspunkte festzuhalten und danach das Besondere zu regeln, so daß allgemeine Formen, Gesetze, Pflichten, Rechte, Maximen als Bestimmungsgründe gelten und das hauptsächlich Regierende sind [...] Deshalb ist unsere Gegenwart ihrem allgemeinen Zustande nach der Kunst nicht günstig."[5]

Sie ist es einmal deshalb nicht, weil sich die Vernunft und Unvernunft der „zur Prosa geordneten Verhältnisse" poetischer Darstellbarkeit entzieht, aber sie entzieht sich ihr (wird prosaisch), weil das

konkrete Subjekt sich den politischen und anderen Verhältnissen eben
dadurch entzogen hat, daß sie ihm zum Gegenstand theoretischer
Erkennbarkeit und praktischer Veränderbarkeit geworden sind. Die
Bedingung poetischer (wie jeder ästhetischen) Darstellbarkeit vorgegebener Sachverhalte ist nach Hegel die „Individualisierbarkeit des
Ideals", die Selbstbeziehung des konkreten Subjekts im Medium der
Objektivität. Es ist „die konkrete Subjektivität allein, für welche wir
in den Darstellungen der Kunst ein tieferes Interesse empfinden";[6] wo
diese aber – wie in der „neuesten Zeit" der „Bildung der Reflexion",
der „Kritik" und „der Freiheit des Gedankens" – „ihrem Stoff ganz
gegenübertritt", also nicht mehr „unmittelbar mit dem Gegenstande
vereinigt, an ihn glaubend und dem eigensten Selbst nach mit ihm
identisch"[7] ist, dort „erhält der Künstler seinen Inhalt an ihm selber
und ist der wirklich sich selbst bestimmende, die Unendlichkeit seiner
Gefühle und Situationen betrachtende und ausdrückende Menschen-
geist, dem nichts mehr fremd ist, was in der Menschenbrust lebendig
werden kann."[8]

Das Auseinander von Kunst und Politik ist also „kein bloßes zufälliges Unglück [...], von welchem die Kunst von außen her durch die
Not der Zeit, den prosaischen Sinn, den Mangel an Interesse usf.
betroffen wurde; sondern es ist die Wirkung und der Fortgang der
Kunst selber, welche, indem sie den ihr selbst innewohnenden Stoff
zur gegenständlichen Anschauung bringt, auf diesem Wege selbst
durch jeden Fortschritt einen Beitrag liefert, sich selber von dem
dargestellten Inhalt zu befreien."[9] Nur der Stoff ist poesiefähig, der
etwas „Dunkles und Innerliches" besitzt, in dem „noch ein Geheimes,
Nichtoffenbares" steckt. „Dies ist der Fall, solange der Stoff noch
identisch mit uns ist."[10] Es ist deshalb derselbe Aufklärungsprozeß
und Anspruch auf Autonomie, der sich politisch in der Forderung
nach Rationalität und Gesetzmäßigkeit des sozialen Ganzen und
ästhetisch als Selbstdarstellung des Subjekts in seiner Nichtidentität
mit dem sozialen Ganzen artikuliert. „Das öffentliche Räsonnement
des bürgerlichen Publikums vollzieht sich im Prinzip unter Absehung
von allen sozial und politisch präformierten Rängen nach allgemeinen
Regeln, die, weil sie den Individuen streng äußerlich bleiben, der
literarischen Entfaltung ihrer Innerlichkeit– weil sie allgemein gelten,
dem Vereinzelten– weil sie objektiv sind, dem Subjektivsten– weil sie
abstrakt sind, dem Konkretesten einen Spielraum sichern."[11] Die
Emanzipation der bürgerlich-industriellen Gesellschaft vom Zwang
der Tradition, wie sie sich in den neuen Rationalitäts- und Legitimi-
tätsforderungen niederschlägt, und die Emanzipation des Subjekts
von der Gesellschaft, wie sie sich in der thematischen und formalen
Freigabe der Kunst artikuliert, verhalten sich komplementär zueinan-

der. Politische Bewußtseinsbildung ist für uns untrennbar gebunden an theoretische Einsicht in soziale Prozesse und den Entwurf praktischer Projekte zur Veränderung der sozialen Realität. Für beides ist die Literatur inkompetent. Sie ist aber ein notwendiges Komplement politischer Bewußtseinsbildung, insofern das Subjekt sich in ihr seiner Nicht-Identität gegenüber dem Reich sozialer Zwecke und Normen bewußt wird. Die entfaltete, interpretierbare und tradierbare Artikulation dieser unveräußerlich ich-zentrierten Welt ist die moderne Kunst. Sie wird von Hegel bestimmt als „ein Zurückgehen des Menschen in sich selbst, ein Hinabsteigen in seine eigene Brust, wodurch die Kunst alle feste Beschränkung auf einen bestimmten Kreis des Inhalts und der Auffassung von sich abstreift und zu ihrem neuen Heiligen den Humanus macht.“[12]

Das komplementäre Verhältnis der Emanzipation der Gesellschaft von der Geschichte zu der des Subjekts von der Gesellschaft, wie sie sich in der Befreiung der Kunst von ihrer dienenden Funktion gegenüber den feudalen Gewalten einerseits und in der neu sich bildenden Identität der literarischen mit der politischen Öffentlichkeit andererseits niederschlägt, macht nun die von Benjamin genannte Alternative von illegitimer Ästhetisierung der Politik und legitimer Politisierung der Kunst erst möglich.

„Auf die Frage ‚Inwieweit darf Schein in der moralischen Welt sein?‘ ist also die Antwort so kurz als bündig diese: Insoweit es ästhetischer Schein ist, d. h. Schein, der weder Realität vertreten will, noch von derselben vertreten zu werden braucht.“[13] Ästhetisierung der Politik, wie Benjamin sie „in den großen Festaufzügen, den Monstreversammlungen, in den Massenveranstaltungen sportlicher Art und im Krieg“[14] des Faschismus und deren Reproduktionen in den Massenmedien erkennt, zielt darauf ab, die ästhetische Differenz einzuebnen. Hier erfüllt der ästhetische Schein nur dann seine Funktion, „die Massen zu ihrem Ausdruck (beileibe nicht zu ihrem Recht) kommen zu lassen“,[15] wenn die scheinhaft ästhetische die reale politische Artikulation der Massen vertritt. Ästhetische Formierung der Massen ist hier Surrogat politischer Öffentlichkeit mit dem Zweck, politische Ziele unter Ausschaltung politischer Willensbildung durchzusetzen.

Bekanntlich kennen auch die Massendemokratien Mittel, mit ästhetisierenden Formen politische Ziele gegenüber einer entpolitisierten Öffentlichkeit durchzusetzen – in der Werbung für Parteien und Produkte kommen zwar die Wähler und Konsumenten zu ihrem ästhetischen Ausdruck, nicht aber zu ihrem politischen Recht, der politischen Willensbildung über die Ziele ihrer gemeinsamen Arbeit – mit dem Resultat gigantischer Fehlleitung menschlicher Produktivität.

Wenn nun aber die Praktiken öffentlicher Meinungsbildung, die wieder – wie in der vorbürgerlichen, repräsentativen Öffentlichkeit – sich vorwiegend ästhetisierender Mittel bedienen, auf eine „Refeudalisierung"[16] und Entpolitisierung hinauslaufen, so ist eben das der Grund für das Bedürfnis nach Politisierung der Kunst. Seit ihrer Entstehung hatte ja die literarische Öffentlichkeit nicht nur komplementäre, sondern auch kompensatorische Funktionen gegenüber der politischen Öffentlichkeit übernommen. Bereits die Jungdeutschen verstanden die literarische Diskussion als Fortsetzung der politischen in einer durch staatliche Zensur entpolitisierten Öffentlichkeit; und auch die Nachkriegsliteratur hat – von der „Literatur der Vergangenheitsbewältigung" bis zur „Literatur der Arbeitswelt" – versucht, verdrängte politische Themen in die politische Diskussion wieder einzuführen. Dabei entsteht immer dann ein notwendiger Konflikt, wenn die Literatur zugleich komplementäre wie kompensatorische Funktionen glaubt erfüllen zu können, wenn sie also etwa –wie die *Gruppe 61* – die Arbeitswelt zugleich zum Thema „künstlerischer Bewältigung" wie politischer Aufklärung zu machen versucht. Es wird dann zum Problem der Literatur selbst, eine falsche Ästhetisierung politischer Themen zu vermeiden. Nichts ist in der Geschichte politischer Literatur gewöhnlicher als die Entpolitisierung eines politischen Themas durch seine literarische Darstellung.

Als klassisches literarisches Modell gelungener Vermittlung von politischer Aufklärung und eigenständiger literarischer Artikulation galt und gilt der gesellschaftskritische Roman des 19. Jahrhunderts – hatte doch sogar Engels behauptet, aus der ‚Comédie humaine' von Balzac „sogar in den ökonomischen Einzelheiten (zum Beispiel die Neuverteilung des realen und persönlichen Eigentums nach der Revolution), mehr gelernt [zu haben] als von allen berufsmäßigen Historikern, Ökonomen und Statistikern dieser Zeit zusammengenommen"[17]. Im folgenden soll – in der gebotenen Schematisierung – gezeigt werden, wie sich der von Hegel aufgewiesene Verlust der praktischen Wahrheitsfähigkeit der Kunst als Formproblem des Romans darstellt.

„Jedwede Untersuchung einer bestimmten epischen Form hat es mit dem Verhältnis zu tun, in dem diese Form zur Geschichtsschreibung steht. Ja, man darf weitergehen und sich die Frage vorlegen, ob die Geschichtsschreibung nicht den Punkt schöpferischer Indifferenz zwischen allen Formen der Epik darstellt. Dann würde die geschriebene Geschichte sich zu den epischen Formen verhalten wie das weiße Licht zu den Spektralfarben."[18]

„Erzählung ist [...] Grundkategorie geschichtlicher Wahrnehmung",[19] Erzählformen sind immer auch Formen des Geschichtsbewußtseins. Bezieht man den oben konstatierten Sachverhalt ein, daß der Übergang von einer traditionalen zu einer modernen Gesellschaft als Emanzipation von der Geschichte, der Autorität der Überlieferung zugunsten eines zukunftsorientierten Stils des sozialen Handelns bestimmt werden muß, so wird plausibel, daß die entscheidenden Zäsuren der Formgeschichte des Romans auf sozio-ökonomisch provozierte grundlegende Modifikationen des Zeit- und Geschichtsbewußtseins zurückgehen.

Walter Benjamin hat gezeigt, wie der neuzeitliche Roman sich von volkstümlich-archaischen Formen des Erzählens dadurch ablöst, daß in ihm Geschichte und Lebensgeschichte, also die Emanzipation von der Geltung der Überlieferung und die Emanzipation von der Geltung der „Kollektiverfahrung" formkonstitutive Kraft gewinnen.[20] Was Benjamin aphoristisch pointiert, haben Clemens Lugowski[21] und Arnold Hirsch[22] im einzelnen nachgewiesen. Formgeschichlicher Ursprung des bürgerlichen Romans ist der Zerfall des „mythischen Analogons",[23] das noch den barocken Picaro-Roman prägt, zur „Form der Individualität", die den Roman-Formen des 18. und 19. Jahrhunderts fraglos-selbstverständlich zugrunde liegt.

Der durch das „mythische Analogon" geprägte vorbürgerliche Roman kennt noch keine Selbständigkeit der Romanfigur innerhalb der Romanwelt. Noch für den barocken Picaro-Roman gilt, daß der Romanheld ein unselbständiger Teil der Romanwelt ist, daß es nicht auf sein „Eigensein", sondern auf sein „Zugegensein"[23a] ankommt. Mit der Verselbständigung der Romanfigur verzeitlicht sich nun auch die Romanform. Der vorbürgerliche Erzähler kann sich wie der mittelalterliche Chronist damit begnügen, die „Vorfälle, mit denen er es zu tun hat [...], als Musterstücke des Weltlaufs herzuzeigen".[24] Gewinnt nun durch aufgeklärte Traditionskritik die Welt jene historische Kontingenz, die sie für den neuzeitlichen Historiker besitzt, so wird sie auch für den bürgerlichen Autor prosaisch, d. i. für sich selbst poetischer Vergegenwärtigung unzugänglich. Die Aufgabe des Romans verschiebt sich von der bloßen Exemplifikation vorgegebener Bedeutungen zur Darstellung des Deutungsvollzugs angesichts einer kontingenten, der Deutung aufgegebenen Wirklichkeit. Die Instanz, welche die poetische Interpretierbarkeit der prosaischen Realität weiterhin ermöglicht, wird nun die Lebensgeschichte des zum persönlichen Schicksal befreiten autonomen Subjekts. Sie ersetzt den fraglos als exemplarisch begriffenen „Weltlauf" der alten Epik.

Dieses neue Modell vollendet sich im realistischen Roman, in dem „beliebige Personen des täglichen Lebens in ihrer Bedingtheit von den zeitgeschichtlichen Umständen zu Gegenständen ernster, problematischer, ja sogar tragischer Darstellung"[25] gemacht werden. Das Form-

Apriori ist hier die Relation „Einzelmensch – zeitgeschichtliche Umstände", deren Relate sich aneinander bestimmen. Die Mächte der Gesellschaft und Geschichte werden interpretiert und kritisiert am Maß der Chancen und Grenzen eines guten Lebens, das sie den einzelnen in ihrem alltäglichen Leben gewähren oder verweigern. Gesellschaft und Zeitgeschichte werden thematisch als Ort der Anpassung oder des Widerstandes, der Desillusion, Resignation, Selbstbewahrung oder Selbstzerstörung der Individuen. Die historischsoziale Welt braucht, um Gestalt zu gewinnen, als Korrelat ein mit Individualität, Charakter, Biographie und persönlichem Schicksal ausgestattetes Subjekt, damit sie sich – indem das Subjekt sich in ihr selbst erfährt – in ihrer Bedeutung, ihrem Wert und Unwert enthüllen kann; und umgekehrt wird das alltägliche Leben der Individuen erst darstellbar im Rahmen einer Umwelt, die in der Fülle ihrer objektiven Zusammenhänge aufgefaßt wird.

Dem entspricht die geläufige Erzählform des traditionellen Romans. Erzählt wird in ungebrochener Chronologie aus einer das Ganze der Geschichte überblickenden Erzähldistanz am Leitfaden einer Fabel das Schicksal der mit individuellem Charakter und individueller Lebensgeschichte ausgestatteten Figuren in einem detailliert gezeichneten historisch-sozialen Kontext.

Der Interpretationsrahmen des klassisch-realistischen Romans, die Vorstellung einer konkreten Totalität aus zeitgeschichtlicher Bewegung und individueller Lebensgeschichte, ist dem Geschichtsobjektivismus des 18. und 19. Jahrhunderts verhaftet. Die Leitvorstellung der *einen* singularisierten Geschichte als dem Ort gültiger menschlicher Selbsterfahrung meint keinen bloß faktischen Determinationszusammenhang von Fall zu Fall, sondern enthält Reste einer mythischen Schicksalsordnung, wie sie auch sonst aus den Geschichtskonstruktionen des 18. und 19. Jahrhunderts geläufig sind. So wie Hegel und Marx dem empirischen Material der Historie ein überempirisches Gesetz fortschreitender Selbstverwirklichung des Menschen glauben ablesen zu können, so lebt der realistische Roman von der Überzeugung, durch poetische Ausdeutung der Historie eine der historischen Realität enthobene Wahrheit in Gestalt des „Humanus", des „Allgemein-Menschlichen" darstellen zu können – von der idealistischen Selbstverwirklichung ‚Wilhelm Meisters' bis zur Resignationsstufe totaler Selbstentfremdung im Naturalismus.

Dieses Modell wird in der Folge einer doppelten, nämlich politischen und poetischen Kritik ausgesetzt, die sich gegen die historistischen Voraussetzungen richtet. Historistisch ist sowohl die Vorstellung eines ausdeterminierten Prozessierens der Zeitbewegung als konkrete Totalität, in welche die individuelle Lebensgeschichte eingebettet ist, wie die Hermeneutik des „Sich-Einfühlens" ins Allgemein-Menschliche, das die überhistorische, poetische Wahrheit des historischen Prozesses ans Licht bringen soll.

Die Determinationsmetaphysik begreift Geschichte als Herrschaft der Vergangenheit über die Gegenwart und wird damit inkompetent zur praktisch-politischen, auf Determinierbarkeit und Veränderbarkeit abzielenden, zukunftsorientierten Perspektivierung sozialer Zustände. Zwar hatte das bürgerliche Romanmodell die alte Moralistik, die ja immer Kritik an den vergesellschafteten Individuen aufgrund vorgegebener sozialer Normen gewesen war, durch Gesellschaftskritik abgelöst, insofern hier der Gesellschaft in Gestalt des seiner selbst bewußten Subjekts zum ersten Male eine zwar faktisch unterworfene, aber moralisch überlegene Gegeninstanz erwachsen war; aber eben dieses Gegeneinander der durch die individuelle Lebensgeschichte eröffneten und begrenzten Zukunft und der bestehenden Verhältnisse verlieh dem Bestehenden den Charakter einer zweiten Natur und seiner Ausdeutung einen kontemplativen, unpraktischen Sinn. Hegels affirmativ gemeintes Argument, die Vernunft der entwickelten gesellschaftlichen Verhältnisse sei poetischer Vergegenwärtigung unzugänglich, bewahrheitet sich auch an der Unvernunft der sich kapitalisierenden bürgerlichen Gesellschaft. Die Einsicht, daß das Elend der proletarisierten Massen schlechterdings kein Thema einer „künstlerischen Bewältigung" sein kann, sondern nur Gegenstand von Information und Agitation, findet sich bereits bei den Jungdeutschen und hat sich in der aktuellen politisch-literarischen Diskussion durch die Trennung des *Werkkreises Literatur der Arbeitswelt* von der *Gruppe 61* aufs neue bestätigt.

Die poetische, innerliterarische Kritik hinterfragt die Selbstinterpretation des Subjekts, die der zwanglosen Beziehbarkeit von Lebens- und Zeitgeschichte zugrunde liegt. Am Beispiel des Romans ‚To the Lighthouse' von Virginia Woolf hat Erich Auerbach gezeigt, wie die „ernste Darstellung [...] beliebiger Personen des täglichen Lebens in ihrer Bedingtheit von den zeitgeschichtlichen Umständen" bis zu dem Punkt radikalisiert wird, an dem „etwas ganz Neues und Elementares sichtbar" wird: „die Wirklichkeitsfülle und Lebenstiefe eines jeden Augenblicks, dem man sich absichtslos hingibt".[26] Damit ist der Deutungsrahmen des realistischen Romans gesprengt. Indem die Darstellung hinter die Identität des Individuums als Einheit von Charakter, Lebensgeschichte, Handlung und Situation zurückgeht auf die diskrete Mannigfaltigkeit beliebiger und absichtsloser Bewegungen des Bewußtseins, aus denen heraus sich jene Einheit in einem selektiven Prozeß erst bildet, ist der Historismus des traditionellen Erzählens mit seiner „Priorität des Wissens über das Geschehen"[27] überschritten. Eine „Geschichte" kommt von nun an im Roman nicht mehr zustande. Historizität des Weltbegreifens ist nicht länger die fraglose formkonstitutive Voraussetzung des Erzählens, die sie zum Ersatz des alten mythischen Analogons hatte werden lassen. An die Stelle der biographischen Zeit- und Erzählform treten – zum ersten Male in Flauberts ‚Education sentimentale' und dann in den Zeit-Romanen von Joyce, Proust und Thomas Mann – Formen, die durch die Struktur der erlebten Zeit selbst geprägt sind. Der Erzähler induziert hier in die epische Distanz, die der privilegierten Position des Historikers korrespondiert, Momente jener „absoluten Gegenwartsfolge",[28] die den Zeitablauf des Dramas ausmacht (ein genaues Analogon zu Brechts „epischem Theater", in dem spiegelbildlich zum Zeit-Roman durch die paradoxe Verflechtung der Perspektive des Wissens in die des Geschehens das Epische, die vorgegebene Situation, dramatisiert, d. i. unter der zukunftsorientierten Perspektive möglicher Veränderbarkeit, dargestellt werden soll). Damit wird das Erzählen, die Überführung einer unübersichtlichen Ereignismannigfaltigkeit in die Kontinuität einer Geschichte, zum Problem. Die Aufgabe lautet nun, etwas zu erzählen, was noch nicht die Form des Wissens angenommen hat. Das Geschehen hört auf, als immer schon gewußtes, gedeutetes, motiviertes, verständliches sich darzustellen, weil die Verständlichkeit stiftenden Kategorien selbst in Frage stehen. Diese Frage aber läßt sich nicht mehr – wie die historistische Hermeneutik poetischer Selbstdeutung des realistischen Romans meinte – durch wahrhaftige Darstellung der konkret gelebten Geschichte beantworten; denn die Geschichte hält keine Aussage über den Menschen bereit, die er nicht vorher bereits ihrer Deutung zugrunde gelegt hätte.

Damit sind die Schwierigkeiten umrissen, die sich in der Gegenwart einer romanhaften Ausdeutung der Zeitgeschichte entgegenstellen. Wenn jede konkrete historische Situation nur noch auf die Notwendigkeit ihrer praktischen Veränderung verweist und wenn die poetische Selbstdeutung des Subjekts vor jeder konkreten, zeitgeschichtlich bedingten Verwicklung seiner Lebensgeschichte zum Problem geworden ist, hat sich der Abstand von Zeitgeschichte und Selbstwahrnehmung des Subjekts so sehr vergrößert (was nicht einfach als Selbstentfremdung, sondern ebenso als Fortschritt in der Entwicklung des Ich-Bewußtseins gewertet werden muß), daß nur das pointierte Gegeneinander, nicht das traditionelle Ineinander von Selbst- und Realitätsbewußtsein politische wie poetische Legitimität besitzt.

Einleuchtende Modelle, in denen diese Fremdheit von Geschichte und Bewußtsein angemessen dargestellt wird, bieten die allegorisierenden Romanformen Döblins, Thomas Manns, Musils u. a. An ih-

nen haben die wichtigeren der zeitkritischen Nachkriegsromane zu
Recht angeknüpft.

II

Heinrich Böll: ‚Billard um halbzehn‘

Bölls Roman ist ein Zeit-Roman in der Bedeutung, die Thomas Mann
diesem Begriff gegeben hat: es ist einerseits ein Roman der historisch
begriffenen Zeitgeschichte, und es ist andererseits ein Roman, der sich
die Zeit selbst als Bewußtseinsform zum Gegenstand macht.

Der Roman erzählt die Geschichte einer Architektenfamilie über
drei Generationen hinweg, von denen jede das Schicksal einer Epoche
spiegelt. Der Familiengründer Heinrich Fähmel verkörpert den
Gründeroptimismus der Wilhelminischen Ära. Er beginnt seine Karriere im späten Kaiserreich mit dem Bau einer Benediktinerabtei und
der Heirat einer Patriziertochter. Was ihm noch möglich zu sein
schien – ein glückliches Leben in einer durch ironische Distanz gemil-
derten Kollaboration mit den herrschenden Mächten –, das sieht er in
der Generation seiner Söhne während der faschistischen Ära scheitern. Der eine Sohn, Robert, setzt die Kollaboration fort und fällt als
Nazi, der andere macht Ernst mit der ironischen Distanz des Vaters,
wird erst in die äußere, dann – nach seiner Rückkehr – in die innere
Emigration getrieben und sprengt kurz vor Kriegsende die Abtei, die
den Ruhm des Vaters begründet hatte, in die Luft. Roberts Sohn
Joseph wiederum leitet im Nachkriegsdeutschland den Wiederaufbau
der Abtei und verkörpert so die Epoche der bundesrepublikanischen
Restauration.

Von einer solchen in realistischer Manier auf Zeitgeschichte bezogenen Familiengeschichte finden sich freilich kaum mehr als die auf-
gezählten Rudimente. Die sind eingefügt in die Erinnerungen der
Hauptpersonen während eines einzigen Tages, des achtzigsten Geburtstags des Familienvaters. Dabei werden die erinnerten Sachverhalte, deren zeitgeschichtlicher Kern die Verfolgung und Ermordung
junger Widerstandskämpfer durch die Nationalsozialisten ist, durch
die Form der Erinnerung und des in ihr sich dokumentierenden Zeiterlebens gedeutet. Die drei Hauptfiguren – Heinrich, Johanna und
Robert Fähmel – schließen sich wie mit Zauberkreisen von der Welt
der historischen Zeit ab und gehen ein in einen durch Rituale und
Formeln konstituierten Raum einer stehenden Zeit der Erinnerung, in
der Vergangenheit, Gegenwart und Zukunft ununterscheidbar zu-
sammenfließen. Die erlittene Geschichte erweist sich als Fluch, der

denen, die sie erinnern, die erfüllte, lebendige Zeit einer gegen Vergangenheit und Zukunft nicht indifferenten Gegenwart raubt. Der Gedanke des Fluchs aber enthält – wie das Märchen und die biblische Geschichte zeigen – immer auch den der Erlösung; und wirklich verbindet Böll die Form des Märchens und der biblischen Apokalypse zu einer Art biblischen Märchens vom Fluch der Geschichte und seiner Lösung.

Aus der Apokalypse übernimmt Böll die Rede vom Kampf der „Büffel" gegen die „Lämmer". Unter dieser Losung führen Robert und seine Freunde ihren Widerstand gegen die Nazis; in der Erinnerung der Hauptfiguren wird sie zum Zentrum eines Apparats leitmotivischer Formeln, in denen die Details der Lebens- und der Zeitgeschichte aufeinander bezogen werden.

Die „Büffel" – das sind die Nazis, aber auch Hindenburg, die Generale, das Wilhelminische Bürgertum, die offizielle Kirche; ihr „Sakrament" ist die „uralte Erbschaft der Dunkelheit und der Gewalt", ihre Sphäre die des Ernstes, der Verantwortung, der realen Geschichte und „politischen Vernunft", ihre Zeit die stupide, „unvergängliche", tödliche Wiederholung des Immer-Gleichen.[29]

Ist die Zeit der „Büffel" die des Unheils, so ist die der „Lämmer" die „Zeit der Reife".[30] Wie in der Offenbarung die Zeit selbst als Organ des göttlichen Willens zum Subjekt der Handlung wird, so auch im Roman: die „Zeit des Unheils" hatte Heinrich Fähmels Traum von der Goldenen Zeit der Patriarchen zerstört und ihn und seine Frau Johanna in eine Art ritueller Erstarrung versinken lassen, symbolisiert durch Heinrich Fähmels Frühstücksritus, Roberts Billardspiel und Johannas „verwunschenes Schloß",[31] in dem die Zeit stillsteht. Aus ihr werden sie durch den Advent der „Zeit der Reife" in einem Märchen- und Komödienende erlöst, und zwar am 6. September 1954, dem Datum der Gegenwartshandlung und des achtzigsten Geburtstags Heinrich Fähmels. Die Geburtstagsfeier wird zum Triumph der „Lämmer" über die „Büffel", der richtigen über die falsche Gesellschaft. Die böse, unfreie Welt wird entlarvt und aus dem harmonischen Kreis der Freien ausgeschlossen: Johanna kehrt aus ihrem Dornröschenschloß in die Zeit zurück und schießt auf einen Bonner Minister. Der Hotelboy Hugo widersteht der melodramatischen Versuchung durch die falsche „Priesterin des Lammes", die ihm die Reiche dieser Welt bietet („du wirst die ganze Welt sehen, und sie werden dir in den schönsten Hotels zu Füßen liegen"[32]), und wird von Robert aus seinem Arbeitsverhältnis erlöst und adoptiert. Die zudringlichen „Büffel" Nettlinger und Gretz werden ausgeschlossen.

Der Befreiung von der Gesellschaft des Zwanges und der Unterdrückung korrespondiert die Befreiung der Romanfiguren von dem

„humour", dem rituellen Zwang, in den sie verstrickt waren: Heinrich bestellt das seit einundfünfzig Jahren in täglich gleicher Weise verzehrte Frühstück ab, er nimmt symbolisch seine Karriere zurück, indem er das Kuchenmodell seiner Abtei zerschneidet und seinem Sohn, der das Original in die Luft sprengte, zum Verspeisen anbietet; Robert bricht das Billardspiel ab, Johanna verläßt die Heilanstalt. Der Roman endet mit der festlichen Komödiencognitio, in der Verwandtschaft entdeckt und gestiftet wird:

„Der Tag ist groß, er hat mir meine Frau wiedergegeben, und einen Sohn geschenkt – darf ich Sie so nennen, Schrella? Ediths Bruder – sogar einen Enkel hab ich bekommen, wie, Hugo?"[33]

Die erlöste Gesellschaft bildet eine Ordnung mit deutlich religiösen Zügen aus. Die natürliche Familiengemeinschaft geht über in die übernatürliche Gemeinschaft der „Engel" und „Lämmer", gestiftet durch den „dunklen Engel"[34] Schrella und das „Lamm" Hugo mit dem Lächeln Ediths, der „Botin des Königs".[35]

Böll greift mit diesem Romanmodell die klassischen Formen des modernen Zeit- und Bewußtseinsromans auf: vielpersonige Bewußtseinsdarstellung; der Versuch, die Lebensgeschichte der Figuren im Spiegel der Erlebnis- und Erinnerungsfülle weniger Augenblicke darzustellen; die Technik, archaische Interpretationsmuster wie die Apokalypse und das Märchen, welche die Autonomie des individuellen Bewußtseins gegenüber der Welt noch nicht kennen, zur Darstellung vorbewußter Verflochtenheit in die historische Welt zu nutzen. Damit knüpft er zwar an die Subjektivitätsthematik des modernen Romans an, deutet sie jedoch in einem frappierend traditionalistischen Sinn um. Die Figuren werden aus ihren gegenständlichen Weltbezügen herausgelöst und der Struktur ihres Erlebens nach in Frage gestellt, doch nur, um ihnen eine moralische Integrität zuzudenken und abzuverlangen, wie es unproblematischer in keinem klassisch-idealistischen Roman geschehen könnte. Das soll ein Vergleich mit Thomas Manns ‚Doktor Faustus' zeigen, der ganz ähnliche, ebenfalls aus dem Vorstellungsbereich der Apokalypse stammende allegorische Motive dazu benutzt, eben jene Tradition in Frage zu stellen, die Böll mit ihrer Hilfe zu restaurieren versucht.

Die allegorisierende Erzählweise Thomas Manns gewinnt ihren Sinn dadurch, daß der Roman das prekäre Verhältnis von Allgemeinem und Besonderem sich selbst zum Gegenstand macht („Der Anspruch, das Allgemeine als im Besonderen harmonisch enthalten zu denken, dementiert sich selbst"[36]). Das Archaische, das der Allegorie als Form der Bedeutungsstiftung anhaftet, erweist sich allein als angemessen, um eine „Geschichte" darzustellen, die sich den klassisch-realistischen Kategorien des Begreifens schlechterdings entzieht (sie erweisen ihre Ohnmacht in Gestalt des Humanisten Serenus Zeitbloom). Indem die Allegorie gerade die extremste Individualität, die esoterische Produktivität des Komponisten Adrian Leverkühn als unselbständigen Teil eines katastrophalen Ganzen begreift, hebt sie den schlichten Gegensatz von Geist und Ungeist, von autonomen, mit Bildung und Persönlichkeit ausgestatteten individuen und den blinden, kollektiven Vorurteilen ausgelieferten Vielen auf. Zugleich überführt Thomas Mann damit die übersichtliche Eindeutigkeit der moralischen Bewertung, die sich gegenüber dem Faschismus so leicht herstellen läßt, in eine fundamentale Kritik der bürgerlichen Kultur. Zeitgeschichte, die nicht symbolisch-realistisch, als Korrelat konkret-individueller Lebensgeschichte, sondern allegorisch, als resultathaftes Ganzes thematisiert wird, dessen unselbständige Teile die einzelnen sind, kann nicht mehr in der gleichen Weise wie der historisch-realistische Roman auf die Frage nach dem guten Leben antworten. Vielmehr bringt die historische Katastrophe die Voraussetzung der alten Frage in den Blick. Die Idee der Selbstverwirklichung, der Autonomie, der Individualität, der Bildung, der moralischen Integrität, also der Maßstab, an dem sich im realistischen Roman Lebens- und Zeitgeschichte in ihrem Wert und Unwert enthüllen, steht nun in Gestalt des Künstlers Leverkühn und seines Biographen Zeitbloom selbst in Frage. Die Allegorie hat hier den Sinn, einer Verflochtenheit des einzelnen in das Ganze nachzugehen, die der Anpassung und dem Widerstand, den konkreten Konflikten, dem individuellen Sich-Bewähren und Versagen vorausliegt. Der damit verbundene Verlust an historischer Konkretion wird aufgewogen durch den gewonnenen Abstand der Reflexion, der die Geschichte des deutschen Bürgertums und seiner Wertewelt und Bildungstradition als Ganzes vergegenwärtigt und problematisiert.

Auch Böll thematisiert Geschichte nicht als Korrelat konkreter Lebensgeschichten, sondern als resultathaftes Ganzes. Auch er will nicht einfach konkrete Konflikte entfalten, sondern das elementare Selbstverständnis der Zeitgenossen angesichts der historischen Katastrophe in Frage stellen. Auch er abstrahiert von der konkreten Geschichte, um sie auf ihren Grund hin zu bedenken. Das, was sich dabei enthüllt – der Antagonismus der „Büffel" und der „Lämmer", der Täter und Opfer, der toten Zeit kollektiver Wiederholungszwänge und der lebendigen, lebensgeschichtlichen Zeit, in der das „Unvorhersehbare" Ereignis wird – ist aber nun nichts anderes als die abstrakte Formel des idealistischen Gegeneinander von autonomer Individualität und historisch-sozialer Realität. Böll fragt einmal – seiner normativen Intention gemäß – nach der moralischen Entscheidung der

Individuen *gegenüber* der Geschichte, denkt die Subjekte also als autonome Gegeninstanz, und er fragt zugleich nach der Möglichkeitsbedingung der schuldhaften Verstrickung aller *in* der Geschichte, deutet die einzelnen also als unselbständige Teile des Ganzen. Das Resultat ist entsprechend trivial. Geschichte wird in der Kontrastierung der beiden Formen des Zeiterlebens reduziert auf das moralische Versagen der einzelnen. Dieses Versagen kann nun nicht mehr aus dem konkreten historisch-sozialen Kontext begriffen werden, sondern wird zum unmittelbaren Ausdruck einer nicht weiter ableitbaren personalen Substanz bzw. Substanzlosigkeit. Diese falsche Substantialisierung moralischer Qualitäten führt nun dazu, daß der Autor – der allegorisierenden Anlage des Buches gemäß – seine Figuren einerseits typisieren, also denkbar unindividuell halten muß, daß er ihnen aber auch zugleich in entsprechend outrierter, oft unfreiwillig komisch wirkender Weise die Kategorien der Individualität – „Unverkennbarkeit", „Einmaligkeit", sofortige Identifizierbarkeit ihrer moralischen Qualität – zuschreiben muß. Heinrich Fähmel erkennt das Wesen des „dunklen Engels" Schrella mit untrüglicher Sicherheit, während er ihn wenige Sekunden über einen Hof gehen sieht:

„Das Schreckliche an ihm war, daß er nichts Rührendes hatte; als ich ihn über den Hof gehen sah, wußte ich, daß er stark war, und daß er alles, was er tat, nicht aus Gründen tat, die für andere Menschen gelten konnten."[37]

An dem aus jahrzehntelanger Emigration heimkehrenden Schrella geht in einer Hotelhalle ein Oppositionsführer vorbei. Schrellas Fähigkeit, auf Anhieb die moralische Substanz eines solchen Mannes zu erfassen, dokumentiert sich in folgender Charakterisierung:

„[...] ich glaube, wenn ich mal jemand umbringen würde, dann ihn. Seid ihr denn alle blind? Der ist natürlich klug und gebildet [...] aber ich hoffe, Robert, du würdest deine Tochter oder deinen Sohn nicht eine Minute mit diesem Kretz allein lassen; der weiß vor Snobismus ja gar nicht mehr, welches Geschlecht er hat."[38]

Dieser moralischen Übereindeutigkeit entspricht die unproblematische Art, mit der die Figuren sich selbst in ihrer eigenen Lebensgeschichte verstehen. Keinerlei Interferenz zwischen der Perspektive des erlebenden und der des erinnernden Ichs stört die Selbstinterpretation. Zweifellos wissen sie im voraus, was für ihr Leben entscheidend werden wird:

„[...] ich hatte Angst, Hugo, weil ich ihn jetzt würde fragen müssen, und wenn ich die Frage aussprach, war ich drin, mittendrin, und würde nie mehr herauskommen [...] fast vollkommen war die Stille jetzt, gab der fälligen Frage ein großes Gewicht, bürdete sie der Ewigkeit auf, und ich nahm schon Abschied [...]"[39]

Bölls politisch-moralischer Impetus kann zwar verständlich machen, weshalb er in so melodramatischer Weise auf den Kategorien der Individualität insistiert; politische oder literarische Relevanz läßt sich mit ihnen jedoch nicht gewinnen.

Max Frisch: ‚Homo faber‘

Auch für Frisch haben die Kategorien der Individualität – Schicksal, Lebensgeschichte, Schuldverstrickung, erlebte Zeit – keine selbstverständliche Gültigkeit mehr. Der Ich-Erzähler des Romans, der Ingenieur Faber, interpretiert sein Leben in seinen Tagebuchaufzeichnungen ausdrücklich in Abwehr gegen die Zumutung eines Schuldzusammenhangs und eines Lebensgeschicks, das die Abfolge der physikalischen Zeit und der in ihr herrschenden Wahrscheinlichkeiten transzendieren könnte. Ihm wird nun demonstriert, daß er eben dadurch den Tod seiner Tochter verschuldet, daß er die Lebenszeit, die ihren Wert aus ihrer Unwiederholbarkeit gewinnt, auf die gegen Wiederholung gleichgültige physikalische Zeit reduziert. Seine ehemalige Geliebte Hanna, die Mutter seiner Tochter, kommentiert das Resultat seines Lebens in diesem Sinn:

„Diskussion mit Hanna! – über Technik (laut Hanna) als Kniff, die Welt so einzurichten, daß wir sie nicht erleben müssen [...] Mein Irrtum: daß wir Techniker versuchen, ohne den Tod zu leben. Wörtlich: Du behandelst das Leben nicht als Gestalt, sondern als bloße Addition, daher kein Verhältnis zur Zeit, weil kein Verhältnis zum Tod. Leben sei Gestalt in der Zeit [...] Mein Irrtum mit Sabeth [d. i. Fabers Tochter]: Repetition, ich habe mich so verhalten, als gebe es kein Alter, daher widernatürlich. Wir können nicht das Alter aufheben, indem wir weiter addieren, indem wir unsere eignen Kinder heiraten.“[40]

Wie bei Böll wird auch hier die zeitgenössische Gegenwart, für die der Ingenieur Faber einsteht, charakterisiert durch das Fehlen bzw. Verleugnen der Geschichtlichkeit des Lebens. Fabers Reduktion des Lebens auf statistische Wahrscheinlichkeit findet ihr Gegenstück in Bölls „Büffeln“ und ihrer stumpfen Wiederholung des Immergleichen.

Die positive Norm, von der die Zeitkritik ausgeht, ist auch hier eine kategorial begriffene Selbstfindung des Helden durch die Entdeckung der Geschichtlichkeit seiner Lebenszeit. Die Stationen der Selbstfindung sind markiert durch Erlebnisse erfüllter Zeit als solcher:

„Auf der Welt sein: im Licht sein. Irgendwo (wie der Alte neulich in Korinth) Esel treiben, unser Beruf! – aber vor allem: standhalten dem

Licht, der Freude (wie unser Kind, als es sang) im Wissen, daß ich erlösche im Licht über Ginster, Asphalt und Meer, standhalten der Zeit, beziehungsweise Ewigkeit im Augenblick. Ewig sein: gewesen sein."[41]

Die Geschichtlichkeit des Lebens kann nur dann in kategorialer Allgemeinheit überhaupt thematisch werden, wenn sie dem Autor nicht mehr als fraglos gültiges Formapriori zur Verfügung steht. Frisch ersetzt das traditionelle Schema durch die Form der unmittelbaren Selbstaussage des erlebenden Bewußtseins (hier durch das Tagebuch), die ihm die direkte Diskussion der Grundprinzipien der Selbstauslegung erleichtert, und durch allegorisierende Deutungstechniken, die das dargestellte Konkretum in einen allgemeinen Bedeutungshorizont stellen, der sich aus ihm selbst nicht mehr zwanglos-symbolisch ergibt. Hier übernimmt der Ödipus-Mythos die Funktion, in die geschlossene Welt technischer Rationalität die Offenheit der Geschichte einzuführen, gegen die sich der „homo faber" sperrt.

Dieser Lösungsversuch hat gegenüber Bölls ‚Billard um halbzehn' den Vorzug, den Gegensatz von geschichtlicher und geschichtsloser Zeit als Dialektik dieses einen Lebens zu entfalten, während Böll aus moralischen Gründen die beiden Wertsysteme in trivialer Eindeutigkeit als Welt der „Büffel" und der „Lämmer" gegeneinandersetzt. Dennoch wird auch im ‚Homo faber' der Widerspruch zwischen allegorisierendem Verfahren und propagierter Individualität nicht gelöst.

Auch hier ist es instruktiv, Frischs Lösungsversuch mit einem analogen Werk der „klassischen Moderne" zu vergleichen: mit Döblins ‚Berlin Alexanderplatz'.

Beide Romane bilden in grundlegender Weise das Schema des klassischen Bildungsromans fort, den Helden durch „Irrtum und Umkehr" zur realitätsgerechten Selbstverwirklichung heranreifen zu lassen. Beide heben die Selbstverständlichkeit auf, mit der sich im Bildungsroman ein Sinnzusammenhang im konkret-individuellen Erfahrungsvollzug herstellt, der die Kontingenz und Widerständigkeit der historisch-sozialen Welt mühelos integriert. An die Stelle der alten Bildungsmächte (die „gute" Gesellschaft und ihre kulturellen Traditionen, die Natur, die Liebe) tritt die bedeutungsfreie, rein faktische, technisch-industrielle Umwelt. Sie wird in beiden Romanen breit dokumentiert durch Detailinformationen aus dem Bereich der Mathematik, Medizin, Technik. Bedeutung stellt sich jedesmal im Rückgriff auf vorbürgerliche, archaische Traditionen her; wie Frisch den Ödipus-Mythos ausbeutet, so benutzt Döblin u. a. den Orest-Mythos und das allegorische Grundmodell des Kampfes überirdischer Mächte um den Menschen (in Gestalt des „Trommler Tod", der Biberkopf von der „Hure Babylon" erlöst etc.). In beiden Romanen hat diese archaische Welt schuldhafter Verstrickung die Aufgabe, gegen die borniete Perspektive der Selbstbehauptung, welche die Helden einnehmen, ihre Abhängigkeit von einem Ganzen zur Geltung zu bringen, das sich ihrer Verfügung entzieht.

Döblin grenzt nun beide Perspektiven exakt gegeneinander ab. Gegen Biberkopfs Perspektive, der sein Scheitern zunächst so begreift, wie es ein realistischer Desillusionsroman tun würde, nämlich als individuelle Tragik mit sozialkritischem Index, steht die Perspektive des Erzählers, der die Frage nach dem immanent sich herstellenden individuellen Lebenssinn verabschiedet und in offener didaktischer Manier als Moritatensänger die Moral der Geschichte verkündet. Das traditionelle Ineinander von Faktum und Sinn wird transformiert in das Gegeneinander des authentischen Materials, durch das hier Realität nicht gedeutet, sondern mit den Mitteln der Montage dokumentiert wird, und der Lehre, die sich aus Biberkopfs Jedermann-Geschichte ziehen läßt. Der Apparat allegorischer Mächte, denen unterworfen zu sein Biberkopf lernen muß, hat aber nicht den Sinn, in die moderne Welt die Macht des Schicksals wieder einzuführen; ausdrücklich heißt es am Ende:

„Wenn Krieg ist, und sie ziehen mich ein, und ich weiß nicht warum, und der Krieg ist auch ohne mich da, so bin ich schuld, und mir geschieht recht. Wach sein, wach sein, man ist nicht allein. Die Luft kann hageln und regnen, dagegen kann man sich nicht wehren, aber gegen vieles andere kann man sich wehren. Da werde ich nicht mehr schrein wie früher: das Schicksal, das Schicksal. Das muß man nicht als Schicksal verehren, man muß es ansehen, anfassen und zerstören. Wach sein, Augen auf, aufgepaßt, tausend gehören zusammen, wer nicht aufwacht, wird ausgelacht oder zur Strecke gebracht."[42]

Dieses einerseits dokumentierende, andererseits lehrhaft demonstrierende Verfahren bringt die Situation zeitgenössischer Lebenspraxis in den Blick, dergegenüber ein auf individuelle Selbstverwirklichung abzielendes Selbstverständnis anachronistisch ist. Am Ende steht vor uns nicht mehr der „Mann von Format, der weiß, was er sich schuldig ist", sondern „ein kleiner Arbeiter",[43] der gelernt hat, sein Leben als unselbständigen Teil des Kollektivschicksals zu begreifen.

Die im Roman vorgeführte entgrenzte und von Interpretationsansprüchen entlastete Wahrnehmungsform, in der die Faszinationskraft des Romans gründet, zielt von sich aus auf Ersetzung der Interpretationsbedürfnisse durch theoretische Einsicht und Anweisung zur praktischen Veränderung, weil eine nicht mehr vorweg schematisierte Realität auf das Bedürfnis des Subjekts nach Selbstfindung nicht mehr antwortet. Eine Umwelt, die in dieser Totalität in den Blick tritt, ist kein mögliches Korrelat eines individuellen Bildungsprozesses mehr. Insofern sind hier die ausgreifenden Lehren mit der Romanform stringent vermittelt.

Für Frisch stellt sich die Aufgabe nun aber genau umgekehrt dar. Gerade die Ausweitung der Wahrnehmung ohne Rücksicht auf Interpretationsbedürfnisse wird ihm problematisch. Dem Techniker Faber, dem die Fähigkeit zur Selbstwahrnehmung zugunsten einer objektivistisch verkürzten Perspektive abhanden kam, soll die Voraussetzung der klassisch-realistischen Literatur demonstriert werden, nämlich daß das Leben an sich selbst Sinn, Zusammenhang und Bedeutsamkeit besitze. Im ‚Homo faber‘ gelten also weder das problemlose Ineinander von Faktum und Sinn noch das prägnante Gegeneinander von authentischem Material und argumentativ eruierter Lehre: vielmehr wird die Bedingung des Ineinander von Faktum und Sinn – die biographische Form – in Gestalt einer kruden faktischen Verkettung selber zum transportierten Inhalt des Romans. Weil Fabers Lebensweg die Figur des Ödipus-Mythos wiederholt, soll sich enthüllen, daß sein Leben eine Bedeutung besitzt, die er selbst nicht wahrhaben will. Da aber dieser Sinn weder durch ihn konkret vollzogen und geleistet wird, noch vom Erzähler argumentativ aus einer die Perspektive Fabers überschreitenden Perspektive abgesichert ist, bleibt er ohne Legitimaton und verweist auf das unverbindliche, weil nicht eingestandene und nicht in die Reflexion mit aufgenommene Arrangement des Autors.

Günter Grass: ‚Die Blechtrommel‘

Das konsequenteste Modell allegorisierender Geschichtsdarstellung hat Grass in der ‚Blechtrommel‘ entwickelt. Er beutet zu diesem Zweck extensiv vorbürgerliche Traditionen der Welt- und Selbstinterpretation aus, die jene Interpretationskategorien noch nicht besitzen, welche in der Moderne problematisch geworden sind; dazu greift er zurück auf den Picaro-Roman in seiner barocken Form, die Saturn-Mythologie und -Astrologie, die Todsündenschematik der mittelalterlichen Theologie, die christliche Symbolik und die barocke Emblematik.

Das Romangeschehen der ‚Blechtrommel‘ bildet eine Ereigniskette, deren Glieder fast durchgängig den Tod eines oder mehrerer Romanfiguren aus sich hervorbringen. Oskar Matzerath, der Ich-Erzähler des Romans, ist nicht nur mitschuldig am Tod seines Großvaters, seiner Väter, seiner Mutter, seiner Geliebten Roswitha, seiner Jünger, der Nonne Agneta, der Schwester Dorothea, des Wirtes Schmuh, des Gemüsehändlers Greff u. a. m., er widmet überhaupt sein Interesse mit Vorliebe dem Tod (in dessen Rolle er sich gern hineindenkt),[44] Leichen und Friedhöfen. Bereits bei seiner Geburt erweckt das Sterben eines Falters seine Aufmerksamkeit. Oskar erblickt „das Licht dieser Welt in Gestalt zweier Sechzig-Watt-Glühbirnen". Der „hellhörige Säugling" beobachtet und belauscht:

„[...] einen Nachtfalter, der sich ins Zimmer verflogen hatte. Mittelgroß und haarig umwarb er die beiden Sechzig-Watt-Glühbirnen, warf Schatten, die in übertriebenem Verhältnis zur Spannweite seiner Flügel den Raum samt Inventar mit zuckender Bewegung deckten, füllten, erweiterten. Mir blieb jedoch weniger das Licht- und Schattenspiel, als vielmehr jenes Geräusch, welches zwischen Falter und Glühbirne laut wurde: Der Falter schnatterte, als hätte er es eilig, sein Wissen loszuwerden, als käme ihm nicht mehr Zeit zu für spätere Plauderstunden mit Lichtquellen, als wäre das Zwiegespräch zwischen Falter und Glühbirne in jedem Fall des Falters letzte Beichte und nach jener Art von Absolution, die Glühbirnen austeilen, keine Gelegenheit mehr für Sünde und Schwärmerei."[45]

Oskars Geburt steht also unter dem Zeichen eines geläufigen Emblems; Lohensteins ,Sophonisbe' beginnt mit dem Vers: „Die Schuld schwermt umb Verterb, wie Mutten umb das Licht." Daß der Falter an eben jenen Birnen den Tod findet, die für Oskar das Licht der Welt bedeuten, nimmt den „endgültigen Kurzschluß aller Lichtquellen" vorweg, der ihm die Lebenslust nimmt, „bevor dieses Leben unter den Glühbirnen anfing"; zugleich macht ihm die „zuchtvolle und entfesselte" Trommelorgie jene ihm von seiner Mutter in Aussicht gestellte Blechtrommel immer „begehrlicher".[46] Damit erweist sich Oskar als Nachfahr des „Trommler Tod" aus Döblins ,Berlin Alexanderplatz'. Auch Oskar trommelt, wie der Falter, von todbringender „Sünde und Schwärmerei".

Das Falter-Licht-Emblem, „Sinnbild verderblicher Leidenschaft", das die „Selbstbestrafung des Schuldigen" bzw. allgemein die „Selbstvernichtung des Begehrenden, der alle Gefahr mißachtet",[47] darstellt, wird zur zentralen Bildidee des Romans. Nach diesem Muster einer Leidenschaft, die sich selbst vernichtet, sind die Figuren konstruiert, in denen sich die Romanhandlung zu Allegorien kristallisiert und in ihnen sich deutet. Es sind Figuren des selbstverschuldeten, dennoch einem Zwang unterworfenen Sterbens. Der Zwang geht dabei von Dingen aus (Wasser, Luzies Dreieck, das Parteiabzeichen, der Betonbunker, der 13. Spatz, die hölzerne Niobe etc). Seine Gewalt ist der Einfühlung nicht zugänglich, ist magischer, nicht psychologischer Natur.

Nach Walter Benjamins genialer Formel ist der größte Triumph des Allegorikers „das Leben, welches den Tod bedeutet".[48] Das Leben muß den Tod selbst vollziehen, und darf ihn dennoch nicht in Freiheit verwandeln, wie es im realistischen Roman geschieht, in dem der Tod nichts anderes als das Siegel auf die Identität von individuellem Schicksal und Charakter ist. Dem entspricht die paradoxe Pointe des Falter-Licht-Emblems. Hier bringt gerade das lebendigste Leben, das Leben unter der Gewalt einer Leidenschaft, den Tod hervor. Die Liebe zum Licht tötet den Falter; der „leidenschaftliche" Koch und Esser Matzerath verschluckt sich am Parteiabzeichen; Oskars Mutter Agnes, die in ihrer Liebe zu Jan Bronski „den großen Appetit" beweist, „der nie aufhört, der sich selbst in den Schwanz beißt",[49] ißt sich am Fisch zu Tode; Oskars Freund Herbert Truczinski stirbt, weil er in brünstiger Liebe die hölzerne Niobe bespringt. Im Vollzug des Todes erweist es sich, daß das Leben nicht aus sich selbst sinnvoll und verständlich werden kann, sondern als unselbständiger Teil eines Ganzen begriffen werden muß, dessen Verführungsgewalt es unterliegt. Dieses Ganze ist in der alten Emblematik die Hinterwelt der *universalia ante rem*, die das Emblem als das überzeitliche und identische Wesen der physischen, moralischen und historischen Welt sichtbar macht; näherhin stellt es sich als Kampf der Mächte des Himmels und der Hölle um den Menschen dar.

Grass übernimmt dieses Modell, um Geschichte außerhalb des Rahmens darstellbar zu machen, in dem sie im realistischen Roman selbstverständlich begriffen wird. In der ‚Blechtrommel' wird die metaphysische Hinterwelt der alten Emblematik ersetzt durch einen Apparat allegorischer Gespenster, deren Unsterblichkeit das zeitlose, weil in aller konkreten Geschichte wiederkehrende Substrat der Geschichte personifiziert. Allegorien der Geschichte sind vor allem die „Menschenfresserin" Luzie, die Hexe Niobe und die Schwarze Köchin, die die Suppe einbrockt, welche die Zeitgenossen auslöffeln müssen. Im Unterschied zur Tradition bildet der allegorische Apparat nun aber keine Alternative zwischen Himmel und Hölle aus. So besitzt Luzie zwar die Attribute, die in der christlichen Symbolik dem Satan zugedacht werden: ihr „Fressen", das sie nur „dünner" und „hungriger"[50] macht, verweist auf Satan, den „hungrigen Allesverschlinger"; ihr „Fuchsgesicht"[51] ist Attribut des „arglistigen Weltbetrügers"; ihre „fadenscheinige Kriegswolle"[52] ist Teil jenes Stricks, mit dem der Teufel die Verdammten in den Höllenschlund zieht. Mit ihrer Unfruchtbarkeit, die nur töten, nicht lebendig machen kann, usurpiert sie jedoch zugleich die Embleme der Heilsgeschichte: sie ist die „Dame mit dem Einhorn"[53] (dem Emblem des Gottessohnes, der sich in den Leib der Jungfrau bettet) und verführt die Stäuber mit ihrem „unverletzten Dreieck", ihrer „Jungfräulichkeit" und „Keuschheit"[54] zum tödlichen Sprung, d.h. zu dem Glauben, der jungfräuliche Schoß der Geschichte sei der überirdisch unbefleckten Empfängnis eines Erlösers fähig. Im „zweiten Prozeß Jesu"[55] breitet sie vor Oskar die keineswegs herrliche Totalität des Weltgeschehens aus, zeigt ihm „den Faden des Zeitgeschehens, der vorne noch hungrig war, Schlingen schlug und Geschichte machte, hinten schon zur Historie gestrickt wurde",[56] um auch ihn zur himmlischen Liebe der Selbstaufopferung zu verführen.

Die Alternativen, welche die allegorisierte Geschichte anbietet, erweisen sich gleichermaßen als tödlich – das hatte Oskar bereits in seiner Geburtsstunde der letzten Beichte des von „Sünde und Schwärmerei" trommelnden Falters entnommen. Die Verführungsgewalt der Geschichte über die Figuren dokumentiert sich nicht nur in der Herrschaft der sieben Todsünden, vor allem der Wollust, der Völlerei und der Trägheit (welche die allegorische Beziehbarkeit der Sexualität, des Essens und Erbrechens, der Melancholie und des „Betthütens" usw. auf die Zeitgeschichte ermöglichen), sondern ebenso in der Herrschaft der drei theologischen Tugenden „Glaube, Liebe, Hoffnung". Tödlich ist nicht nur die Verführung zum besinnungslosen Mitmachen (die den „Fresser" und Mitläufer Matzerath sterben läßt), sondern auch die zur Geschichtsflucht; das zeigt u. a. Herbert Truczinskis Flucht aus der „wahrhaft europäischen Kneipe"[57] in das Museum zu Niobe.

Der Sinn der allegorischen Konstruktion wäre nun um die entscheidende Pointe verkürzt, wollte man sie einfach als lehrhaft vermittelte Warnung vor den beiden Formen der Geschichtsblindheit (Flucht und besinnungsloses Mitmachen) lesen. Vielmehr bedient sich Grass der traditionellen Allegorie in einer charakteristischen Inversion: in der alten Emblematik zerstört die Allegorie die natürlichen Zusammenhänge, um eine Hinterwelt zu konstruieren; Grass entwirft eine Hinterwelt, um die natürlichen Zusammenhänge zu zerstören. Der Witz der Grass'schen Allegorie liegt gerade darin, daß in ihr die Menschen von der Geschichte vor die Wahl zwischen Himmelfahrt und Fahrt zur Hölle gestellt werden. Die Unsinnigkeit einer solchen Alternative hat die Funktion, ein Moment des Widersinns in aller Geschichte zur Geltung zu bringen, das durch die symbolisch-realistische Darstellung so gut wie durch die alte Allegorie eliminiert wird. Das sei illustriert durch ein Bild aus Oskars Sprungturm-Vision, in der ihm Luzie – die Versuchung Jesu nachahmend – den Blick auf die Totalität des Weltgeschehens öffnet:

„Da schwammen mitten im Pazifik zwei mächtige, wie gotische Kathedralen verzierte Flugzeugträger aufeinander zu, ließen ihre

Flugzeuge starten und versenkten sich gegenseitig. Die Flugzeuge aber konnten nicht mehr landen, hingen hilflos und rein allegorisch gleich Engeln in der Luft und verbrauchten brummend ihren Treibstoff."[58]

Das Bild, das die Flugzeuge bieten, ist eine Allegorie in der genannten Inversion, also nicht Sinnfindung, sondern Sinndestruktion: sie „hängen in der Luft", und ihnen bleibt nichts übrig, als gleich Engeln zum Himmel bzw. zur Hölle zu fahren, weil der irdische Zusammenhang zerstört ist, in dem ihr Tun allenfalls verständlich werden könnte.

„Widersinn" ist deshalb hier keine bloß kritische, einen Mangel diagnostizierende Kategorie. Das gedachte Positive in dem zitierten Bild ist nicht der Sieg des richtigen (z. B. auf der demokratischen Seite kämpfenden) über den falschen (z. B. auf der faschistischen Seite kämpfenden) Flugzeugträger; denn ihre Bewegung ist nur dann die der Selbstvernichtung, also eine emblematische Figur, wenn sie prinzipiell symmetrisch verläuft. Wäre die Symmetrie nur der zufällige Grenzfall der Asymmetrie, so wäre ihre Bewegung zwar kontingent, dem Mißlingen ausgeliefert, aber dennoch sinnfähig. Diese fraglose Deutbarkeit verliert der historische Vorgang in der ‚Blechtrommel' deshalb, weil hier Geschichte als Ort konkreten Ge- und Mißlingens nicht mehr selbstverständlich vorausgesetzter Rahmen, sondern selber problematisches Thema des Romans geworden ist. Sie wird hier erfahren als das Resultat von Zweckhandlungen, das nicht nur keinen Zweck hat, sondern – angesichts der zielstrebig sich wechselseitig vernichtenden Zweckhandlungen – zweckwidrig ist.

Damit hört die historisch dimensionierte Zeit mit ihren Momenten der Kontinuität und Irreversibilität auf, Formprinzip des Romans zu sein. An seine Stelle treten die Formen des „mythischen Analogons" – „Gehabtsein", „Wiederholung", „Motivation von hinten".[59] Sie unterscheiden sich von denen der historischen Zeit dadurch, daß in ihnen „nicht das Ergebnis durch die Prämissen der Handlung bestimmt [ist], sondern die Einzelzüge der Handlung durch das nur seine Enthüllung fordernde Ergebnis".[60] Für Oskar sind die empirischen Zeitverhältnisse denn auch bloßer Schein; er weiß bereits bei seiner Geburt über das Leben Bescheid, lehnt es ab, sich zu entwickeln usw.

Grass hat sich damit die normative Ausdeutung der Zeitgeschichte schwerer gemacht als die anderen zeitgenössischen Romanautoren. Dennoch bricht auch er die Reflexionsbewegung, die nach den Bedingungen des historischen Handelns fragt, zugunsten der direkt normativen Frage ab, was denn unter den gegebenen (aber ebenfalls abstrakt gefaßten) Bedingungen das gute Handeln sein könnte.

Wie oben gezeigt, tritt die Geschichte als Kategorie dadurch in den Blick, daß die konkreten Alternativen in methodischer Abstraktion in alternativelose Symmetrie überführt werden. Dieses Ganze wird aber nun doch wieder daraufhin befragt, wie ein vernünftiges Handeln in diesem Rahmen aussehen könnte. Eine solche gutartige, nicht-destruktive, aber dennoch symmetrische Alternative zur zielstrebigen Selbstvernichtung des „er oder ich" der Flugzeugträger wäre das Spiel, die rhythmische Auflösung der zielstrebigen Bewegung, bei der das Erreichen und Verfehlen des Ziels in ein zielloses, aber geordnet-rhythmisches „Hin und Her" zusammenfallen. Die Auflösung des ernsten Irrsinns in spielerischen Unsinn ist denn auch die Pointe der Emblematisierung. Der trommelnde Falter ist eben deshalb die Grundfigur des Romans und „Oskars Meister",[61] weil er beides sinnfällig macht, die tödliche Verstrickung wie ihre Verwandlung in einen Spielraum freier wie geordneter Bewegung.

Ein solches Spiel ist Oskars Trommeln auf einer Kindertrommel, das ihm gestattet, eine Spielwelt in Abgrenzung gegen die Welt der Zwecke der Erwachsenen und der Geschichte zu behaupten, auf die sie doch nachahmend bezogen bleibt. Sein Trommeln, Metapher seines Schreibens, trifft den Rhythmus des Zeitgeschehens und teilt den vielfältigen Spielen, von denen er erzählt, ihr theatralisch-mimetisches Moment mit. Das Kartenspiel seiner mutmaßlichen Eltern bildet das Verhältnis Polens, Danzigs und Deutschlands ab, das Kartenspiel der polnischen Postverteidiger nimmt den Kriegsausgang vorweg; die dem „krausen Bastlergehirn" Greffs entsprungene Trommelmaschine, in der er sich auf „theatralische" Weise erhängt, bietet mit seinem „mißtönenden Finale"[62] ein akustisches Gegenstück zum Ende des Dritten Reichs; Brunos Bindfaden- und Knotengeschöpfe bilden in die Zeitgeschichte verstrickte Figuren nach; Oskar bezieht seine Liebesspiele auf Zeitgeschichte, läßt in Marias Hand grünlich aufbrausendes Brausepulver wie „grünliche Volkswut kochen"[63] und vergleicht seine „Schaumschlägerei" im Bett der Schlampe Lina Greff mit der „Schlammperiode",[64] in der sich die Wehrmacht 1941 vor Moskau festfuhr. Oskars Sprachspiele überführen den historischen Widersinn in spielerischen Unsinn, der mimetisch auf die Historie bezogen bleibt, indem er im freigesetzten Spiel der Assoziationen die historischen Anwendungsbereiche der Wortbedeutungen miterinnert und in der wechselseitig sich aufhebenden Konkurrenz der Bedeutungen die freigesetzte Gewalt der Selbstzerstörung abbildet; dafür nur ein Beispiel:

„Außerdem gibt es ein Griechisches Kreuz neben dem Lateinischen Kreuz oder Passionskreuz. Wiederkreuze, Krückenkreuze und Stufenkreuze werden auf Stoffen, Bildern und in Büchern abgebildet. Das Tatzenkreuz, Ankerkreuz und Kleeblattkreuz sah ich plastisch gekreuzt. Schön ist das Glevenkreuz, begehrt das Malteserkreuz, verboten das Hakenkreuz, de Gaulles Kreuz, das Lothringer Kreuz, man nennt das Antoniuskreuz bei Seeschlachten: Crossing the T. Am Kettchen das Henkelkreuz, häßlich das Schächerkreuz, päpstlich des Papstes Kreuz, und jenes Russenkreuz nennt man auch Lazaruskreuz. Dann gibt's das Rote Kreuz. Blau ohne Alkohol kreuzt sich das Blaue Kreuz. Gelbkreuz vergiftet dich, Kreuzer versenken sich, Kreuzzug bekehrte mich, Kreuzspinnen fressen sich, auf Kreuzungen kreuz ich dich, kreuzundquer, Kreuzverhör, Kreuzworträtsel sagt, löse mich."[65]

Solche Wortspiele deuten die Welt nicht, sondern imitieren sie in ihrer Deutungsbedürftigkeit. Das gilt generell: das Spiel, Kernstück der immanenten Romanpoetik, parodiert die Geschichte, weil und sofern sie ein Spiel ist, also ein zweckloses Hin und Her, ohne Subjekt, ohne Zielgerichtetheit, sich wiederholend und keinem Sinnverstehen zugänglich. Insoweit ist Geschichte freilich nur metaphorisch Spiel, nämlich eines, das mit den Menschen getrieben wird. Im Nachspielen bildet sich jedoch eine geschichtsimmanente Transzendenz aus. Das spielerische Trommeln Oskars hat den Doppelsinn, sich von der Geschichte dadurch zu emanzipieren, daß es sie als Totalität und sich als deren Teil begreift.

Damit hat die historische Erfahrung eine Interpretation im Roman erfahren, die dem Leser verständlich wird als Zumutung einer praktischen Einstellung. Das Spiel des Romans wird zum Modell gekonnter sozialer Praxis, denn nur ein Handeln, das die Spielregeln akzeptiert, welche die poetische Anschauung unter dem Titel Geschichte gibt, kann – das ist die „Lehre" des Romans – den Widersinn der Selbstzerstörung in Selbstüberschreitung überführen. Das Spiel ist das positive Gegenmodell zur zweckwidrigen Symmetrie von Sieg und Niederlage, sofern es die Perpetuierung der Problemstellung, die Unvorhersehbarkeit des Spielverlaufs, die Partikularität der Zwecke als Bedingung akzeptiert, sofern es also anti-utopisch und anti-eschatologisch die jederzeit mögliche, begrenzte Realisierung von Vernunft zum Regulativ macht. An die Stelle des Endzwecks der Geschichte tritt die begrenzte, punktuelle Balance als Ziel des Handelns. Sinnbild einer solchen Praxis ist z. B. das jeden Gedanken an Ewigkeit ausschließende Kartenhaus, das Jan Bronski im Innern der bereits eroberten polnischen Post in dem Augenblick glückt, in dem seine Mörder bereits die Treppe heraufeilen. Oskar, der „beim Anblick von Baugerüsten immer an Abbrucharbeiten denken muß",[66] gesteht, daß auch ihm „der Glaube an Kartenhäuser als einzig menschenwürdige Behausung"[67] nicht fremd sei. Bilder solcher gelingenden Balance sind u. a. die Skatrunde mit Agnes und ihren beiden Männern, Herberts Mord und Totschlag verhindernde Kellnerei in jener „wahrhaft europäischen Kneipe", Oskars „angstmachendes, angstvertreibendes"[68] Spiel. Es ist das Spiel eines, der sich unwiderruflich im Innern der Geschichte findet, wie Däumling im Bauch des Wolfs, aber ein Däumling, dem die Rückkehr zu den Eltern mißlang.

Diese Auflösung des Darstellungs- und Interpretationsproblems, das die Geschichte für den Nachkriegsroman ist, folgt dem wohlbekannten Reflexionsmodell der humoristischen Selbstanwendung der Satire, wie es sich bei Jean Paul und Wilhelm Raabe findet. „Der Humorist [leugnet] seine eigene Verwandtschaft mit der Menschheit nicht",[69] heißt es bei Jean Paul. So überschreitet auch Oskar die exterritoriale Position der satirischen Weltverneinung und erkennt die eigene Schuld an dem satirisch Dargestellten an. Das deutet bereits der erste Satz des Romans an: „Zugegeben: ich bin Insasse einer Heil- und Pflegeanstalt." Die satirische Strafpredigt hat die Form der Lebensbeichte; Schuld wie Narrheit der Welt erschließen sich dem Satiriker zugleich mit seiner eigenen Schuld und Narrheit, und gerade in dieser humoristischen Wendung, der Selbsterkenntnis des Satirikers, versichert sich der Roman der Fähigkeit zur Vernunft, der Freiheit des Subjekts, das die eigene Partikularität überschreitet. So ist es denn auch die traditionell begriffene gemeinsame Menschennatur, die Oskar gegen die Herrschaft der Geschichte und Gesellschaft über die Individuen einklagt. Es sei gestattet, dafür wenigstens ein programmatisches Beispiel zu zitieren. Oskars Lehrerin Spollenhauer verfällt – wie die anderen beiden „Vertreter der Ordnung", der SA-Mann Meyn und Oskars Zimmerwirt Zeidler – in die Todsünde teuflischen Jähzorns, als sie gegen Oskars „dreieinige, alleinseligmachende Trommelschläge" die Schulordnung durchsetzen will. Dennoch erkennt Oskar in ihr die bessere, humane Alternative:

Spollenhauer „gab sich für ein Minütchen als ein nicht unsympathisches älteres Mädchen, das, seinen Lehrberuf vergessend, der ihm vorgeschriebenen Existenzkarikatur entschlüpft, menschlich wird, das heißt kindlich, neugierig, vielschichtig, unmoralisch."[70]

Oskar verteidigt hier die „Vielschichtigkeit" der inneren und äußeren menschlichen Wirklichkeit, die sich den gesellschaftlich verordneten „geradlinig dummen Rollen" und „scheinheiligen Schablonen" nicht fügt. Diese Verteidigung der Humanität steht nun aber in demselben Widerspruch zur Romanform wie in den bereits diskutierten Beispielen, denn die allegorisierenden Erzähltechniken unterscheiden sich ja eben dadurch von denen des traditionellen Romans, daß sie nicht mehr die vielschichtige Motiviertheit des individuellen Handelns darstellen, sondern eine der Einfühlung unzugängliche Identität von Lebens- und Zeitgeschichte konstruieren.

Dieser Widerspruch korrespondiert der genannten Zweideutigkeit der Geschichtsdarstellung, die einerseits Geschichte als Rahmenbedingung allen Handelns thematisiert, aber nur, um die vertraute Alternative zwischen richtigem und falschem Handeln auszubreiten. So treten zwar Geschichte und das in ihr lebende Subjekt in ihren allgemeinen Bestimmungen in den Blick, aber so, daß diese Bestimmungen nicht selber zum Ausgangspunkt einer Reflexionsbewegung werden. Unvernunft und Unfreiheit, die die Emblematisierung der Lebens- und Zeitgeschichte ins Bild setzen, sind hier nur die Mittel, um noch einmal, aber nun in äußerster Allgemeinheit und Unverbindlichkeit, von der Autonomie des Subjekts und der möglichen Vernunft in der Geschichte zu künden.

Damit löst sich die Fremdheit, die Grass durch den Rückgriff auf archaische Deutungsmodelle gewinnt, in der leicht gewonnenen Verständlichkeit des humoristischen Romans wieder auf. Im realistischen Roman war die Deutung aus differenzierter Realitätswahrnehmung und der Imagination konkreter Lebensgeschichten entwickelt worden; Döblin, auf den sich Grass als auf seinen Lehrer beruft,[71] stellt einer authentischen, der Deutung sich entziehenden Realitätsfülle mit den Mitteln der Allegorie eine offen argumentativ gewonnene Deutung gegenüber; Grass ersetzt beides durch das humoristische Verfügen über den allegorisch verdinglichten Realitätsstoff. Mit Hilfe der Stilprinzipien der „humoristischen Sinnlichkeit", wie sie Jean Paul unter diesem Titel in der ‚Vorschule‘ katalogisiert, stellt sich ein umfassender Verweisungszusammenhang her, in dem alle Details ihre Ausdeutbarkeit gewinnen und ihre Befremdlichkeit verlieren.

III

Hans Heinz Holz hat in einem Essay über Max Frisch diesem zugebilligt, er habe in seinem Stück ‚Andorra‘ den Indifferenzpunkt von Politik und Ethik zu finden gewußt:

„Frisch bildet die Wirklichkeit illusionslos ab: er weiß, daß keiner seine Mitschuld einzugestehen bereit ist. Doch indem er die Fehler, indem er das Verschulden zeigt und mit fadenscheinigen Apologien konfrontiert, fördert er die Selbsterkenntnis. Politik und Ethik erweisen sich plötzlich als nicht mehr getrennte, als grundsätzlich nicht trennbare Bereiche."[72]

Damit ist in der Tat nicht nur die Intention Frischs, sondern der ganzen zeitkritischen Nachkriegsliteratur auf eine Formel gebracht. Politische Funktion glaubte diese Literatur dadurch zu gewinnen, daß sie den Zuschauer bzw. Leser zur Selbstreflexion angesichts der historischen Erfahrung, also zu einem Bildungsprozeß anhielt. Die Einsicht in die Mitschuld sollte zur Änderung der Selbsteinschätzung motivieren, sollte falsche Einstellungen und Mentalitäten bewußt machen und zu ihrer Revision verpflichten.

Wir haben zu zeigen versucht, daß diese politisch-moralische Ausdeutung der Zeitgeschichte eigentümlich stumpf und abstrakt geblieben ist, weil sie die Aufgabenstellung des historisch-biographischen Romans mit den Mitteln des modernen Zeit- und Bewußtseinsromans glaubte einlösen zu können. Die Nachkriegsromane übernehmen die allegorisierenden Formen, durch welche die Geschichte als Form des Prozessierens der Gesellschaft im modernen Roman ihre historistische Selbstverständlichkeit verloren hatte, und sie übernehmen die Formen der Bewußtseinsunmittelbarkeit, mit denen die überlieferte überempirische, ethisch-ästhetische Romanpsychologie ihre fraglose Gültigkeit verloren hatte. Sie benutzen diese Formen aber nun dazu, die erst in der Moderne sichtbar gewordenen Voraussetzungen der traditionellen literarischen Sozialkritik selber zum moralischen Postulat zu erheben. Es geht in diesen Romanen nicht so sehr um konkrete Sozialkritik, sondern um die Restauration ihrer Bedingungen, vor allem um die autonome moralische Persönlichkeit als Gegeninstanz zur Gesellschaft, die Kritik erst möglich macht. An die Stelle der realistischen Vermittlung von Lebens- und Zeitgeschichte tritt die allegorisierend-abstrakte Entgegensetzung einer Bewußtseinsform, die sich in autonomer, verantwortlicher Weise auf Zeitgeschichte bezieht, mit einer Bewußtseinsform, die ihr bewußtlos unterworfen ist. Das zeigt sich an der verbindlichkeitstiftenden Rolle, die der Form des Zeiterlebens im Nachkriegsroman zukommt. Verdrängen, Vergessen, Erinnern sind einerseits – im Kontext der „Vergangenheitsbewältigung" – politisch-moralisch relevante Sachverhalte, sie sind andererseits klassische Themen des modernen Bewußtseinsromans. Das macht verständlich, weshalb Böll, Frisch, Grass u. a. der Mehrzahl ihrer Zeitgenossen eine reduzierte Form des Zeiterlebens zudenken, die durch Erfahrungs- und Erinnerungslosigkeit gekennzeichnet ist, und ihr ein Zeiterleben entgegensetzen, das durch Erfahrung und Erinnerung hindurch ein Lebensganzes konstituiert, in dem die Zeitgeschichte eigentlich erst wahrgenommen und gedeutet werden kann. Der Rückzug auf die moralische Integrität der Person verfehlt einerseits die Ebene politischer Gesellschaftskritik und bleibt andererseits der traditionell vorgegebenen Selbstdeutung des Subjekts verhaftet. Das Resultat des Versuchs, die Reflexionsformen der Moderne für die überlieferte moralkritische Aufgabenstellung fruchtbar zu machen, bleibt unbefriedigend. Indem Bewußtseinsformen, die jenseits der Alternative von „richtigem" und „falschem" Bewußtsein liegen, mit einem praktischen Sinn versehen werden, verliert eben dadurch die poetisch dargestellte Zeitgeschichte jene irritierende Fremdheit, in deren Artikulation der genuin literarische, zur gegenständlichen Aufklärung über politische Sachverhalte komplementäre Beitrag zur Zeitkritik liegen könnte.

Kurt Batt

Zwischen Idylle und Metropole

Sozialtyp und Erzählform in westdeutschen Romanen

Es ist öfter bemerkt worden, daß die Romane von Günter Grass, die ehrgeizig weit zurückgreifenden Chroniken deutscher Zeitgeschichte, dort einen merkwürdigen Bruch aufweisen, wo die Handlung vom Weichseldelta zur westdeutschen Großstadt überspringt. Die Beschreibung der alten, abgegrenzten, geschlossenen Kleinbürgerwelt Alt-Danzigs ergibt bei aller bizarren Überzeichnung eine Reihe von plastischen Typen und originellen Charakteren, die aus ihrem Milieu gleichsam hervorzuwachsen scheinen. Sobald aber der Autor den heimatlich-kleinbürgerlichen Bannkreis verläßt, beginnt er seine Figuren und Motive zu verwandeln. Des alten Materns Wahrsagerei aus Mehlwürmern, ein lustiges Vertällchen über den westpreußischen Stammtisch hinweg, ein skurriles und signifikantes Detail in der eigentümlichen Weichsellandschaft, erhält in bundesdeutschen Zeitläufen bedeutenden Hintersinn; denn der Müller, bei dem nun die neue Hautevolee Rat einholt, wird zum eigentlichen Vater des deutschen Wunders, in dem, wohlverstanden, der Wurm steckt. Ein Beispiel für viele. Denn immer werden die aus dem besonderen Kleinbürgermilieu Danzig-Langfuhrs herausgearbeiteten Realitätspartikeln am Ende durch geschickte Volten in Chiffren oder statuarische Sinnbilder verwandelt. Immer wird das westpreußisch Konkrete und Spezifische, das auf der Übereinstimmung von Milieu und Person beruht, einer mehr oder minder ins Abstrakte auslaufenden Revue geopfert. Zwiebelkeller und Leichenhallen-Gaststätte, so bravourös erfunden sie sind, lassen die empirische Bezogenheit vermissen und erscheinen als vieldeutige surrealistische Verschlüsselungen. Und entsprechend werden die im letzten Teil der „Hundejahre“ neu hinzukommenden Figuren, vornehmlich die upper ten, die Politiker und Wirtschaftsführer, behandelt: als allegorische Kunstpuppen oder Gliedermänner in einem Spiel, das auf der Mitte von frivoler Mysterienshow und Bildungskabarett steht. Es will scheinen, daß der sachverständige Oskar Matzerath, der im ersten Kapitel der „Blechtrommel“ für sein Teil die Theorie des heldenlosen, entindividualisierten Romans von sich wies, die Möglichkeiten und Nöte seines Schöpfers nicht bis zu Ende überschaute.

Man würde es sich zu leicht machen, wollte man die verschiedenen Gestaltungsebenen, die sowohl in der „Blechtrommel" wie in „Hundejahre" verschiedenen historischen Phasen entsprechen, auf die Biographie des Günter Grass oder, genauer, auf seine ungenügende Kenntnis der heutigen westdeutschen Wirklichkeit zurückführen. Oder wollte man, einfacher noch, die stilistischen Auswirkungen schlicht mit den Absichten des Autors erklären. Sosehr bei Grass ein durchdachtes Gestaltungsprinzip am Werk ist, sowenig erklärt dies schon seine Ursachen, die vielmehr mit der gesellschaftlichen Realität und ihrer Rezeption zu tun haben.

Die kleinbürgerliche Optik

Nicht zufällig ist die kleinbürgerliche Lebensform, wie Grass sie in den ersten Teilen seiner Romane schildert, noch immer das begehrteste Darstellungsobjekt westdeutscher Romanautoren: Heinrich Böll, Uwe Johnson, Arno Schmidt und viele andere haben ihr in verschiedenster Weise Tribut entrichtet. Und noch immer ist der kleinstädtische Tischler Cresspahl aus „Mutmaßungen über Jakob" Johnsons lebendigste Figur, steht er beeindruckend fest und knorrig inmitten eines fluktuierenden Ensembles, dessen Mitglieder kaum zu identifizieren sind. Freilich ist in Johnsons Kunstnebel ebenso wie in Grass' üppig-phantasievoller Allegorisierung ein gut Stück künstlerischer Ehrlichkeit präsent, die sich, unterschiedlich motiviert und ästhetisch verwirklicht, vorerst negativ, in einem Verzicht auf Deutlichkeit und Direktheit ausspricht: Eingestanden wird die Schwierigkeit, jenseits des Kleinbürgertums, jenseits der Grenzpfähle des Heimatbezirks, also dort, wo die menschlichen Kontakte und sozialen Verhältnisse nicht mehr auf personalen Beziehungen beruhen, festen Fuß zu fassen.

Kaum von solchen Erzählskrupeln befallen scheint unter allen arrivierten westdeutschen Romanciers nur Heinrich Böll zu sein, der am ehesten noch dem Genüge leistet, was traditionell dem Roman abverlangt wird: Fabel, gegliederte Episoden, Figuren „aus Fleisch und Blut". Bölls Welt ist noch kohärent, geschlossen und in sich schlüssig, sie zerbröckelt zwar an den Rändern, birgt aber noch Möglichkeiten für Schutz und Trost, und dies nicht nur, weil sie von einer linkskatholischen Soziallehre heilsam abgestützt wird, sondern namentlich weil die kleinbürgerliche Lebenssphäre, die Böll beschreibt, mit all ihren Traditionen und ihrer bescheidenen Menschlichkeit ganz in sich selbst ruht und nur dort das „Establishment" eindringen läßt, wo sie es durch ihre Moral, genauer: durch ein Tugendsystem melancholisch gewordener Citoyens, widerlegen kann. Innerhalb dieses scharf abgezirkelten Lebenskreises sind die christlich-kleinbürgerlichen Wertvorstellungen wie Einfachheit, Genügsamkeit, Familiensinn, Kindes- und Gattenliebe noch intakt, lassen sie sich verwirklichen und kehren sich als Alternative gegen die restaurative Prosperität und ein entseeltes Wohlstandsdenken. – Indes wird dieses gröblich vereinfachte Bild der Erzähltopographie Bölls zumindest durch seine beiden letzten Romane korrigiert.

Der erste Nachkriegszeit-Roman „Und sagte kein einziges Wort" programmiert trotz oder gerade wegen seiner Sentimentalität und seiner absonderlichen Psychologie die erste Phase von Bölls Entwicklung. Denn Fred Bogners Leidensgeschichte ist, wie richtig bemerkt wurde, die Geschichte einer Erlösung: die Verzweiflung des Helden über die Misere seiner Existenz und die daraus hergeleitete Trennung von der Familie wird schließlich aus Liebe zu seiner Frau rückgängig gemacht. In den späteren Romanen läßt sich – im Gefolge der politischen Restauration und der Einengung kleinbürgerlicher Lebensmöglichkeiten – ein stückweiser Abbau der Illusionen verfolgen. Fred integriert sich in die Familie, Albert in „Haus ohne Hüter" schafft für sich und den Jungen Martin noch ein humanes Reservat in dem Bietenhahner Ausflugslokal, die Familie Fähmel in „Billard um halb zehn" projiziert eine letzte vage Hoffnung auf den jüngsten Sproß; Hans Schnier aber, die Titelfigur in „Ansichten eines Clowns", endet als Bettler auf der Bonner Bahnhofstreppe. Indem Böll den Konflikt zwischen dem Helden und der restaurativen Gesellschaft verschärft, kann er nicht mehr die kleinbürgerliche Welt als Rückendeckung für seinen Protagonisten in Anspruch nehmen, der sich vielmehr isoliert sieht, sowohl vom bürgerlich-kleinbürgerlichen Leben, das in seiner Hohlheit durchschaut wird, wie vom Klerus, dessen Trostsprüche nicht mehr akzeptiert werden – Schnier ist schließlich Atheist.

Die Verschiebung der künstlerischen Intentionen zur Gesellschaftskritik (in einem engeren Sinne) macht es nötig, daß die solide Kleinbürgersphäre verlassen wird und die Bourgeoisie oder ihre intellektuellen Bediensteten ins Bild treten. Aber hier beginnen für Böll Probleme, die, freilich in anderer Weise, bei Grass begegneten. Der Riß zwischen der Darstellung Alt-Danzigs und der Kapitalen des Wirtschaftswunders in der „Blechtrommel" und den „Hundejahren" entspricht mutatis mutandis einer Modifikation der Erzählkunst Bölls, wie sie zwischen „Haus ohne Hüter" (1954) und „Billard um halb zehn" (1959) sichtbar wird. In diesem seinem weiträumigsten und problemreichsten Roman verwehren die intellektuelle Fragestellung und die Figuren, die nicht mehr im geschlossenen Kleinbürgerlichen beheimatet sind, eine Darstellung wie in „Haus ohne Hüter", wo sich der Blick des Autors nur wenig über die Intimbeziehungen innerhalb eines Hauses erhob. Nun aber da Böll die großen Konflikte anrührt, das gesellschaftliche Oben und Unten nicht umgehen kann, sieht er sich auf Metaphern – das Sakrament des Büffels und des Lammes – verwiesen, und zugleich verlieren seine Figuren die Plastizität, sind nicht mehr so klar konturiert, zeigen vielmehr etwas Gekünsteltes und Statuarisches, weil sie nicht nur sich selbst, sondern auch Ideen repräsentieren und statt in ein kennzeichnendes Milieu in Metaphern, Verweise und gedankliche Bezüge eingebettet sind.

Da Böll also das Terrain der farbkräftigen Milieudarstellung verläßt und Bewußtseinsvorgänge transparent zu machen sucht, gelangt er auch zu neuen formal-technischen Konsequenzen, zur Monologstruktur und zur Überlagerung verschiedener Zeitebenen. Auch die Rückkehr zu einer relativ linearen Handlungsführung und zur direkten Charakteristik in „Ansichten eines Clowns" läßt durchaus nicht darauf schließen, daß er die Position von „Billard um halb zehn" zurücknehmen möchte, zumal die kompositorische Verwandtschaft nicht zu übersehen ist. Denn in beiden Büchern ist die Handlung auf einen knappen Zeitraum zusammengedrängt: in „Billard um halb zehn" auf einen Tag, in „Ansichten eines Clowns" auf wenige Stunden, aber dieses äußere Geschehen fungiert in beiden Romanen nur als Rahmen, der die Gelegenheit und den Anlaß zur Reflexion bietet. Die Brechung des Vergangenen durch ein Bewußtsein, in den letzten Romanen zum Strukturprinzip erhoben, schafft dem Autor den Erzählraum, jenseits eines durch die Fabel umgrenzten Wirklichkeitsausschnitts ein zerfließendes Ganzes zu betrachten, selbst auf die Gefahr hin, daß das einzelne seiner Konturen verlustig geht. Die „unübersichtlichere" Struktur dieser Romane hängt also mit dem Verlassen der kleinbürgerlichen Lebensform zusammen, in der sich das Dasein in direkten und überschaubaren Beziehungen zuträgt. Indem sich Böll etwa der nüchternen Planungswelt des Statikers Robert Fähmel zuwendet, dessen Kontakte sich durch Briefe und Telefongespräche erledigen, öffnet er zugleich den Roman für das, was hinter der Scheide des unmittelbar Bekannten und des engeren Lebenskreises liegt, und läßt auch die Anonymität, die sich hinter den Symbolen verbirgt, mitspielen.

Dabei hat es allerdings den Anschein, als könnte Böll diesen „Verlust der Mitte" vorerst nicht verwinden, als geschehe das soziale Avancement über eine morsche Stiege, als trage die Kritik – jedenfalls in „Ansichten eines Clowns" – Züge vom Ressentiment. Mit Recht hat Reinhard Baumgart in seinem Essay „Kleinbürgertum und Realismus" zu bedenken gegeben: „Protagonist Hans Schnier, so wird beteuert, stammt aus einer rheinischen Großindustriellenfamilie, und nicht weit unter Krupp, Thyssen oder Reusch haben wir deren Status

zu vermuten. Doch auch Schnier, der entsprungene Millionärssohn,
mißt Welt und Menschen an einer strikt kleinbürgerlichen Standes-
moral. Noch immer gilt, wie in allen Büchern Bölls, vorbildlich das
Bekenntnis zur Genügsamkeit und zum Behagen im Kleinen, das
handgreiflich bescheidene Glück, der Spatz in der Hand. Der Aufstieg
in höhere Schichten der Gesellschaft, der Blick auf ihre Lage will hier
nichts Neues hergeben, er bestätigt nur die kleinbürgerliche Perspektive auf die Welt, ihre so sympathische wie ohnmächtige Moralität."

Sympathisch und ohnmächtig: Bölls Teilnahme am Schicksal der
Vertreter jener Zwischen- und Mittelschicht – vom Telefonisten über
den Graphiker und Architekten bis zum Pantomimen –, sein spürbar
gefühlsbetontes Engagement für die Ärmlichen, Scheiternden und
Einsamen, für die Emigranten und individualistischen Antinazis, für
die tief Gläubigen und tapfer Ungläubigen, in der angemessenen
Diktion gesprochen, für den „Anstand", hat seine Romane gleichzeitig nach unten wie nach oben abgeriegelt, aus sehr unterschiedlichen
Gründen, wie sich versteht. Denn die Großstadt als Industrierevier
und Arbeitersiedlung, als Arena von Klassenkämpfen, bleibt ohnehin
außerhalb seiner Darstellungsmöglichkeiten. Und dort, wo der Blick
auf die High Society fällt, auf die Parvenüs des Wunders, die immer
auch braune Arrivés waren, auf Gäseler, Nettlinger, Frau Schnier,
entspricht die Haltung des Autors der des Clowns gegenüber seinem
ehemaligen HJ-Führer, der mit dem Bundesverdienstkreuz dekoriert
wird: Er schlägt ihm ins Gesicht. – Die Geste ist menschlich verständlich und aller Ehren wert, aber sie vermag die literarische Analyse
nicht zu ersetzen. Bölls kleinbürgerlich-moralistische Bitterkeit gegenüber dem Oben, sein Haß auf die faschistoide bourgeoise Restauration gerinnt zumeist zu Karikaturen (wie in „Ansichten eines
Clowns") oder zu allegorischen Siglen (wie in „Billard um halb
zehn"). Und der beabsichtigte und ansatzweise realisierte gesellschaftskritische Roman kippt zurück in den kleinbürgerlichen Fami-
lienroman – auch dann, wenn er sich um seine eigene Achse dreht:
durch die Art und Weise seiner Bourgeois-Kritik schimmert Sehnsucht nach dem gemütvollen „einfachen Leben" im beschaulichen
Heim hindurch.

Nun wäre es einigermaßen ungerecht, Böll etwas anzulasten, was
weite Teile der westdeutschen Literatur, ihre herrschenden Autoritä-
ten und selbst noch den Nachwuchs betrifft. Allenthalben scheint, im
guten wie im bösen, die Kleinbürgerei die Vorzugssphäre abzugeben,
auch gerade dort, wo literarisch das zur Sprache kommt, was ebenso
hochmütig wie oberflächlich Bewältigung der Vergangenheit genannt
wird. Reinhard Baumgarts „Hausmusik", Peter Faeckes „Brandstif-

ter" und „Der rote Milan", Kay Hoffs „Bödelstedt", Gerhard Ludwigs „Tausendjahrfeier" oder auch Horst Krügers „Das zerbrochene Haus", diese sehr unterschiedlichen Bücher, die alle in den letzten Jahren erschienen, rechnen den kleinen Beamten, Mühlenbesitzern, Gemüsehändlern, Oberlehrern ihr Versagen und Verschulden während der Hitlerzeit vor, was gewiß achtbar und sinnvoll ist, richtig und im historischen Sinne gerecht aber wäre es erst dann, wenn beispielsweise den Hintermännern auf Villa Hügel und in der Bendler-Straße mit gleicher Strenge die Finger besehen würden.

Nun läßt sich Literatur nicht mit der Historiographie und Gesellschaftswissenschaft parallelisieren; Romane sollen weder die Geschichtsinventarisierung nachvollziehen noch als Personenstandsregister dienen. Gleichwohl bevölkern die Autoren ihre Romane nicht rein zufällig mit einem bestimmten sozialen Typus. Gewiß lassen sich dafür biographische oder gerade in diesem Fall ideologische Ursachen ins Feld führen, die hier um so gravierender sein dürften, als die herrschende Klasse es verstanden hat, ihre Hauptschuld in subtiler Sozialpartnerschaft gleichmäßig auf die kleinen Leute zu verteilen.

Mögen dies die Hauptgründe sein, so darf doch nicht gering geachtet werden, daß der spätkapitalistischen Industriegesellschaft, vornehmlich ihrem Oben, nur beizukommen ist, wenn man in ihr System und ihre Systematik eindringt. Der Augenschein mag für die Beschreibung eines Kleinstadtgendarmen oder eines Kolonialwarenhändlers hinreichen, für die Beschreibung eines Chefmanagers, der solide, vielbeschäftigt und großzügig daherkommt, genügt er nicht mehr. Das sozialtypische Äußere – Kleidung, Gestik, Sprechweise –, das die Figuren im Roman des 19. Jahrhunderts moralisch gleichsam präjudizierte, Mitleid oder Haß erregen sollte, komisch oder bewegend wirkte, vermag nicht mehr viel herzugeben, da es als gesellschaftlicher Differenzierungsfaktor an Bedeutung verliert und zunehmend eingeebnet wird. An seine Stelle hat, mehr und mehr, die intellektuelle Analyse oder die Analyse des Intellekts, des Bewußtseins und der ihm zugrunde liegenden Sozialmechanismen zu treten. Die Probleme liegen nicht mehr an der Oberfläche: eine Standesbezeichnung wie Gutsbesitzer assoziiert noch mancherlei; was aber verbirgt sich hinter der Tätigkeitsbezeichnung „Generalbevollmächtigter"? Über die Akteure auf offener Bühne läßt sich unschwer etwas sagen, nur der Fachmann indes vermag über Regisseur, Inspizient und Bühnenarbeiter zu urteilen. Zweifellos aber vollziehen sich in der hochindustrialisierten kapitalistischen Gesellschaft die entscheidenden Vorgänge „hinter den Kulissen", in jener Anonymität, die sich dem Durchschnittsbürger und häufig auch dem Schriftsteller verschließt wie dem Landvermesser K. das Schloß.

Nur jenen Randzonen, wo die hergebrachte kleinbürgerliche Arbeits- und Lebensweise in die Großstadtzivilisation übergreift, ist noch Übersichtlichkeit und Evidenz eigen; hier vollziehen sich die Kontakte im Nachbarschaftsverkehr, auf direkte und persönliche Weise, ist man tätig vor aller Augen. Gegenüber Fließband und Wohnhochhaus, den kollektiven Arbeitsweisen und nivellierten Lebensformen erscheint das Kleinbürgerliche als ein Residuum des Individuellen. Das „Charakteristische" braucht nicht aus dem Milieu und der Person mühsam herauspräpariert zu werden; es ergibt sich von selbst, als Eigenart oder auch Marotte.

Deshalb hat es ein Autor wie Robert Wolfgang Schnell (oder auch vergleichsweise der Novellist Siegfried Lenz) verhältnismäßig leicht, eine alerte Geschichte zu erzählen. Über die kleinen Leute aus Berlin-Kreuzberg, die noch nicht vom Wohlstandsdenken gezähmt sind, auf welche Kleinautos und Neonglanz ihre Wirkung verfehlen, über Bohemiens und Sonderlinge, die sich in der schweren Kunst des Überlebens üben und dem geregelten Einerlei des Alltags entfliehen, läßt sich munter, wie in alten Zeiten, fabulieren. Souterrain, Hinterhof und Eckkneipe bilden ein verläßliches Milieu, pittoresk und geruchsintensiv, sind sie dankbare Darstellungsobjekte, weil sie handfeste Valeurs hergeben.

Doch während Schnells „Gegenwelt" schon von der Untergangsstimmung erfaßt ist – künstlerisch wohlproportioniert liegt Melancholie und dunkler Humor über verlorenen Illusionen –, sind die naiven Außenseiter Siegfried Lenz', die mit viel Sympathie gezeichneten Hauptfiguren in „Der Spielverderber" und „Nachzahlung" ihrer selbst noch sicher. Lenz gibt sich, zumindest als Autor, noch der Hoffnung hin, daß das Wirtschaftswunder und dessen Exponenten vor einem armen Trödler Farbe bekennen müssen. Aber da diese Figuren einer eigentlich schon erledigten Lebensform entstammen, sind sie nur um den Preis einer ästhetischen Konstruktion Gegenspieler der Herrschenden. Sie sind Kunstfiguren: ihre vorgetäuschte Charakterfülle ist eine Leihgabe der Lenzschen Suleyken-Welt.

Nicht zufällig wählte selbst Gerd Gaiser in dem Roman „Schlußball" für seine Kritik an der bundesdeutschen Prosperität die Szenerie eines Neu-Spuhl, dessen Name schon andeutet, daß eine fiktive Zivilisationskulisse auf kleinstädtischer Guckkastenbühne errichtet und das Wirtschaftswunder und seine Problematik auf das übersichtliche (und deshalb falsche) Grundmodell einer geschlossenen Lebensform projiziert wird. – An Gaisers Buch läßt sich im übrigen am leichtesten nachweisen, wie schnell Kritik am new way of life zum Nationalistischen und Reaktionären degeneriert, wenn sie keine andere Alternative anzubieten weiß als genuine Provinz und herbes Gemüt.

Identifizierung und Autothematik

Spätestens hier ist eine Berichtigung am Platze, da der Anschein entstanden sein könnte, als sei die Stoffwahl ein kalkulierter Akt, um beste Farbwerte zu erhalten. Eine solche Unterstellung träfe allenfalls die L'art-pour-l'art-Jünger, zu denen keiner der erwähnten Schriftsteller gehört. Wohl aber bietet das – sehr weit gefaßte – Kleinbürgertum, das als gesellschaftliche Kraft ständig an Gewicht einbüßt, für den Schriftsteller bürgerlicher Provenienz, da er nicht mehr als Apologet der herrschenden Klasse auftritt, wichtige Identifizierungsmöglichkeiten, freilich nicht in einem platten und direkten Sinne, sondern in dialektischer Verschränkung – und häufig ohne daß der Sachverhalt die Bewußtseinsschwelle des Autors überschreitet.

Vor allem der aus der Bahn geschleuderte Kleinbürger, der als Sonderling zu sich selbst kommt, und der Schriftsteller, der als Außenseiter lebt und wirkt, erfüllen die gleichen soziologischen Tatbestände. Da sie im Grunde der bürgerlichen Gesellschaft, deren Sinnen und Trachten allein der Vermehrung der materiellen Produkte zum Zwecke größeren Konsums dient, überflüssig und nutzlos erscheinen, sind sie Ausgesetzte, in jedem Falle Randgestalten, die sich die Gesellschaft leistet, solange dies die Konjunktur erlaubt.

Am deutlichsten tritt die Verquickung von Kleinbürgerschilderung und Künstlerproblematik in Heinrich Bölls Romanen zutage, denn von „Und sagte kein einziges Wort" bis „Ansichten eines Clowns" findet in der Gestalt der jeweiligen männlichen Hauptfigur auch eine Selbstrechtfertigung und Selbstabrechnung der Nonkonformistenexistenz statt. Am schärfsten tritt dies in dem letzten Roman hervor, wo der Clown ein kaum noch kaschiertes Konterfei des sozial heimatlosen Schriftstellers ist und wo der Nonkonformismus sowohl als Alternative anerkannt wie zugleich wegen seiner Scheinhaftigkeit verworfen wird. Hier hat der Autor die bisher weiteste Distanz von seinem angestammten Milieu erreicht, und nur unter der Asche der Enttäuschungen und Verbitterungen scheint noch das rudimentäre Ideal einer kleinbürgerlichen Demokratie zu glimmen.

Auch die Roman-Helden von Günter Grass, Oskar Matzerath und Eddi Amsel, Kleinbürger, die sich willentlich derangiert haben, sind Künstlerfiguren, parodierende und parodierte, groteske Formalisten, was der Autor namentlich im Hinblick auf Amsel betont, dessen Vogelscheuchen „zwecklos und gegen nichts gebaut" sind. Von daher scheint der „Blechtrommel"-Autor unnachsichtiger gegen die Kleinbürgerwelt vorzugehen, aber indem er das philiströs Gräßliche beschreibt und virtuos den Ekel beschwört, unterliegt er zugleich seiner Faszination.

Vollzieht sich hier die Identifizierung des Schriftstellers mit der Kleinbürgerwelt auf äußerst verschlungenen Pfaden, als Kritik und gleichzeitig kritische Zurücknahme der Kritik, so stellen sich bei einem Autor wie Uwe Johnson direkte Beziehungen her. Er hat stets bis hin zu „Zwei Ansichten" bekundet, daß er Verläßliches allein über die Kleinbürger und deren beengten Lebenskreis mitzuteilen weiß. Verläßliches und Freundliches, denn Tischlerhaus und Schrebergarten, Synonyme für Ehrbarkeit und Lauterkeit, kehren sich gegen Dispatcherzentrale und Rennstrecke, wo man buchstäblich oder moralisch unter die Räder kommt. – Die Kleinbürgerwelt, abseits von Technik und Politik, erhält das Air einer Idylle, der Johnson in seiner generellen Staatsverdrossenheit unkritisch, mit einem Höchstmaß von Sympathie begegnet. – Es ist nicht ohne Pikanterie, daß der von arrivierter Kritik lautstark als Avantgardist gefeierte Autor sich von Anbeginn seiner schriftstellerischen Karriere als Idylliker, genauer: als verhinderter Idylliker präsentierte. Freilich verdankt Johnson seinen Ruhm nicht diesem Umstand, der vielmehr geflissentlich übersehen wurde, sondern teils dem politischen, teils dem formalen Aspekt seiner Werke. Beides pflegt sich aus unterschiedlichen Gründen schnell abzunutzen. Geblieben ist jedenfalls das Stichwort „Mutmaßungen" als Terminus für eine Erzählweise, die ihren Gegenstand nur ungefähr und annäherungsweise abbildet, Glieder der Kausalkette ausspart und Motivierungen verwischt, einerseits so verfährt, als seien die Prämissen der Geschichte entweder bekannt oder aber nicht mehr feststellbar, andererseits mit so minuziösen Sachbeschreibungen aufwartet, als sei es literarische Pflicht, ganz von vorn zu beginnen. Dieser Widerspruch indes hat Methode, denn die monomanische Präzision, mit der Telefonzentrale, Stellwerk oder Rennrad beschrieben werden, kontrastiert mit der Undurchschaubarkeit der Personen, die sie bedienen. Es will scheinen, als habe er die Entfremdungstheorie wörtlich genommen und sie dann auch auf sozialistische Verhältnisse übertragen. In seinem letzten Roman nun, in dem, wohlgemerkt, zwei kleinbürgerliche Helden agieren, fand Johnson zu einer simplen Komposition und einer fast streng und direkt zu nennenden Erzählweise. Möglicherweise sprach er in „Mutmaßungen über Jakob" und „Das dritte Buch über Achim", mit denen er nach der rationalisierten Welt von Technik, Sport und Planung griff, sein Unbehagen darüber aus, daß der Kleinstadt Jerichow, wo immer sie liegen möge, in Ost oder West, nicht die Zukunft gehört.

Selbstbespiegelung, die häufig und nicht zu Unrecht den westdeutschen Romanciers nachgesagt wird, kann man Johnson offenbar nicht vorwerfen. Sieht man von Karsch und seinen vergeblichen biographischen Bemühungen ab, so finden sich in seinen Werken kaum autothematische Züge (oder doch nur in Gestalt von Spaltprodukten, wie etwa in der Figur des Jonas in „Mutmaßungen über Jakob"). Dies ist um so auffälliger, als sich Johnson auch in dieser Hinsicht von allen namhaften westdeutschen Autoren unterscheidet. Denn von Bölls „Ansichten eines Clowns" über Wolfgang Koeppens „Tod in Rom" (die Figur des Komponisten Siegfried Pfaffrath!), Hans-Erich Nossacks „Der jüngere Bruder" bis letztlich zu Wolfgang Hildesheimers „Tynset" wird direkt oder indirekt über die Kunst und die Künstlerexistenz reflektiert, sieht sich das vereinsamte, zuweilen auch isolierte Subjekt, aggressiv oder resignierend, einer fremden, feindlichen, manchmal unheimlichen Welt gegenüber oder spinnt sich in die eigenen Mediationen ein. Nichts dergleichen findet sich bei Johnson, und dennoch ist die Autothematik ständig präsent: sie hat sich in die Erzählform verlagert. Da Johnson die „Beschreibung einer Beschreibung" – der ursprüngliche Titel des Romans „Das dritte Buch über Achim" – liefert, wird das Schreiben oder Nicht-Schreiben eines Romans zum Gegenstand des Romans, reflektiert die Erzählstruktur Kunst- und Künstlerprobleme. Hier bestätigt sich Sartres berühmte Formulierung über Nathalie Sarraute, daß der „Roman dabei ist, über sich selber nachzudenken". – Es bleibt freilich ein Geschäft für feine Geister, zu erkunden, ob dies eine höhere Stufe der Selbstbespiegelung ist.

Unten und Oben

Nicht von ungefähr also ist selbst von Walter Jens beklagt worden, daß der Alltag der industriellen Arbeitswelt für den westdeutschen Roman noch immer eine terra incognita bildet. Auch eine Dortmunder Gruppenbildung und die ihr zuteil werdende Publizität macht aus sickernden Rinnsalen keinen Strom, und die hochtönende Vokabel „Industriedichtung", mit der man Arbeiterliteratur neuerdings plakatiert, kann nicht darüber hinwegtäuschen, daß westdeutsche Romane, deren Schauplatz Fabrik und Großwerkstatt sind, bislang wenig Originales beigebracht haben. Denn mit dem Schauplatz allein ist wenig getan, so wenig wie mit dem guten Willen, der gesicherte Ergebnisse der Betriebspsychologie mühsam belletristisch umartikuliert.

Nun hat es gerade in den vergangenen Jahren nicht an Versuchen gefehlt, die zeitgenössische Arbeitssphäre zu beschreiben. Und obgleich nur einige dieser ihrem Rang nach sehr unterschiedlichen Werke – die von Max von der Grüns „Männer in zweifacher Nacht" (1962) und „Irrlicht und Feuer" (1963) über Karl Alfred Wolkens

„Zahltag" (1964) und Heinz Küppers „Milch und Honig" (1965) bis zu Christian Geißlers „Kalte Zeiten" (1965) reichen – die Chance des Überlebens haben, bleiben sie als Dokumente auch dort aufschlußreich, wo ihnen literarisches Scheitern attestiert werden muß.

Schwierigkeiten begegnen den Autoren schon, wenn sie den Wirkungsradius ihrer Helden abstecken, denn die scharf gezogenen Grenzen, die den Kleinbürger auf seine nächste Umgebung, die Familie, Bekanntschaft und Kundschaft verwiesen, verwischen sich hier, die Grenze zwischen Vertrauten und Fremden verschiebt sich, denn der zeitgenössische westdeutsche Arbeiter sieht sich einer Vielzahl oftmals konträrer Einflußquellen ausgesetzt. – Unter den hier genannten Autoren hat sich Wolken am meisten bemüht, diesem Umstand Rechnung zu tragen, weil er sich auf einen verhältnismäßig kleinen Wirklichkeitsausschnitt beschränkte, aber seinen Protagonisten, den Tischler Alex Benckies, zugleich mit intellektuellen Ambitionen ausstattete: durch das Wechselspiel von schriftstellerischer und manueller Tätigkeit, das von dem Ich-Erzähler reflektiert wird, wird die Mühsal geistiger und moralischer Selbstbehauptung des Arbeiters in einem kapitalistischen Industriebetrieb um so spürbarer. Der „Zahltag"-Autor verzichtet darauf, die vertraute Betriebskulisse in der Art Johnsons minuziös-naturalistisch zu belegen, vielmehr beschreibt er sie nur umriß- und zeichenhaft, sieht sie also mit Augen des Arbeiters, und zeigt nur so viel vom Werkgeschehen, wie ein normaler Betriebstischler, der zwischen Steckuhr und Hobelbank eingeklemmt ist, aufnimmt. Auf solche Weise gelingt es Wolken, ein genaueres, wenn auch begrenzteres Bild vom geistig-seelischen Zustand des Arbeiters und von seinem Umkreis zu entwerfen, als den eher zum Panorama-Roman neigenden Autoren von der Grün und Küpper, die das Ganze wollen, aber gerade deswegen nur Bruchstücke liefern. Obschon nämlich von der Grün im einzelnen treffliche Genreszenen gelingen, vor allem dort, wo er ein ins Kleinbürgerliche hinüberspielendes Milieu darstellt, versagt er gerade dort, wo er sein Generalthema, die Selbstentfremdung und Konditionierung des Arbeiters, berührt. Hier werden die Reflexionen seines Ich-Erzählers zu Plädoyers, finden sich verbale Beteuerungen, wo durch die Sprache und die Struktur des Romans das Lebensgefühl des Arbeiters sondiert werden müßte.

Indem er das Verhältnis zur Arbeit auf eine sinnreiche soziologische Faustformel reduziert – eh schon die Krux solcher Romane –, gerät er andererseits in Versuchung, eine angeplackte Nebenhandlung mit einigen Unwahrscheinlichkeiten zu einer kräftigen Story aufzufüttern. Max von der Grüns zweiter Roman „Irrlicht und Feuer" ist insofern auch in einem negativen Sinne aufschlußreich, als er beweist, daß das normal funktionierende Betriebsgeschehen, jedenfalls zu Zeiten der Hausse, keine „Geschichte" anbietet, daß sie sich jedenfalls nicht aus dem Stoff selbst ergibt, sondern mühselig herangetragen werden muß, wiewohl dieser Autor den Vorzug hatte, einen Bergarbeiter zu schildern, mithin also den Vertreter eines Berufszweiges, der sich in Westdeutschland seit Jahren in der Krise befindet und wegen der gefahrvollen Arbeit ein leuchtkräftiges Image besitzt – ein Umstand, den von der Grün vor allem in seinem ersten Roman ausnutzte, während er sich in „Irrlicht und Feuer" zu den grundsätzlichen Fragen des Arbeiterlebens vorwagte. Fragen, die schwerwiegende ästhetische Konsequenzen nach sich ziehen.

Da das vordergründige soziale Elend und der Hunger beseitigt worden sind, die sogenannten elementaren Bedürfnisse befriedigt werden, treten Probleme ganz anderer Art auf, als die im herkömmlichen sozialen Roman in der Nachfolge Zolas oder noch im italienischen Neorealismus der fünfziger Jahre zur Debatte standen. Gewiß, Jens' These von der „Welt der Homogenität" und der sich daraus ergebende Schluß vom Ende des sozialkritischen Romans dürften seiner Gesellschaft um eine Epoche vorauseilen. Denn die Klassengegensätze haben sich nicht gemildert, wohl aber haben sich ihre Erscheinungsformen und ihr äußeres Bild verändert. Wenn zuvor bezeichnende Details – ausgemergelte Proletarierkinder und pausbäckige Kapitalistensprößlinge, abgegriffene Schiebermütze und schwarzseidener Zylinder – alle Analyse überflüssig machten, so mußte heute ein feineres Instrumentarium verwendet werden, um die sozialen Differenzen sinnfällig herauszuarbeiten. Der Klassengegner, früher personifiziert im monokeltragenden Chef (der inzwischen zur Standardfigur pseudokritischer Filme und schwächlicher Karikaturisten heruntergekommen ist), verbirgt sich heute in den nüchternen Bürohochhäusern als vielfach gestaffeltes Konsortium, in dessen Kompetenzverteilung einzudringen selbst den Sachverständigen in Verlegenheit bringt. Und auch eine Frontalbegegnung zwischen Arbeiter und Kapitalist macht dort, wo sie noch stattfindet und nicht durch die Mechanisierung der Aufsicht oder durch die zwischengeschaltete Bürokratie unmöglich geworden ist, das Klassengefälle nicht direkt sichtbar.

All dies hat dazu beigetragen, daß der zeitgenössische sozialkritische Roman auf das ehedem so charakteristische alternierende Kompositionsschema mit dem ständigen Wechsel von Arbeiter- und Kapitalistenmilieu verzichtet und statt dessen bemüht ist, die soziale und ideologische Konfliktsituation am Leben und Denken der Arbeiterfiguren selbst zu exemplifizieren. – Ja, auch das Milieu, das häusliche wie das betriebliche, wird als sozialkritischer Anhaltspunkt im herkömmlichen Sinne fragwürdig, da das Außen und Innen – finstere

Behausung und seelische Verlassenheit, Armut und Elend – nicht mehr oder nicht generell korrespondieren. Daß aber der Kühlschrank nicht das Elend und der weiße Kittel als Arbeitsbekleidung nicht die Ausbeutung beseitigt, suchte der Verfasser von „Irrlicht und Feuer", wenigstens ansatzweise, bewußt zu machen. Aber hier zeigt sich auch, daß der Autor ständig hinter die Phänomene greifen muß, daß es nicht genügt, Tatsachen zu benennen, sondern daß die komplizierte Bewußtseinslage des Arbeiters in der sogenannten Wohlstandsgesellschaft gleichsam von innen ausgeleuchtet werden müßte. Dies aber ist um so schwieriger, weil das, was Max von der Grün und seine Freunde das „Selbstverständnis der Arbeiter" nennen und was präziser „Klassenbewußtsein" heißt, in der Bundesrepublik weitgehend verschüttet ist.

Die Darstellung sieht sich also vornehmlich auf das „Innere" angewiesen, auf das Bewußtsein und bis zu einem gewissen Grade das Unterbewußte. Da sich aber im Milieu wenig Korrelate finden, an denen es verifizierbar wäre, läßt sich dies mit den herkömmlichen Gestaltungsmitteln nicht bewältigen. – Als Versuch, zu neuen Ergebnissen zu gelangen, ist Christian Geißlers Buch „Kalte Zeiten" nennenswert. Indem er monologische und halbmonologische Techniken verwendet, empirische Vorgänge, Beobachtungen und Gespräche mit Reflexionsfäden und Sloganfetzen untermischt, bemüht er sich, das malträtierte und vielfach funktionalisierte, aber auch durchaus selbsttätige Bewußtsein eines Hamburger Kranfahrers und seiner Frau durchschaubar zu machen und so durch die Strukturelemente seiner Prosa und nicht bloß durch wortreiche Behauptungen den Alltag eines durchschnittlichen Arbeiters literarisch zu fixieren. Freilich besteht bei solchen Bewußtseinsstenogrammen – und Geißlers Buch beweist dies – stets die Gefahr, daß nicht viel mehr als eine Reportage mit belletristischer Akzentuierung entsteht, da die treffende Beobachtung und genaue Registrierung des Durchschnittlichen noch keine Erzählung und schon gar nicht einen Roman ergeben.

Nun wäre nichts verfehlter, als eine tumultreiche Handlung oder die sorgfältige Beschreibung der Betriebshierarchie zu fordern, wohl aber kommen derartige Romane nicht umhin, die soziale Konfliktsituation, die übrigens bei Wolken gänzlich ausgespart ist, exemplarisch darzustellen. Indes beweist gerade das „Feindbild" solcher Werke die Ohnmacht. Nicht, daß die Antipoden ausblieben, aber mehr noch als bei den erwähnten Romanen aus der Kleinbürgersphäre geraten Max von der Grün die Repräsentanten des Oben zu Karikaturen, bieten solche Autoren statt differenzierter kritischer Analyse zum Teil höchst vordergründige Pauschalsatire. Aufschlußreich ist die Versammlungsepisode in „Irrlicht und Feuer", die das

„Mitbestimmungsrecht" persiflieren soll. Der bramarbasierende Direktor, der akademisch vertrottelte Sozialpsychologe und die ständig kopfnickenden Betriebsräte könnten möglicherweise die Personage für eine mäßige Kabarettnummer bilden, als Gegenspieler in einem sozialkritischen Roman taugen sie nicht. Hier werden, im Gegenteil, sehr ernste Fragen – die Manipulierung des Arbeiters durch scheinbare Partnerschaft, seine Entmündigung durch human relations usw. – im buchstäblichen Sinne überspielt. Stilprobleme sind Erkenntnisprobleme, und der Stilbruch, der in dem Roman durch diesen eingelegten Sketch entsteht, hat mit der Erkenntnisschranke Max von der Grüns zu tun. Ähnliches gilt für Heinz Küpper und seinen Roman „Milch und Honig", in dem sich der Schwiegersohn des Fabrikbesitzers wie folgt vernehmen läßt: „Der Name Faberlein klingt heute weit über die ganze Welt. Er ist den Menschen in Brasilien so vertraut wie den Menschen in China. Wie ein Phönix aus der Asche hat sich unser Werk emporgeschwungen, Symbol des Leistungswillens des deutschen Unternehmertums und seiner treuen Arbeiterschaft." Solche ärmlichen satirischen Klischees stehen einem Roman wie diesem, der seiner ganzen Anlage nach Erfahrungen produzieren will, schlecht zu Gesicht, wenn auch zugestanden werden soll, daß eine Karikatur wie die des jungen Fabrikerben, eines Porsche-Fans und Möchtegern-Chefs, für sich betrachtet, die geistige Physiognomie der westdeutschen Jeunesse dorée vortrefflich erhellt.

Die Gewandung des Barons von Nucingen eignet sich so wenig wie die des alten Treibel für Leute von der Ebene Krupp und Abs; Diederich Heßling müßte potenziert werden, um Macht und Gefährlichkeit der Konzerngewaltigen angemessen vorzuführen, aber jede Verstärkung des „Untertan" würde eine Simplifizierung bedeuten und jede Wiederholung nicht nur gesetzmäßig eine Abschwächung; sie wäre geradezu falsch, weil sich im Zeitalter perfektionierter gesellschaftlicher Apparaturen die Schubkräfte der Macht nicht mehr an Individualitäten allein demonstrieren lassen und weil sich Kritik – der Stückeschreiber Brecht hat es gezeigt – am System und seiner Handhabung, nicht aber an der Person und ihren Allüren entzünden muß. – Die hilflose und verkrampfte Bourgeois-Kritik im westdeutschen Roman, die platte Verulkung der Kapitalisten (selbst Walser steuert einige Exemplare bei) ist am alten Schema des vertikalen Gesellschaftsromans orientiert, der für alle Schichten kennzeichnende Typen parat hielt. Aber der zeitgenössische Romancier kann dieses Schema nicht mehr ästhetisch auffüllen, weil die Tarnfolie der „Wohlstandsgesellschaft" ihm das Eindringen in ihre Mechanismen abfordert, will er sich nicht mit faden Vereinfachungen begnügen. Oder will er sich nicht zu allegorischen Transfigurationen herbeilassen wie

Günter Grass, der die Architekten des Restaurationswunders von
Erhard über Globke bis zu Dr. Oetker als Spielpuppen behandelt, die
die Maternschen Mehlwürmer umtanzen.

Der homo novus

Das Problem ist so neu nicht. Denn schon die deutschen Erzähler des
19. Jahrhunderts taten sich schwer, wenn sie den Bourgeois zum
Akteur bestimmten; sie überließen dies gern der Freytagschen Medio-
krität und wandten sich eilfertig den Handlangern, nämlich den Ad-
vokaten zu, die – von Gotthelfs Herrn Stößli über Reuters Slusuhr und
Kellers Brüder Weidelich bis Raabes Pinneberg –, verschlagen und
anpassungsfähig, stellvertretend für den heillosen bürgerlichen Ge-
schäftsbetrieb standen. Gewiß hat hier der deutsche Provinzialismus
seine Hand im Spiel, aber naturgemäß ist die Beschreibung von Mani-
pulationen ergiebiger als die von Besitzverhältnissen, lassen sich die
Strohmänner leichter treffen als die Drahtzieher.

So tritt auch in der westdeutschen Literatur und nicht nur dort als
Kustos der Prosperität häufiger und häufiger der Repräsentant jener
neuen amorphen Zwischenschicht auf, deren soziales Profil wesentlich von Managern, Werbefachleuten, Vertretern, Technikern bestimmt wird, einer Zwischenschicht übrigens, die, was leicht übersehen wird, quantitativ ständig zunimmt. Als erster deutschsprachiger
Autor hat Max Frisch 1957 diesen Typ zum Protagonisten eines
Romans gewählt, dessen Titel „Homo faber" schon programmatisch
ankündigt, daß hier der Mensch der brave new world, der Stratege des
Maschinenzeitalters und der technischen Revolution sozusagen als
Generaltyp präsentiert wird. Globale Intentionen treten zutage: mit
leichter Hand schiebt der Autor seinen Helden über die provinzlerisch
gescheckte Geographie Mitteleuropas hinweg, läßt ihn mit der Super-
Constellation und dem Alfa Romeo zwischen New York und Paris,
Athen und der Wüste von Tamaulipas pendeln. Hotelzimmer, Flug-
zeug- und Schiffskabine statt trautem Heim, normierte Gleichheit und
neutrale Umgebung statt pittoreskem Milieu, ein kühlglattes Verstän-
digungsidiom, gemischt mit englischen und französischen Standard-
wendungen, statt eines arabeskenreichen, dialektunterlegten Sprach-
porträts, wie wir es von Grass und Johnson kennen. Die Mobilität
und Anpassungsfähigkeit hebt die Schwerkraftgesetze von Herkunft,
Heimatbezirk und Häuslichkeit auf. Faber verkörpert prototypisch
den „außengeleiteten Charakter" der westlichen „Industriegesellschaft", wie er von dem amerikanischen Soziologen David Riesman
beschrieben wurde: Für ihn fallen die Grenzen zwischen Bekanntem

und Unbekanntem, er ist überall und nirgendwo zu Hause, seine Erlebnisse ziehen vorüber wie die Sendungen auf dem Bildschirm, und sein Gewissen funktioniert wie ein Radargerät. Nur folgerichtig reduziert Fabers Technikergesinnung Schicksal auf die Summe von kalkulierbaren Vorgängen: „Ich glaube nicht an Fügung und Schicksal, als Techniker bin ich gewohnt, mit den Formeln der Wahrscheinlichkeit zu rechnen." Eine These, die Frisch zu widerlegen nicht schwerfällt.

Damit ist aber auch das Regelgetriebe des traditionellen Romans außer Betrieb gesetzt: Der Held ist nicht an ein festes Milieu gekoppelt, das seinerseits nicht mehr als Sicherung und Widerstand dienen kann. – Der begrenzte, aber repräsentative Wirklichkeitsschnitt erweitert sich ins Universelle, das naturgemäß keine festen Umrisse hat. Der Protagonist verliert seine „Erlebnisfähigkeit", aber auch den Willen zum Risiko; sein „Radargerät" scheint den Konflikt mit der Gesellschaft auszuschalten. Ein übriges Mal zeigt sich hier, daß Romanfigur und Milieu eine – freilich widersprüchliche – Einheit bilden, daß der „runde" Charakter sich auf eine fixierte Umwelt angewiesen sieht und daß die Demontage des häuslichen Individualnippes in der Endkonsequenz den Verlust des individualisierten Charakters nach sich zieht. Denn das eigengeprägte Milieu bietet dem Helden eine Rückendeckung, der zugleich der Autor bedarf, um ihn vor Schemenhaftigkeit und Abstraktheit zu schützen, um ihn nicht zu einer allegorischen Programmfigurine zu degradieren. – Frisch ist dieser Gefahr nicht entgangen, um so weniger, als er die Banalität des Protagonisten mit einem exorbitanten Schicksal kontrastiert, das sichtbar, im Umkreis des attischen Amphitheaters, die Züge einer seitenverkehrten Ödipus-Tragödie annimmt.

Der Gegensatz, der sich stets in Frischs Romanen zwischen dem leergelaufenen Helden und dem nahezu dröhnenden Geschehen auftut, resultiert selbstredend nicht aus Unvermögen, sondern aus einer tiefliegenden Lebenskonzeption, unter deren existentieller Verschalung die Gesellschaftsproblematik kaum hervortritt.

Die Kläglichkeit seiner Romanhelden von Stiller bis Gantenbein, ihr Versagen und ihr offenbarer Fluchtcharakter – Lebensgeschichten werden abgestreift oder anprobiert „wie Kleider" – ergibt sich daraus, daß sie – und dies durchaus auch im literar-historischen Bezug – Männer ohne Eigenschaften sind. Aber nur mit der Figur des Walter Faber gelang es dem Autor, die Charaktereinbuße als ein Zeit- und annäherungsweise auch als ein Gesellschaftsproblem zu reflektieren, indem er, wiewohl mehr deskriptiv als darstellend, den Identitätsverlust auf das Arrangement des Helden mit der westlichen Zivilisationsgesellschaft, auf die Funktionalisierung und Verdinglichung der menschlichen Beziehungen zurückführte, auf jene Phänomene also, die eine Selbstverwirklichung des Menschen unmöglich machen (was nichts daran ändert, daß „Stiller", freilich aus Gründen, die mit der Erzählkultur zu tun haben, Frischs bester Roman ist).

Geschichte (d. h. Handlung, Fabel) und Figur müssen auseinanderfallen, weil die Protagonisten, Faber und Stiller jedenfalls, ihre eigene Geschichte (d. h. ihr Schicksal) nie einholen, weil sie ihr wie etwas Fremdem gegenübertreten: sich als Stiller weigern, ihre Geschichte als die eigene anzunehmen oder als Faber sie gar nicht erst mitvollziehen. Oder schließlich – eine paradoxe Kehre – wie Gantenbein sich nur noch im Erfinden von Rollen und Geschichten üben.

Deshalb hat das Geschehen hier einen ganz anderen Stellenwert als im bürgerlichen Gesellschaftsroman, wo es als Erzählhandlung und Figurenschicksal Erfahrungsbreite und Erlebnistiefe der dargestellten Personen umgriff. Bei Max Frisch aber empört sich – auch und gerade im Hinblick auf die Kunstform des Romans – der Held gegen die Geschichte, will nichts mit ihr zu tun haben oder hat es auch wirklich nicht. So ist im Grunde die Handlung in Frischs Romanen eine Gegenhandlung und nur als solche greifbar. – Die Absurdität, die hier zu walten scheint, ist durchaus kein zweckfreies Spiel, ist vielmehr gesellschaftlich institutionalisiert. Sie wird uns noch begegnen.

Nun lassen sich der Zerfall oder die Entleerung der Persönlichkeit, Schicksals- und Charakterverlust, gravierende Probleme der spätkapitalistischen Ära, die sich aus der Unterwerfung des Menschen unter die perfektionierte gesellschaftliche Steuerungstechnik ergeben, zweifellos am augenfälligsten an jener neuen Mittelschicht demonstrieren, die die Apparate bedient, sie aber weder beherrscht noch besitzt, die scheinbar Macht ausübt, ihr aber in Wahrheit untertan ist. Wenn auch in diesem Bereich nicht der Ausgangspunkt der Entfremdung liegt, so hat sie doch hier ein augenscheinliches Zentrum. Zugleich aber dürfen, jedenfalls in der Konjunkturphase, die Verhaltensweisen und die Leitbilder dieser Zwischenschicht, ihre Konsumfreudigkeit, aber auch ihre Vereinsamung Prägekraft besitzen und das gesamtgesellschaftliche Klima nachhaltig beeinflussen. Auch bei Fontane vollstrecken die Instettens und Schachs, höhere Beamte und Offiziere, nicht aber die Generalität oder die obere Ministerialbürokratie, das Preußentum. – Die Diener der Gesellschaft werden eher und sichtbarer von den Krisensymptomen befallen als die Herren; die Amtswalter notieren die Erschütterungen, bevor die Potentaten die Berichte erhalten.

Fontane wurde nicht von ungefähr beschworen. Denn dessen Offizieren, so meinte Martin Walser, falle die gleiche Protagonistenrolle für das vorige Jahrhundert zu, die die heutige westdeutsche Gesellschaft für den Vertreter bereithalte. Das war als Selbstrechtfertigung, ironisch und wohl auch metaphorisch gemeint und sollte deshalb nicht zu Haarspaltereien Anlaß geben. Fest steht nämlich, daß der Werbemanager und Vertreter, der homo novus der Nachkriegswunder, in den letzten Jahren literarisch kräftig aufgekommen ist. Jüngere Schriftsteller vornehmlich, Walser in „Halbzeit", Günter Rüber in „Ein gewisser Jahrgang", Gregor-Dellin in „Einer" und Adolf Muschg in „Sommer des Hasen", haben sich seiner angenommen. „Es gibt keinen Beruf", äußerte Walser in einem Interview, „der einem Menschen das Gefühl seiner eigenen Überflüssigkeit so aufdringlich klarmachen könnte wie der des Vertreters ... Andererseits kann der Vertreter sich sagen, daß ohne ihn diese Art von Wirtschaft nicht mehr funktionieren würde; da mehr produziert wird, als gebraucht wird, ist das Verkaufen wichtiger als das Produzieren."

Es gibt keinen westdeutschen Roman, in dem die Problematik der sogenannten „Konsumgesellschaft" so eindrucksvoll bis hinein in die Intimbeziehungen veranschaulicht wird wie in Walsers „Halbzeit". Da Anselm Kristlein, der Ich-Erzähler, nicht nur von der Produktionssphäre, sondern von jeder produktiven oder auch sinnvollen Tätigkeit abgetrennt ist, da seine Arbeit darin besteht, andere zu manipulieren und sich selbst manipulieren zu lassen, bleibt es ihm letztlich gleichgültig, ob er Ölheizungen, Zahnpasta oder religiös inspirierte Schallplatten verkauft – oder ob er, wie der geschickt ins Bild gestellte Bundeswehroffizier, den Oberschülern Raketen anpreist. Die von Marx als Entfremdung gekennzeichnete Hilflosigkeit der Menschen gegenüber den Bewegungen ihrer Produkte auf dem Markt wird hier auf intuitiv-empirische Weise ästhetisch erhellt, und zwar gerade an dem gesellschaftlichen Zwischenglied, dem jene Hilflosigkeit zum materiellen Gewinn ausschlägt. Diese absurde Situation belegt Walser mit einem immensen Material und führt sie vor allem an den zwischenmenschlichen Beziehungen vor, so etwa an dem hilflosen Frauen-„Verbrauch" des Helden. Entscheidender noch für die Anlage der Figur ist, daß die Verdinglichung der Beziehungen den Charakter verödet und auf rationelles Gefüge von Gesten und Verhaltensweisen reduziert, die ihrerseits austauschbar und, im einschlägigen Vokabular gesprochen, flexibel sind. Walser verdeutlicht das etwa an den Partygesprächen, bei denen es gleichgültig ist, welchen Standpunkt man zufälligerweise einnimmt, wenn man ihn nur zungenfertig verteidigt. Auch Kristlein spielt wie Gantenbein unentwegt Rollen, aber er tut es nicht imaginativ, sondern unter dem Zwang sozialer Umstände. Von hier aus freilich zeigt sich, daß das, was Frisch mit der Anmut verspielter Späteleganz darreicht, in Wahrheit die Kernfrage nach dem Selbstsein des Menschen aufwirft. Sosehr sich die melancholisch-ironischen Romane Max Frischs von der handfest-provokatorischen

„Halbzeit" unterscheiden, sowenig sind grundsätzliche Gemeinsamkeiten zu übersehen, die nicht im geringsten stilistischer Natur sind, wohl aber – Bodensee oder Züricher See gleichviel – auf gemeinsamen gesellschaftlich-zeitgeschichtlichen Erfahrungen beruhen. Um es eben nur anzudeuten: Der vielbesprochene Identitätsverlust von Frischs Figuren erscheint bei Walser als Charaktereinbuße des Helden; das Rollenspiel Gantenbeins vollzieht sich in der „Halbzeit" konträr als permanente Konditionierung Kristleins; die Zerstörung der Geschichte als Einheit von Schicksal und Handlung, wie sie in allen Romanen Frischs begegnet, kehrt bei Walser modifiziert als Atomisierung der Geschichte in Episoden wieder.

Freilich ist Walser in einem soziologischen Sinne konsequenter, weil er seinen Helden ganz auf das Pendelspiel der Marktmechanismen einstellt und dabei auch stets das soziale Gehäuse im Auge behält. Hatte Hans Beumann, die Hauptfigur der „Ehen in Philippsburg", noch ein Schicksal, oder eine – zwar negativ verlaufende – Entwicklung vorzuweisen, so leistet sich Kristlein solchen Luxus nicht mehr, er ist vielmehr wie selbstverständlich von vornherein auf den gesellschaftlichen Konsensus eingeschworen. Der Unterschied zwischen dem ersten und dem zweiten Roman Walsers besteht letztlich darin, daß dort der Prozeß der Anpassung, hier aber die Angepaßtheit selbst geschildert wird. Deshalb konnte er trotz anekdotisch-novellistischer Zuspitzungen mit „Ehen in Philippsburg" noch auf das Grundmuster des französischen Gesellschaftsromans zurückgreifen. Und da er sich an der gebräuchlichen, mehr oder minder kleinbürgerlich geeichten charakterologischen Wertskala orientierte, konnte er auch das altbewährte Motivarsenal – Ehebruch mit Selbstmordfolgen usw. – und die überkommene Figurengalerie inklusive der eingefügten Karikaturen benutzen.

Wenn aber das Schicksal des Helden in seiner „Formiertheit" besteht – Walser hat, Jahre bevor das dubiose Diktum Schlagzeilen machte, der „formierten Gesellschaft" einige Lichter angezündet –, dann wird der Held zum bloßen Registrator. Was der „Halbzeit"-Autor abbildet, ist ein durchlässiges Bewußtsein, von dem vieles aufgenommen wird, in dem aber nichts haften bleibt, das präzis arbeitet, das keine Aufregung und keine Verzweiflung mehr kennt. Da Entwicklung zur Flexibilität und Veränderung zur Manipulierbarkeit geworden sind, fehlen dem Helden nicht nur die Gehalte und Prinzipien, sondern auch die Denkformen, in denen er das vorüberziehende Geschehen und die zahllosen Signale, die er auffängt, zusammenfassen könnte.

Die Formlosigkeit der „Halbzeit", die Walser oftmals vorgeworfen wurde, dieses Strömen und Zerfließen der Details, die Unübersichtlichkeit des Ganzen, ist in Wahrheit die adäquate Form für sein Thema. In ihm kondensieren sich das Leben, das er beschreiben will, und die Kritik, die er vorzutragen hat. Die hergebrachte Form des Romans, die auf der Kollision von Figur und Umwelt beruhte, die jede Bewegung des Helden als Glied in einer Kausalkette verstand, war hier unbrauchbar geworden. An die Stelle der Fabel, die diese Kausalität herstellte, tritt eine Reihung von pointillierten Episoden, von denen allerdings eine beliebige Anzahl fehlen könnte, ohne daß das Ganze Schaden nähme. Die Gegenprobe also scheint diese Romanform zu düpieren, tatsächlich geschieht das nur der Wirklichkeit, die sie nötig machte. Denn einem Anselm Kristlein war allein auf diese Weise beizukommen, durch eine Erzählstruktur, die seiner Bewußtseinsstruktur entspricht.

Charakter und Bewußtsein

Wenn die Auseinandersetzung des Helden mit der Gesellschaft nicht oder nicht sichtbar stattfindet und die äußeren Konflikte zusammenschrumpfen, fehlt dem Romancier sein ureigener Spielraum, der sich in dem Abstand zwischen Figur und Umwelt befindet. Noch der passive Held, der auf Handlung und Widerstand verzichtet, ließ dem Erzähler eine Vielfalt von Möglichkeiten, ihn mit der Umwelt zu konfrontieren. Der angepaßte Held indes gestattet nur die unentwegte Bestätigung seines Zustandes. Darüber aber gibt es platterdings nichts zu „erzählen" – eine Tatsache, die sich schon im äußeren Aufbau mancher Werke bemerkbar macht. Denn die Autoren wählen statt der überlieferten Treppenkomposition, welche die Schritte des Helden sinnfällig als Aufstieg oder Abstieg markierte, nun eine Art Kreisoder gar Kreiselkomposition. In Walsers „Halbzeit" wie in Günter Seurens beachtlichem Romanerstling „Das Gatter" wiederholen sich die Ereignisse, greifen Anfang und Schluß ineinander, während in Rübers „Ein gewisser Jahrgang" und in Geißlers „Kalte Zeiten" Redeklischees, Slogans und stereotype Selbstansprachen in einem festen Zyklus zirkulieren. Die Kompositionsweise gerade der beiden zuletzt genannten Bücher verdeutlicht die Abhängigkeit der Figuren von den automatisch abrollenden Zauber- und Bannsprüchen der Reklame- und Meinungsindustrie, die mehr oder minder bewußte Anpassung des Menschen an den scheinbar undurchschaubaren, selbsttätig wirkenden gesellschaftlichen Gleichschaltungsmechanismus. – Allein schon die Struktur gibt hier zu verstehen, daß der Charakter herkömmlicher Prägung, wie er ehedem der Figur Plastizität und Fülle verlieh, verabschiedet wird.

Charakter und Welt, die beiden Pole, innerhalb derer das Spannungsfeld des Romans lag, verlieren ihre magnetischen Kräfte, nähern sich, oder rücken gar eng zusammen. Die individuellen Eigentümlichkeiten, all jene seelisch-geistigen Besonderheiten, die jeweils ein Korrelat in Äußerlichkeiten, in der „persönlichen Note" finden, treten zurück hinter den Verhaltensweisen und Denkvorgängen, durch die sich das Individuum mit seiner Umwelt arrangiert. Geradezu zwangsläufig drängt sich dem Roman als Darstellungsobjekt das menschliche Bewußtsein auf, in dem sich Individuum und Welt ungeschieden begegnen. – Die landläufige Charakterdarstellung setzt die Betonung des Eigentümlichen und Persönlichen voraus, das stets in Gefahr steht, die gesellschaftliche Komponente zu kaschieren, und sie verwirklicht sich am reinsten in den absonderlichen Originaltypen, die als Onkel Bräsig, Wunnigel oder Christian Buddenbrook vergnüglich die deutsche Romanlandschaft bevölkern, während das Bewußtsein – nicht nur wegen der Materialität der Gehirnzellen – kein vorrangig individuelles Phänomen, vielmehr seinem Wesen nach ein gesellschaftliches Produkt ist. (Wobei es sich versteht, daß diese Entgegensetzung von Charakter und Bewußtsein nur als propädeutische Hilfskonstruktion dient, da es sich literargeschichtlich nicht um einen Bruch, sondern um eine Verschiebung handelt.) Muß sich der Charakter, um sich bestätigt zu finden, unentwegt bewähren, gewinnt er erst in der Kollision mit der Umwelt seine hervorstechenden Merkmale, so ist das Bewußtsein, das keinen selbständigen Inhalt besitzt, allein auf die Begegnung mit der Wirklichkeit angewiesen, die von ihm widergespiegelt und transformiert wird.

Deshalb läßt sich das Bewußtsein im Gegensatz zum Charakter nicht von außen darstellen, sondern allein dadurch, daß der Autor in die Haut seiner Figur schlüpft. Die derzeitige Konjunktur der Ich-Erzählungen ist dafür nur ein formales Indiz, das nicht überschätzt werden sollte, da der Wechsel des Personalpronoms noch nichts darüber besagt, ob es dem Autor gelingt, die Geschehnisse über ein Bewußtsein zu brechen und die Bewußtseinsstruktur des Helden als Form- und Sprachstruktur des Romans zu realisieren. Erst hier aber scheidet sich der naiv erzählte Roman, der das Abbild eines Weltausschnittes bietet, von dem reflektierten Roman, der das Abbild jenes Abbildes vorführt. Sicherte dort die diskursive Fabel den inneren Zusammenhalt, so übernimmt diese Aufgabe hier das Bewußtsein des Protagonisten, seine Sprache und seine Optik, die sich in der Erzählstruktur verwirklicht. Die „Verinnerlichung" des Romans, von der Thomas Mann diagnostizierend und wohl auch prognostizierend vor Princeton-Studenten sprach, braucht nicht notwendig zu einem „Wirklichkeitsverlust" zu führen, obgleich hier die Realität nicht rein empirisch und nicht in so kompakter Weise hingehalten wird und obgleich die theoretischen Auslassungen mancher Autoren solchen Schluß nahelegen. Denn was an geordneter und gegliederter Faktizität, an Milieugenauigkeit verlorengeht, kann sehr wohl durch Figurenvertiefung, Assoziations- und Reflektionsreichtum wieder eingebracht werden, und sogar das Milieu könnte unter Umständen intensiver hervortreten, gerade weil es nicht frei steht oder als Beleg dient, sondern in seiner Wirkung auf das Bewußtsein gezeigt wird.

Hier geht es nicht um die Überlegenheit oder Unterlegenheit einer bestimmten Schreibweise, sondern einzig darum, die Veränderungen der Schreibweise an der veränderten sozialen Szenerie zu messen. Und Walsers „Halbzeit" diente nur als Beispiel, das den Zusammenhang zwischen soziologischen Tatbeständen und ästhetischer Problematik erkennen ließ. Denn natürlich beschränkt sich die „verinnerlichte" Darstellungsweise nicht auf den angepaßten Helden. Wie sie einerseits rein subjektiven Spiegelungen Vorschub zu leisten vermag und in den frei assoziierenden Bewußtseinsstrom-Roman hinüberführt, so kann sich der Autor ihrer andererseits wie eines Endoskops bedienen, mit dem er unter die gesund und harmlos erscheinende Oberfläche des Alltäglichen gelangt und seine schleichenden Krankheiten feststellt.

Denn nicht der Gewaltverbrecher, sondern der Schreibtischtäter mit den guten Manieren, nicht der brutale Lustmörder, sondern der überaus „korrekte" Eichmann gibt dem Schriftsteller unserer Tage Fragen auf und erzwingt neue Mittel zum Erkennbarmachen der Wirklichkeit. Vergangen sind die Zeiten, da die Unholde, Hasardeure und Desperados mit ihrem verwegenen Gebaren literarisch etwas zu bedeuten, will heißen gesellschaftlich etwas zu repräsentieren vermochten; die merchant-adventurers haben sich in kühle Rechner und geschickte Verhandlungspartner verwandelt, die ihre Abenteuer vor den Buchungsmaschinen und am Konferenztisch durchstehen.

Vor allem die Romane von Günter Grass machen wegen ihres chronikalischen Aufbaues die Schwierigkeiten bewußt, vor denen Autoren stehen (und nicht selten kapitulieren), sobald sie den herrschenden politisch-sozialen Typ, der seine Macht und Demagogie über das Desaster von 1945 hinwegrettete, angemessen ins Bild bringen wollen. Denn jene gesellschaftlich-politische Kontinuität, die am sinnfälligsten durch die Namen Globke und Krupp ausgewiesen wird, erscheint zumeist, wenn überhaupt, nur am Rande, obgleich sie eine Kernfrage des westdeutschen Staates berührt.

Zweifellos wird, jedenfalls linkerseits, das Problem der politischen Restauration nicht übersehen, aber es wird zumeist – selbst von Böll – als atmosphärisches Unbehagen empfunden und artikuliert. Diese Kritik an der spezifisch westdeutschen Atmosphäre tastet unentwegt im Leeren, findet ihre Gegenstände in Sündenböcken, aber nicht in Schuldigen; sie gilt zwar dem System, aber das System scheint sich nicht in Personen zu inkarnieren. Weil die Autoren nicht in der Lage sind, ihr Unbehagen gesellschaftlich zu lokalisieren, weil sie gefühlsmäßig und ressentimentgeladen reagieren, richtet sich ihr Unwille häufiger und nachhaltiger gegen die neonbestückte Zivilisationsfassade als gegen jenes raffiniert gestaffelte Team, das die Fassade modisch aufputzt, um in ihrem Windschatten das Gestrige wieder ungehindert ins Werk setzen zu können. – Zivilisationskritik oder Gesellschaftskritik, obwohl in Gedanken scheinbar dicht beieinander, sind Alternativen, die – Gerd Gaiser oder Wolfgang Koeppen – den Begriffspolen Reaktion und Fortschritt nicht so fern stehen; sie werden uns ein andermal beschäftigen.

Vorerst, resümierend, nur dies: Die Prosa des Lebens, um derentwillen sich der Roman vom Epos getrennt hatte, scheint seither, zumindest an der Oberfläche, noch um etliches prosaischer geworden zu sein. Dieser Umstand, den sonst nur Romantiker und Abenteurer bedauern, mag bisweilen dem Erzähler die Sprache verschlagen. Denn nur zögernd verlassen die westdeutschen Romanciers die Kleinbürgerprovinz, die Restbestände von Poesie verheißt, und nur zage nähern sie sich den gesellschaftlichen Zentren. Die mangelnde Oberflächendifferenziertheit des modernen Lebens treibt sie dann zu komplizierten Verfahren, zu grotesk-phantastischen Transkriptionen in der Art des „Hundejahre"-Infernos, zu symbolischen Abbreviaturen wie in „Billard um halb zehn" oder zu empirisch-analytischer Bewußtseinsdarstellung, wie Walser sie praktiziert hat. Überall dort jedenfalls, wo der Autor der geschlossenen und mannigfach vorgeprägten Kleinbürgerwelt den Rücken kehrt, versagt sich ihm die geschlossene, mannigfach vorgeprägte Romanform. Dieser Vorgang hat viele Aspekte, er hat zu manchen Experimenten und noch mehr Mißverständnissen geführt. Aber nicht voreilig sollte das zu Verfall und Krise hinuntergesprochen werden, was der Wahrheitsfindung dient und wenigstens Möglichkeiten der Veränderung in sich birgt.

Wolfgang R. Langenbucher

Unterhaltung als Märchen – Unterhaltung als Politik

Tendenzen der Massenliteratur nach 1945

> *An den Triebstrukturen des Menschen und de-*
> *ren Bedürfnissen hat sich seit Jahrtausenden*
> *außer ihrer graduellen Verfeinerung kaum et-*
> *was geändert.*[1]

Methodische Fragen

„Wer sich vom Geniebegriff der deutschen Tradition freigemacht und davon überzeugt hat, daß auch große Dichter nur im Zusammenhang und im Vergleich mit der sie umgebenden Welt verstanden und gewertet werden können, findet zu seinem Erstaunen, daß die deutsche Literaturgeschichte noch kaum begonnen hat".[2] Diese resolute Behauptung Friedrich Sengles bringt hundertfünfzig Jahre deutscher Literaturgeschichtsschreibung auf einen knappen Nenner.

Über die Gründe dieses Versagens gibt es viele einleuchtende Vermutungen. Eine wissenssoziologisch darauf konzentrierte Geschichte des Faches muß erst noch geschrieben werden. Ein Kapitel, wahrscheinlich das längste einer solchen Studie, hätte der Frage nachzugehen, wie sich diese Wissenschaft an einen Literaturbegriff fixieren konnte, der so ziemlich das meiste an „Literatur" unter den Tisch fallen ließ und so zur „Gratwanderung zu den hohen Gipfeln der Dichtung" (Martin Greiner) wurde.[3] Bis heute lassen sich viele Literaturwissenschaftler in dieser gewiß ästhetisch genußreichen und geistig anregenden Apologetik ihres hehren Gegenstandes nicht irritieren. Ihr oft weihevoller Dienst an einer – vorgeblich – rational nicht auflösbaren „höheren Wirklichkeit" der Literatur ließ ein Bewußtsein für den tatsächlichen Umfang ihrer höchst irdischen Wirklichkeit gar nicht erst aufkommen. Mehrfach wurde dem Fach diese Naivität von Außenseitern angekreidet. Aber für logische Argumentation und methodische Überlegungen hatten seine Vertreter nur selten etwas übrig.

Das provozierte schon 1870 Karl Krumbacher in seiner ‚Geschichte der byzantinischen Literatur' zu satirischen Anmerkungen: „Wenn ein Naturforscher erklärte, er wolle nur mit dem Löwen und Adler, der Eiche und Rose, mit Perlen und Edelsteinen, nicht aber mit widerwärtigen oder häßlichen Gegenständen wie der Spinne, der Klette, der Schwefelsäure sich beschäftigen, er würde einen Sturm von Heiterkeit entfesseln. In der Philologie sind solche Feinschmecker die Regel, die es unter ihrer Würde finden, ihre kostbare Kraft anderem als dem majestätischen Königsadler und der duftigen Rose zu weihen – und wir haben noch nicht gelernt, über diese Würdevollen zu lächeln".[4]

Manches spricht dafür, daß heute eine jüngere Generation von Wissenschaftlern dabei ist, dieses Lächeln zu lernen. Allerdings: Wer die Hochschulschriftenverzeichnisse der letzten Jahre genauer durchforscht, wird erstaunt registrieren, wie wenige „Löwen" und „majestätische Königsadler", „Eichen" und „Rosen" die Germanistikprofessoren und ihre Studenten als untersuchungswürdig kanonisiert haben. Ein paar bekannte Dichter wurden bis in die letzten Winkel durchforscht. Hier sei unterstellt, daß diese Arbeiten alle ihren guten Sinn haben – aber die Kehrseite dieser Akribie ist eklatant. Daß sich spätestens seit dem 18. Jahrhundert neben dem Höhenweg der Dichtung ein immer unübersichtlicheres System von Talwegen entwickelte, „die auf halber Höhe oder im tiefen Grund entlangführen" (Martin Greiner),[5] erregte nur selten die wissenschaftliche Neugier. Man resignierte vor den Stoffmassen oder rettete sich in eine Haltung hochmütig-herablassender Distanz.

In den letzten Jahren sind nun immerhin eine ganze Reihe literaturwissenschaftlicher Abhandlungen erschienen, die diese Behauptung zu widerlegen scheinen. Sie konkurrieren dabei mit psychologischen, soziologischen und kommunikationswissenschaftlichen Studien. Der Vergleich zeigt, wie groß die methodischen Unsicherheiten noch sind. *Moralische* oder *pädagogische Vorurteile* steuern das Interesse oft viel mehr als schlichte Erkenntnisabsichten. Unreflektierte *ästhetische Bewertungen* verhindern schon im Ansatz die unvoreingenommene Beschäftigung mit dem Gegenstand.

Nirgends wird diese ganze Problematik so deutlich wie beim Begriff „Trivialliteratur". Mit dieser Bezeichnung wird völlig undifferenziert hantiert. Dabei impliziert sie zwei höchst fragwürdige Annahmen. Das Wort Trivial-Literatur als Name für kaum noch übersehbare weite Felder der Populärkultur suggeriert, daß es immer um Triviales und immer um Literatur ginge. Mit gutem Grund warf Robert Neumann in seinem geistreichen Essay ,Kitsch as Kitsch can' die Frage ein: „Nur weil auch hier das Buchdruckereigewerbe bemüht wird?"[6] Zu so lapidarer Argumentation sieht man sich veranlaßt, wenn man bedenkt, wie viel zum Phänomen „Trivialliteratur" analysiert und nachgedacht wurde, um am Ende versichern zu können, daß diese „Trivialliteratur" dichterischen Ansprüchen nicht genüge. Das klingt lächerlicher, als es ist, aber an mehreren Beispielen ließe sich demonstrieren, daß es den Erkenntnisgewinn so mancher Studie zwar vereinfacht, aber doch ohne Bosheit resümiert.

Bestes Demonstrationsobjekt für diese Thesen: ein 1964 unter dem Patronat von Walter Höllerer erschienener Sammelband mit diversen einschlägigen Aufsätzen. Die Autoren spüren ihrem Thema in vielen seiner Verästelungen nach. Von Karl May und Courths-Mahler ist ebenso die Rede wie von Comic strips, Schlagern, Science Fiction und dem Unterhaltungsroman vieler Sparten.

Und das alles wird über den Leisten „Trivialliteratur" geschlagen. Wo es die Autoren selbst nicht tun, sorgen die Herausgeber (Gerhard Schmidt-Henkel, Horst Enders, Friedrich Knilli und Wolfgang Maier) mit ihren prätentiösen Zwischentexten dafür.[7]

Erst am Ende, im Nachwort, dämmert den Herausgebern, wie fahrlässig es war, ihn von Anfang an zu strapazieren: „Es geriet so eine pejorisierende Zwangsvorstellung in die Argumentation."[8]

Es lohnt, dieser Zwangsvorstellung und dem daraus resultierenden förmlichen Begriffsfetischismus nachzugehen. Einigkeit herrscht – von ein paar fragenden Nebenbemerkungen abgesehen – im Pauschalurteil von der Trivialität der analysierten Phänomene. Unentschieden bleibt nur, was mit diesem Verdikt nun ganz konkret gemeint ist: die Wortwahl, der Stil, die Psychologie, die formale Struktur, die Fabel, die Intentionen der Verfasser oder was es sonst noch geben mag?

Eindeutig ist Ulf Diederichs: „Die Diagnose ‚trivial' ist eine ästhetische Entscheidung."[9] Ihn interessiert das Problem des Trivialen, um es am Ende einem „schlüssigen ästhetischen Urteil überantworten" zu können. So geht üblicherweise der Literaturwissenschaftler vor. Trivialliteratur wird, genau wie sonst die Dichtung, zum „Objekt eines werkimmanenten Zugriffs".[10] Wir erfahren etwas über die Anfänge und Schlüsse, den Gebrauch des Dialogs, verschiedene Sprachformen oder die Modelle der Erzählung. Solche Beschreibungen und Analysen sind durchaus aufschlußreich. Aber damit begnügen sich die Autoren nicht, da sie die „niedere" Literatur nicht nur „erkennbar" machen, sondern „auch denunzieren" wollen. Im gleichgesinnten Ästhetenkreis reicht fürs Denunzieren das bloße Vorlesen: Trivialität als ästhetischer Befund ist im Grunde banaler Nachweis. Hier mit einem imponierenden Apparat struktureller, werkimmanenter und literaturkritischer Methoden aufzuwarten, die sich am „sprachlichen Kunstwerk" bewährt haben, wirkt grotesk. Der Erkenntnisgewinn hält sich in bescheidenen Grenzen. Um darüber hinauszugelangen, um andere Befunde zu entdecken, muß man das Instrumentarium der Literaturwissenschaft ergänzen.

So werden immer wieder psychologische Begriffe zu Hilfe genommen: Trivialität erscheint als psychologischer Befund, denn die so beschaffene Literatur sei auf Gefühlserregtheit gerichtet und wende sich an das Gemüt. Sie „appelliert an vorhandene Spannungen und Verletzungen in den Lebenserfahrungen der Leser",[11] aber sie tut es auf verlogene und triviale Weise, etwa durch ihren Konformismus, durch ihre widerspruchslose Anpassung an die jeweiligen gesellschaftlichen Verhältnisse. Auch guter Stil bewahrt in einem solchen Falle nicht vor Trivialität.

Die Reihe dieser „Befunde" und ihre Katalogisierung ließe sich ziemlich beliebig fortsetzen, wenn man der Verwendungsweise des Wortes „Trivialliteratur" einmal genau nachginge und dabei auf säuberliche Trennung der verschiedenen Bedeutungen achtete. Der erwähnte Band des Berliner ‚Literarischen Colloquiums' bietet für das hier herrschende verwirrende Durcheinander erstaunliche Belege. Einmal bezieht sich der Vorwurf der Trivialität auf die psychologische Fundierung der Gestalten, dann auf die Konzeption eines „organischen Menschenbildes", bei der Heimatliteratur auf deren reaktionären Charakter (den Abstand zur technischen und zivilisatorischen Entwicklung), dann ist es eine Frage der Optik; viele Formulierungen suggerieren, daß es a priori triviale Themen gebe (etwa Science Fiction), und andere, trivial bedeute, daß es nur um die menschlichen Instinkte gehe. Kurz, die Autoren verheddern sich völlig in dem Netz, das ihr Begriff darstellen soll, um damit die vielfältige Wirklichkeit der Gebrauchsliteratur zu analysieren.

Bleibt die Frage, warum die vielen Ornamente und Bedeutungen, die sie dem Wort „Trivialliteratur" gaben, so wenig zur Klärung und so viel zur Desorientierung beitragen; diese Frage zielt auf die „pejorisierende Zwangsvorstellung", die die Herausgeber am Ende selbst in der Argumentation ihrer Autoren entdeckten. Daß diese unnötig sein könnte, bestreiten sie schlicht mit der schicksalsträchtigen Frage: „Aber wie ginge es anders?"[12]

Das wird schnell erkennbar, wenn man die Voraussetzungen dieser Zwangsvorstellung untersucht. Direkt oder indirekt rekurrieren alle Bewertungen, alle Verdikte gegen die Trivialliteratur auf eine Definition der anderen, der „hohen" Literatur, auf eine bestimmte Idee von „Dichtung". Die Annahme solcher Prämissen macht die darauf bezogenen Urteile zu Resultaten eines bloßen Definitionstricks. Die raschen Werturteile verhindern das notwendige Verstehen der Tatsachen.

Durch einige neuere Arbeiten läßt sich literaturhistorisch nachweisen, daß die Ursprünge des modernen Unterhaltungsromans nicht aus einer Umformung und Teilhabe an der „literarischen Hochform"

Roman erklärbar sind. Von der klassischen Kunsttheorie ohnehin verachtet, fand der unterhaltende Roman seine Gestalt durch ganz andere Einflüsse. Sie reichen vom schlichten mündlichen Erzählen über die religiöse Erbauungsschrift, die Form des Briefes und der Autobiographie bis hin zum stilisierten Dialog, wie er in der Konversation der literarischen Salons gepflegt wurde. Der Unterhaltungsroman entwickelte sich aus der realen gesellschaftlichen Kommunikation, aus dem aktuell bedingten Gespräch der Menschen untereinander. Prosaromane, nicht selten nur aus Dialogen bestehend, versuchen dieses Gespräch künstlich herzustellen: Sie sind Manifestationen der Kommunikation, in der die Gesellschaft sich selbst darstellt.[13]

Der so im 18. Jahrhundert entstandene bürgerliche Roman ist die „Zweckform" einer damals erst sich bildenden Leserschaft. Worin immer seine Bedeutung für diese liegt, was immer seine Funktion sein mag: die durch ästhetische Wertmaßstäbe definierte Bedeutung und Funktion des sprachlichen Kunstwerks setzt sich klar dagegen ab. Die Unterhaltungsliteratur ist nicht weniger als die „normschaffende Dichtung", sondern „überhaupt etwas ganz anderes".[14] Diese Bemerkung des Literaturhistorikers Martin Greiner hat für die Beschäftigung mit der populären Literatur eine befreiende Wirkung. Zwar wußten das auch schon Montaigne und etwa Schiller, aber die jahrhundertelange Auseinandersetzung mit den Produkten der Massenkultur wurde immer durch bestimmte Ansichten von den Funktionen der Kunst verdunkelt. Diese meist auf außerästhetische religiöse oder ethische Werte bezogenen Ansichten wechselten zwar, verstellten aber allesamt den Blick für jene Phänomene, die äußerlich der Kunst zwar ähnlich scheinen, aber in Wirklichkeit schon immer etwas ganz anderes waren. Geht es im einen Fall primär um ästhetische Weltgestaltung, so im anderen um die Erfüllung sozialer Bedürfnisse.

Mit diesen kritischen Anmerkungen zur Kritik der literatur-ästhetischen Beschäftigung mit der Trivialliteratur wird ein psychologischer, soziologischer und kommunikationswissenschaftlicher Blick auf dieses Phänomen vorgeschlagen. Es gilt, die Frage wissenschaftlich ernst zu nehmen, welche Bedeutung die Überfülle der Gebrauchsliteratur für den Menschen hat, welchen Einfluß sie in der Gesellschaft gewinnt, was wir aus ihr über das Gegenwartsbewußtsein ablesen können.

Aus solchen methodischen Vorüberlegungen sind auch begriffliche und definitorische Konsequenzen zu ziehen. Einen heuristisch interessanten Vorschlag dazu hat Helmut Kreuzer gemacht. Er weist nach, daß jede feste, vorgeblich „objektive" Grenzziehung zwischen „Literatur" und „Trivialliteratur" theoretisch willkürlich bleibt und definiert als „Trivialliteratur" einfach jenen Literaturkomplex, „den die dominierenden Geschmacksträger einer Zeitgenossenschaft ästhetisch diskriminieren".[15] Dieses historisch-geschmackssoziologische Vorgehen schaltet allzuoft und unreflektiert einfließende subjektive ästhetische Werturteile des Analysierenden aus und führt auf eine umfassendere literarische Realität – das literarische Leben einer Zeit.

Überblick

Ein knapper Überblick – wenigstens über einen Sektor der Massenliteratur: den Roman – soll diese Begriffsbildung kurz erproben. Welche literarischen Produkte werden heute von den dominierenden Geschmacksträgern ästhetisch diskriminiert? Als Antwort auf diese Frage sei die These formuliert, daß das heute jene Literatur ist, die in den literaturkritischen Organen der literarischen Elite gar nicht oder nur höchst sporadisch, als gleichsam exotisches Einsprengsel, behandelt wird.

Dazu gehören vorab die Millionen *Groschenromanhefte*. Es sind nur ein Dutzend Verlage, die sich hier betätigen, aber sie beschäftigen nahezu 2000 Autoren und erreichen mit ihren Produkten jeden dritten Deutschen zwischen 25 und 70 Jahren, unter den Jugendlichen sogar sicherlich einen noch höheren Prozentsatz. Neben den traditionsreichen Frauen- und Liebesromanen hat ein Umschwung des Publikumsgeschmacks in den fünfziger Jahren härtere Serien zu großen Erfolgen gemacht. An der Spitze steht ,Jerry Cotton', jede Woche erscheint ein Heft in einer Auflage zwischen 200 000 und 300 000. Jedes Exemplar erreicht im Durchschnitt acht Leser! Ähnliche hohe Auflagen erzielt die Weltraumserie ,Perry Rhodan', die Science Fiction populär machte. Ein anderer Verlag hat sich seit langem auf Landser-Reihen spezialisiert und nährt damit des deutschen Mannes Kriegserinnerungen. Die Gesamtauflage all dieser Heftchenromane, die in über 100 Serien erscheinen, beträgt 14 Millionen pro Monat.[16]

Nächste Stufe: Romane, die speziell für gewerbliche *Leihbüchereien* produziert werden, in Art und Zuschnitt nicht viel anders als Heftromane. Historisch war die Leihbücherei einmal eines der wichtigsten Distributionssysteme für das Buch, heute handelt es sich um „ein verkümmerndes Gewerbe am Rand der Unterhaltungsindustrie".[17]

Auch die *Taschenbuchproduktion* muß hier erwähnt werden, weil es ja nicht nur die Reihen der „seriösen" Verlage gibt. In Hamburg erscheinen die ,Bücher der Gartenlaube', aber auch bei den großen, bekannten Taschenbuchverlagen – Goldmann, Rowohlt, Heyne etwa

– enthalten die Titellisten zahllose in- und ausländische Unterhaltungsromane im hier verstandenen Sinne.

Weiter wären die Angebote der *Buchgemeinschaften* und *Leseringe* genau unter die Lupe zu nehmen. Ihr Programm unterscheidet sich in vielen Teilen zwar kaum von dem des traditionellen Buchhandels, aber im Sektor Unterhaltung fällt auf, wie groß neben den gängigen Bestsellern die Zahl gleichsam „klassischer" Unterhaltungsromanciers ist. Karl May, Alexandre Dumas, Ludwig Ganghofer, Margaret Mitchell, Vicky Baum, John Knittel, Gwen Bristow und viele Dutzend weiterer Namen – sie wandern seit Jahrzehnten von Programm zu Programm und finden immer neue Lesergenerationen.

Die Premieren der unterhaltenden Bestseller-Literatur finden im *Sortimentsbuchhandel* statt, meist aus dem großen Reservoir der anglo-amerikanischen Unterhaltungsliteratur stammend. Aber auch in der Bundesrepublik gibt es „gute Konfektion". Namen wie Hans Helmut Kirst, Willi Heinrich, Johannes Mario Simmel oder Alice Ekert-Rotholz signalisieren, was damit gemeint ist.

Immer wieder findet man auf dem Buchmarkt auch Einzelgänger – so etwa Hans Ernst, den sein Verlag als einen „Dichter der Bergwelt und ihrer Menschen" anpreist, Zeichen einer literarischen Sonderkultur, die kaum je ins Blickfeld der dominierenden Geschmacksträger tritt.

Neben dem Buchmarkt ist es vor allem die Presse, die Unterhaltungsliteratur in die Gesellschaft hineinvermittelt. Nach 1945 sah es eine Weile so aus, als ob die Tageszeitungen auf den *Fortsetzungsroman* verzichten würden, aber das änderte sich schnell wieder. Heute druckt jede Zeitung wieder täglich ihren Roman, teilweise Vorabdrucke, zum größeren Teil aber eigens für diesen Zweck geschriebene Werke, die von Romanbüros, z.T. als fertige Matern, vertrieben werden.

Interessanter als die Fortsetzungsromane der Tagespresse sind die *Illustriertenromane*. Sie gehören zum wichtigsten Ingrediens der Stoffmischung dieser Publikumszeitschriften mit Millionenauflagen, heute freilich nicht mehr so zentral wie um 1960. Mit den großen Erfolgen verbinden sich Namen wie Hans Ulrich Horster (ein Pseudonym für mehrere ‚Hör-zu'-Autoren), Heinz G. Konsalik (ein Vielschreiber ohne Beispiel in der Branche), Stefan Olivier (ein Pseudonym für Reinhart Stalmann, der einst 1951 mit einem Kriegsroman debütierte, den viele Kritiker zusammen mit Heinrich Bölls Erstling rezensierten!), Johannes Mario Simmel (der inzwischen nur noch Buchromane schreibt), Will Berthold (einst Spezialist für Kriegsromane), Stefan Doerner, Jens Bekker, Henry Pahlen, Linda Strauß und viele andere.[18]

Diese Hinweise deuten den Umfang der Unterhaltungsliteratur an. Bezeichnenderweise gibt es bei uns darüber keine Gesamtdarstellung, dafür beschäftigen sich die Literaturwissenschaftler der DDR um so intensiver damit, zuletzt Klaus Ziermann, der diese „Romane vom Fließband" als imperialistische Massenliteratur analysiert.[19]

Ansatz

Wie läßt sich nun die Fülle dieser ästhetisch diskriminierten Literatur in den Griff bekommen? Die Antwort gibt der – fast beliebige – Blick in die tägliche Produktion am deutlichsten bei den Publikumszeitschriften, den großen Illustrierten und Frauenjournalen.

Als 1966 in Bonn die Große Koalition an die Regierung kam, konnte man ihren Roman schon wenige Wochen später in einer Illustrierten nachlesen. „Geliebte Hölle" überschrieb die ‚Quick' ihren „großen Schlüsselroman" über Bonn, „wie es liebt und intrigiert", dieses „Nest voll Intriganten und ehrgeizigen Emporkömmlingen", dieses „Pflaster, auf dem Gemeinheit gedeiht". Nun werden auch die Herren von der SPD in diesen „Sumpf" gezogen, mitsamt ihren Sekretärinnen und Referenten bis hin zum Chauffeur. Und: „Es ist verdammt schwer, sauber zu bleiben, sobald man erst mal im Dreck von Bonn steckt."

Im Frühsommer 1967 fand im Nahen Osten der Sechs-Tage-Krieg statt. Wohl nur Stunden nach den ersten Nachrichten machte sich Heinz G. Konsalik als einschlägig erfahrener Romancier ans Diktiergerät und schrieb für die ‚Neue Revue' die epische Fassung dieser Geschehnisse: ‚Liebe auf heißem Sand'. Schon im November lag die Buchausgabe vor: ‚Haß und Spionage im Vorderen Orient'.

Das „Ereignis" des Schahbesuchs in Deutschland war wohl weniger inspirierend, fand aber einige Monate später auch seinen Erzähler. T. S. Laurens schrieb für die ‚Bunte Illustrierte' den „neuen, großen Abenteuerroman" mit dem Titel ‚Arabische Nächte'. Unter ihren Sternen werden die Pläne für die Demonstrationen in der Bundesrepublik ausgedacht. Die Drahtzieher: Großgrundbesitzer und Ölscheiche, die der fortschrittliche Schah naiverweise glaubte entmachtet zu haben. Ihre Devise: „Der Besuch des Schahs in Deutschland muß zu einem Fiasko werden."

Die Reihe dieser Beispiele ließe sich fortsetzen. Zu den Illustriertenromanen kämen zahllose Titel aus der Buchproduktion vieler Verlage.

Eines wird evident: Diese Romanautoren sind gängigen Zeitthemen flink auf den Fersen. Sie sind Reporter, die sich der Form des

Epischen bedienen. Von ‚Contergan' bis zur „Republikflucht", von der „Krankenhausbürokratie" bis zum ‚Lebensborn', vom „Waffenschiebergeschäft" bis zur „Diagnose Krebs", vom tödlichen „Verkehrsunfall" bis zur „Anti-Baby-Pille", über die „Herztransplantation" zur Giftgasproblematik oder den Prager August-Ereignissen von 1968: Aktualitäten aller nur denkbaren Art sind Versatzstücke ihrer „epischen Welten".

Das Vier-Millionen-Funk- und Fernsehblatt ‚Hör zu' hat es auf einen kurzen Nenner gebracht. In einem Prospekt wird für die unter den drei verlagseigenen Namen Hans Ulrich Horster, Adrian Hülsen und Klaus Hellmer von wechselnden Autoren zusammengeschriebenen Romane postuliert: „Menschen der Gegenwart, Probleme der Gegenwart: eine Romanreihe, die im besten Sinne ein blanker Spiegel unserer Zeit ist."

Es ist die eigentliche These dieses Beitrages, daß die Werbetexter von ‚Hör zu' recht haben und daß ihre „Erkenntnis" in spezifischer Weise auf alle Unterhaltungsliteratur zutrifft. Wie das zu erklären ist, hat einleuchtend Siegfried Kracauer klargemacht, der in der alten ‚Frankfurter Zeitung' eine noch heute höchst lesenswerte Serie des Titels ‚Wie erklären sich große Bucherfolge?' inaugurierte. Resümierend formulierte Kracauer: „Der große Bucherfolg ist das Zeichen eines geglückten soziologischen Experimentes, der Beweis dafür, daß wieder einmal eine Mischung von Elementen gelungen ist, die dem Geschmack der anonymen Lesermassen entspricht. Eine Erklärung für ihn bieten allein die Bedürfnisse dieser Massen, [...] nicht aber die Beschaffenheit des Werkes selber – oder doch nur insofern, als sie jene Bedürfnisse stillen. Und sollten sie gar wirkliche Spuren von Substanz mit sich führen: sie verschaffen dem Buch sein Renommee nicht in ihrer Eigenschaft als Gehalte, vielmehr als Widerspiel der im sozialen Raum verbreiteten Tendenzen."[20]

Zwischen den Konsumenten und Produzenten der massenhaft verbreiteten Unterhaltungsliteratur herrscht eine gleichsam prästabilierte Harmonie. Erfolgreiche Bücher sind das tönende Echo ihrer Leser, Ausdruck ihrer geheimsten Wünsche und Träume, Spiegel der tatsächlichen Kommunikationsstruktur der Gesellschaft. Ein Schriftsteller trifft den Geschmack einer Millionenleserschaft, wenn er diese nicht anspricht, sondern ausspricht, wenn es ihm gelingt, ein treffendes Bild der anderen zu entwerfen. Er leistet damit eine sprachliche Vermittlung von Gefühlen und Träumen, Emotionen und Wünschen, Erlebnissen und Sehnsüchten, deren Relevanz – wie der Sozialpsychologe Peter R. Hofstätter meint – wir gern unterschätzen, weil unser Leitbild vom Menschen in der technischen Zivilisation noch immer allzu puritanisch ist.[21]

Es liefert diese Gattung der Romanliteratur eine Chronik der Zeit auf ihre Art. In ihr werden die Themen aufgegriffen, die im Gespräch sind, die die Menschen aktuell bewegen. Das fördert die Identifikationsmöglichkeit: sie ist vollkommen, wenn der Leser die „Welt" der Romanpersonen als „seine Welt" empfinden kann. Der Held sollte ein Mensch sein „wie du und ich". „Ein Mensch" – das ist unbestimmt genug, um auf vieles zuzutreffen. Ein Mensch – gleichen Geschlechts, gleicher Herkunft, gleichen Denkens. So wird ein emotionales Partizipieren erreicht mit anderen Menschen in einer anderen Welt – wenigstens für ein paar Stunden. Wichtigstes Vehikel solcher Identifikation aber ist das Anbinden der Fiktion an die dem Leser bekannte Gegenwart. So spielen viele der erfolgreichsten Romane vor dem Hintergrund einer vertrauten Welt. Sie suggerieren Lebensnähe.

Aber der direkte, historische Zeitbezug macht nur die Oberfläche aus. Deshalb gilt es zu differenzieren, wenn man den Begriff der „Aktualität" zum Ausgangspunkt einer Analyse der Unterhaltungsliteratur vorschlägt. So häufig Zeitthematiken in diesen Romanen aufgegriffen werden – sie stellen nicht die Wirklichkeit dar, wie sie ist. So sehr ihre Aktualität ständig betont wird – es sind nur dünne Fäden, die sie an die Gegenwart binden. Ansonsten sind sie bestimmt von der subjektiven Gegenwart menschlicher Wünsche und Träume. Diesen geheimen, halbbewußten Sehnsüchten der Leser passen sie sich an. So kann die Werbung für einen Prager-August-Roman (von Heinz G. Konsalik) lauten: „Die süße, romantische, zu jedem Opfer bereite Liebe [...] die wilde, alle Dämme einreißende Leidenschaft [...] sie können jetzt unser Herz rühren, sie hätten es vor zehn Jahren gekonnt und werden es auch noch in zwanzig Jahren können [...] Es ist deshalb auch kein politischer Roman, sondern die bittersüße, ewig sich erneuernde Liebesgeschichte junger Menschen im Schatten der Politik."

Diese Romane sind also paradoxerweise Zeitromane, weil sie – zeitlos sind. Sie könnten heute spielen oder vor tausend Jahren. Sie sind nicht tagesaktuell. Sie erzählen von einer Wunschwelt, sie sind Märchen für Erwachsene. Aber für den Leser sind sie aktuell, aktuell für sein ganz persönliches Leben, gerade wenn es um „allgemein menschliche" Probleme geht. Hier wird sichtbar, was man die anthropologische Dimension dieser Literatur nennen könnte. Sie ist Zeitliteratur, gerade weil sie von zeitlosen Themen wie der Liebe handelt. Ihre Themen sind immer aktuell, weil ständig subjektiv aktualisierbar und zugleich nie tagesaktuell, weil von „ewigen" Dingen handelnd. Deshalb ist gerade die Liebe der Angelpunkt aller Traumfunktionen des Romans. Daran hat sich von Marlitt zu Barbara Noack, von

Friedrich Spielhagen zu Willi Heinrich und Stefan Olivier wenig geändert.

Karl Kraus hat dafür den griffigen Ausdruck gefunden, daß diese Geschichten darauf aus seien, „die Ewigkeit zu journalisieren".[22]

Zur Gewinnung eines analytischen Instrumentes ist es nützlich, *drei Grundformen dieses Zeitbezuges* der Unterhaltungsliteratur zu unterscheiden:

– *Der Zeitbezug kann sich als Wirklichkeitsbezug zeigen.* Ein Romancier versucht, über das zu informieren, was in der Welt vorgeht. Seine Erzählhaltung, seine Methoden der Stoffbeschaffung nähern sich der des Reporters.

– *Der Zeitbezug resultiert aus der Manifestation und Befriedigung der Wünsche und Träume einer Gesellschaft,* die – eingelagert in die Realität – jederzeit aktualisierbar sind.

– *Der Zeitbezug besteht in einer „publizistischen" Intention.* Der Roman wird so zu einem Mittel gesellschaftskritischer und politischer Publizistik. Er dient der Belehrung, der ideologischen Beeinflussung, er wird zum Instrument im Meinungskampf.

Diese drei Grundformen kommen selten „rein" vor: Das bloße Wunschbild ist ebenso selten wie die nüchterne Zeitdarstellung. Interessant für die kritische Analyse sind die Mischungsverhältnisse, das unterschiedliche Gewicht der jeweils erfüllten Funktionen. Der Typ I – der Tatsachenvermittler – und der Typ III – der politische Publizist – sind kaum voneinander zu trennen. Und beide verschmähen in der Regel auch nicht die erzählerischen Kunstmittel des Typ II – des Märchenerzählers –, um ihre Leser bei der Stange zu halten. Nur so können sie ihren eigentlichen Zweck, die politische Wirkung, erreichen.[23]

Unterhaltung als Märchen

Zwei Beispiele aus den fünfziger und aus den sechziger Jahren: die ‚Hör-zu'-Romane und Anne Golon mit ihrer ‚Angélique'-Serie können demonstrieren, welche Tendenzen die Massenliteratur hier entwickelte.

Hans-Ulrich Horster war das Pseudonym eines wechselnden Autorenteams, das – inspiriert vom Chefredakteur Eduard Rhein – in den Jahren nach 1950 der Funkzeitschrift ‚Hör zu' ihre großen Auflagenerfolge eintrug. Alle diese Romane wurden verfilmt – meist mit prominenten Schauspielern wie Ruth Leuwerik oder O. W. Fischer. Typisch z. B.: ‚Ein Student ging vorbei'. Der Klappentext verspricht „einen Kampf der Leidenschafen, der das solide Familiengefüge völlig erschüttert [...] Liebe [...] Ruhe und Geborgenheit [...] abgeschirmte Welt [...] alles zerstörende Flammen [...]." Die Grundbestandteile und -motive in den Romanen Horsters bleiben ziemlich konstant, nur Orte und Landschaften und die Namen der Personen wechseln. Die Hauptthemen sind: Liebe und Reichtum und – oft sehr typisch damit verquickt – Schönheit. Auch Sicherheit, Ruhm und Pflichterfüllung spielen eine Rolle. Eng mit dem Reichtum ist außerdem die Sehnsucht nach der Ferne gekoppelt.

Der Roman beweist nachdrücklich, welch überragende Bedeutung dem Thema „Liebe" in solchen Kommunikationsformen zukommt. Das gilt sehr allgemein. 80 Prozent aller Filme, Romane und Fernsehspiele in den USA haben die Beziehungen zwischen Mann und Frau zum Hauptthema.

Alle Befriedigung wird aus dem Lieben und dem Geliebtwerden erwartet.

Bei Horster ist auch Reichtum fähig, fast alle Probleme zu lösen. Er macht, daß auf dem Umweg über den Schönheitschirurgen aus dem „Entlein" ein „strahlender Schwan" wird. Die Liebe läßt dann nicht mehr lange auf sich warten, und auch innere Sicherheit ist durch Schönheit schnell gewonnen. Reichtum erfüllt dazuhin den sehnsüchtigen Wunsch nach der Ferne. Sie ist das Zeichen der Weltflucht. Die Ferne trägt von unserer Wirklichkeit hinweg in „gleichgültige Weiten".

Für den, der es sich nicht selbst leisten kann, reisen die Gestalten der Romane. Horster weiß das und holt sich seine Personen aus Übersee, läßt sie Ferien und Reisen machen und den Luxus in berühmten Städten genießen.

Als zwei der Hauptgestalten geheiratet haben, verbringen sie einige Tage in einem kleinen Dorf: „Der Spätherbst dieses Jahres ist hochsommerlich warm. Es ist, als verströme die Natur noch einmal ihren Glanz, bevor Kälte und Frost sich lähmend über alles Leben legen. Die Wirklichkeit hat in dieser Traumwelt für Brandt und seine junge Frau die Gewalt verloren. Ein Rausch des Glücks läßt sie die Sorgen völlig vergessen. Brandt schließt die Augen. Das ist das Ende einer Woche voller Seligkeit."

Diese Sätze tragen die kritische Analyse des Zustandes, den sie schildern und hervorrufen wollen, schon mit sich. Besser läßt sich kaum beschreiben, wie der wunschbildliche Roman zum „bewußten und unbewußten Umgehungsmanöver" (Siegfried Kracauer)[24] wird.

‚Ein Student ging vorbei' spielt im Tübingen des Jahres 1954. Diese geographische, historische und soziale Situation wird als real nur durch Banalitäten suggeriert. Einige Details haben das Signum der Authentizität. Darüber hinaus aber? Von einer Familie heißt es einmal, sie bewohne eine typische „neureiche" Villa. Doch zu mehr als dem Satz: „Heute fragt es sich, ob der Schrotthändler den Apothekersohn akzeptiert", schwingt sich solche „Zeitkritik" kaum auf. Vor schwer verdaulicher Wirklichkeit wird der Leser verschont, seine Wunschbilder dagegen werden bestätigt. Ein tatsächliches „Heute" wird selten vergegenwärtigt. Schauplatz ist das „liebe, alte Tübingen", auf dessen Marktplatz das Mondlicht scheint, „wie schon vor hundert und zweihundert Jahren, wenn hochgestimmte junge Zecher das Lokal verließen". „Der Marktbrunnen rauscht sein altes Lied." Man sieht: hier läßt die „Heimat" ihre Macht walten.

Was ausgeklammert bleibt, ist die Arbeit. Nur in einer Gestalt wird, was Arbeit ist, deutlicher. In ihr realisiert sich das Ethos selbstloser Pflichterfüllung, das als moralisches Moment in der deutschen Gesellschaft lange genug seine fatale Rolle spielte und für die Selbstaktualisierung einzelner auch heute noch immer hat.

Sein „Gesellschaftsbild" holt sich der Roman aus der Vergangenheit. Die „gute Gesellschaft" wirkt als ein soziales Regulativ. Sie legt „Eis" um das Haus derer, die sie verachtet oder nicht akzeptiert. Was diese Gesellschaft als soziale Realität ist, bleibt im Dunkel. Sie wird nie in ihrer tatsächlichen Struktur angedeutet, geschweige denn abgebildet. Sie manifestiert sich als „Klatsch". Das Verhalten der Personen bestimmt, daß sie „das kleine Geschwätz dieser Stadt" fürchten. Man kann zum „Gespött der ganzen Stadt" werden (Tübingen hat über 50 000 Einwohner!). Gerüchte ergießen sich wie eine „Springflut durch die Straßen und Gäßchen Tübingens".[25]

Nicht Taten also zählen, wirkliche gesellschaftliche Mechanismen, Machtverhältnisse, Schichtunterschiede: der Klatsch reguliert alles, er ist *die* soziale Macht.

Die gesellschaftliche Wirklichkeit wird auf bald harmlose, bald verruchte Weise beschönigt und entstellt. Politische Phänomene gibt es in dieser Welt nicht; in ihr spielen sich – wie ein Untertitel von Horster lautet – „Balladen vom flimmernden Rummelplatz des Lebens" ab.

Man kann diesen Untertitel förmlich auf der Zunge zergehen lassen: Er registriert zeichenhaft, wie die Gesellschaft sich in diesen Romanen spiegelt. Eindeutige Gefühle produzieren sonnenklare Schicksale. Aus Konkursen und Karrieren, aus Unglück und Pech schlagen die Autoren die Stoffe für ihre immer-gleichen Geschichten. Die Darstellung konkreter „Welten" wird ersetzt durch Allerweltsthemen aus dem bürgerlichen Traumbasar: Liebe, Abschied, Ferne . . .

Die Horsterschen Romane, hier als Modell des reinen Wunschbildes analysiert, dienen der Verklärung und Apologie bestehender Verhältnisse, sie bestätigen, ohne je in Frage zu stellen. Ihr Blick wendet sich der Vergangenheit zu, sie sind rückwärts gerichtete Utopien. Ihre Ideologie ist konservativ bis reaktionär, die Leitbilder autoritär; die Psychologie resultiert nicht aus konkreten Verhältnissen, sondern elementargewaltigen Gefühlen, die seit Ewigkeit zum Menschen gehören.

Solche Autoren und Autorinnen gehen eifrig die Trippelschritte der Marlitt und Courths-Mahler. Was sie schreiben, ist die rigorose Trivialisierung einer typisch deutschen Spielart von „Dichtung" im Stile von Hermann Hesse oder Ina Seidel, Hans Carossa oder Ernst Wiechert. Robert Minder nennt das die „Gipsklassik": eine reine Welt aus Innerlichkeit, ein Stilleben im Riesenausmaß.[26]

Zu diesem Romantyp zählen vor allem auch die meisten historisch-abenteuerlichen Frauenromane. Neuestes, geradezu kolossalisches Beispiel: die ‚Angélique'-Serie von Anne Golon. Sieben Bände – aus dem Französischen übersetzt – haben in den letzten Jahren die deutschen Bestsellerlisten geziert – ein Ende ist noch nicht abzusehen.

Man muß schon zu der Sprache der hier zu analysierenden Objekte greifen, um ihnen gerecht zu werden: was ist das „Geheimnis" des Erfolges der ‚Angélique'-Roman-Reihe von Anne Golon? Woher rühren die „Magie", die „Verzauberung", die von den bislang sieben Bänden über „Leben und Liebe" der „unbezähmbaren Angélique" ausgehen? Was läßt Millionen Leserinnen – auch Leser? – in über dreißig Ländern dieser Erde „außer Fassung geraten", wenn wieder einer dieser fünfhundertseitigen Schmöker auf dem Ladentisch der Buchhändler landet? Was steckt dahinter? Wie läßt sich dieses literarische Ereignis eigener Art erklären?

Anne Golon liefert die Ansätze einer Wirkungsanalyse in ihren Romanen gleich mit. Sie ist offen und frei genug, auch ihren Lesern genau zu sagen, wie gut sie die psychologischen Gesetze ihrer Branche kennt: „Wußte man, aus welch unterschiedlichen Träumen die Frauen ihr Glück schmiedeten? Für die eine war der Gipfel ein Perlenkollier, für eine andere war es der Blick des Königs, für eine dritte die Liebe eines einzigen Wesens, für andere wiederum waren es die bescheidenen Befriedigungen der Hausfrau, das Gelingen des Eingemachten, zum Beispiel."

Träume sind es, aus denen die Frauen ihr Glück schmieden, unsicher nur bleibt: welche? Dieser Unsicherheit begegnet Anne Golon mit Massenhaftigkeit, mit einem breiten Sortiment, mit einem wahren Traumbazar. Reich und unausschöpflich, immer wieder neu sind die Träume fabulierend instrumentiert und alles „Suchen nach dem Sesam, dem Zauberspruch" endet bei dem *einen* Traum: „Und plötzlich fand sie den Schlüssel – die Liebe". Und genau damit findet, wie es über einen „Verführer" in ‚Angélique und ihre Liebe' heißt, Anne Golon „unfehlbar zu den Herzen der Frauen".

Angélique ist die vollkommene Inkarnation des ewigen Wunschtraumes vom Glück und der Erfüllung romantischer Liebe. Die körperliche Liebe wird mit dieser Frau zu einem „mystischen Geschenk des ganzen beteiligten Seins" und jeder Kuß zu einer „mysteriösen Vereinigung".

Anne Golon ist eine um Einfälle nie verlegene Rhapsodin solcher Gefühlswelten. Sie propagiert die Liebe als die „gewaltigste irdische Erschütterung", als einen „Akt jenseits aller Vernunft". Das ist durchaus wörtlich gemeint, denn in diesem Roman gibt es kaum psychologische Motive oder gesellschaftliche Zustände, die die Handlung bewirken. Das Geschehen wird von der „Vorsehung" bestimmt, vom geheimnisvollen „Zufall", ja, von „Dämonen" und den „unsichtbaren Geistern des Bösen". So läßt die Autorin keinen Zweifel, welchem Genre sie ihren Roman zurechnet: ‚Angélique und die Versuchung' ist ein Märchen für Erwachsene. Und lesen sollen dieses sprachlich und szenisch wie eine pomphafte Oper von Giacomo Meyerbeer inszenierte Märchen vom überirdischen Glück der Liebe die Frauen, dieses „seit Jahrtausenden unterdrückte und gedemütigte Geschlecht". Triebgesättigte, gierige, „die knisternden Flammen der Liebe" schildernde Szenen sind die eigentlichen Höhepunkte der ‚Angélique'-Romane. Alle anderen Ereignisse sind nur erzählerisches Dekor, Windstillen vor einem neuen „Sturm der Gefühle". Nichts ist in diesen Büchern bunter, lebhafter und „beglückender" instrumentiert als der „ewige" Wunschtraum von der romantischen Liebe. Für Angélique verwirklicht er sich in allen nur denkbaren Intensitätsgraden. Auch im Traum erlebt sie „herzzerreißende, fast schmerzhafte Gefühle": „ihr ganzer Körper atmete die wahnwitzige Liebe, die sie empfunden hatte, in dem Zustand, in dem er sich jetzt befand, konnte er nur der Anziehungskraft einer Lockung erliegen, die so alt wie die Welt war." Immer wieder kehren in der Erinnerung ihre Erlebnisse mit verschiedenen Männern zurück: „Die archaische, erregende Leidenschaft des armen Normannen, die derben, fröhlichen Vergnügen, die sie dem Polizisten Desgray verdankte, die weit raffinierteren, die sie mit dem Herzog de Vivonne genossen hatte."

Und doch kann das alles noch übertroffen werden, als sie im fünften Bande schließlich ihren Mann wiederfindet, auf den „ihr sanftes, goldenes Fleisch" eine Macht ausübt, die an „Magie" grenzt: „Er würde nicht genug Tage und Nächte finden, sie zu lieben, zu zähmen, zu besänftigen, mit ihr die ewige Trilogie zu erneuern: ein Mann, eine Frau, die Liebe." Angélique wird von Anne Golon zur mythischen Gestalt dieser ewigen Trilogie stilisiert. Angélique ist die

„leidenschaftlichste aller Frauen", die „heimliche Venus der Liebes-
nächte", die „alle Frauen in sich vereint". Von ihr geht ein „Zauber"
aus, der von „diabolischer, fleischlicher und mystischer Art" ist.
Angélique ist das „Mysterium" des „Ewig-Weiblichen", vergleichbar
nur den „Göttinnen des Olymps".

Unvergleichlich auch ihre Schönheit: „Sie mochte in grobes Bar-
chent, in Fetzen gekleidet sein, wild zerzaust, vom Meer gepeitscht
oder angstvoll und von Erschöpfung gezeichnet wie heute, oder nackt,
schwach und hingegeben wie in jener Nacht, als er sie in seinen Armen
gehalten hatte, sie, die weinte, ohne es zu wissen – *immer würde sie
schön sein,* schön wie die Quelle, über die man sich neigt, um seinen
Durst zu löschen."

Hier wird Ersatzbefriedigung offeriert. Mit Literatur hat das kaum
zu tun, viel eher mit Psychotherapie, mit Frustrationen und Neurosen.
Das kaum absehbare Ende der ‚Angélique'-Serie und ihre nun wirklich „märchenhaften" Auflagenerfolge demonstrieren, wie real und
mächtig diese Wunschtraum-Bedürfnisse auch in einer modernen
Industriegesellschaft sind. Es wäre zynisch, darüber einfach den Stab
zu brechen, denn solche Wunschbilder – Ernst Bloch hat uns dies
gelehrt – sind Träume von einem besseren Leben. Sie sind Teil des
„Prinzips Hoffnung" und zugleich Kapitel aus einer Pathologie der
Phantasie – Anlaß genug, hinter ein solches literarisches Phänomen
zurückzufragen nach der Gesellschaft, auf deren Boden es sich entwickelt.[27]

Unterhaltung als Politik

Lange Jahre galt es in der literarischen Diskussion als unbefragtes
Faktum, daß es in der Bundesrepublik keine politische Literatur gebe.
Das hat sich inzwischen – vor allem durch das Theater – gründlich
geändert, aber diese Behauptung war auch schon in den fünfziger und
frühen sechziger Jahren falsch. Nur wer mit einem engen Literaturbegriff operierte, konnte sie aufstellen, denn die Unterhaltungsromane
von den Kriegsgeschichten in Heftchenform über die Illustriertenromane bis hin zu den Büchern, die einige erfolgreiche Autoren wie H.
H. Kirst oder J. M. Simmel regelmäßig schreiben, können – wenigstens zu einem Teil – als die eigentlich politische Literatur der Gegenwart in der Bundesrepublik gelten. Hier wurden schon immer politische Themen aufgegriffen. Oft genug ist dabei die Politik – wie andere
Zeitereignisse – nur Vorwand für Geschichten nach altbewährtem
Muster, aber häufiger ist, daß die Autoren durchaus politische Absichten mit dem Erzählen verbinden. Sie benützen die Darstellungs-

form Roman, um ihre Leser publizistisch zu beeinflussen. Sie haben den Ehrgeiz, die Leser von ihren politischen Einsichten zu überzeugen. Sie sind dem Leitartikler der Tageszeitung vergleichbar: sie betreiben politische Meinungsbildung. Was liegt näher als die Frage: In welcher Richtung wird politisch beeinflußt? Welcher ideologischen Tendenz befleißigt sich, was Millionen als politischen Roman lesen? Eine bündige Antwort auf diese Frage läßt sich nicht geben. Niemand hat sich bislang die – für den „gebildeten" Analytiker zugestandenermaßen quälende – Mühe gemacht, einmal systematische Inhaltsanalysen einer großen Zahl dieser Romane anzustellen. Punktuelle Ergebnisse, gelegentliche Stichproben und einige kulturkritische Essays, die in den letzten Jahren da und dort erschienen, machen es aber schwer, der These von Carl Amery zu widersprechen, daß diese „Gebiete von der Reaktion verwaltet werden".[28] Wo unsere bei den Massen erfolgreiche Literatur nicht nur Träume produziert und zum Eskapismus verführt, wo sie politische Inhalte hat, da schlägt das Meinungspendel viel weiter nach rechts als nach links aus. Die Darstellung des Schahs als eines fortschrittsfreudigen Herrschers, der von konservativen Kräften Persiens bekämpft wird, mag noch ein harmloses Beispiel sein. Aber wie ist es mit dem kleinbürgerlichen Ressentiment, das aus dem Bonn-Roman der ‚Quick' spricht?

Und wie stand es mit den in den letzten Jahren seltener werdenden Kriegsromanen? Allzu häufig wird ihr Inhalt von einem unverhüllt nationalistischen Rechtfertigungsdenken und dumpfen Schicksalsglauben beherrscht. „Warum marschieren wir? Auf diese Frage hat es seit Jahrhunderten keine Antwort gegeben. Und es wird auch nie eine geben, weil die Millionen immer dorthin latschen werden, wohin einer winken wird [...] Um sich selbst zu beruhigen, nennt man das dann Politik." Das ist die Antwort von Heinz G. Konsalik auf die Schlacht von Stalingrad.

Gerade an solchen „zeitgeschichtlichen" Romanen ließe sich unschwer nachweisen, wie darin Dialog und Bericht, Charakterzeichnung und innerer Monolog zum Instrument eines politischen Denkens werden, das sich ansonsten hierzulande nicht so recht an die Oberfläche wagt – oder doch nur in rechtsradikalen Blättern.

Diese Autoren verharmlosen nicht nur, indem sie aus Politik ein privates Schicksal werden lassen – häufiger ist die tendenziöse Verzerrung, etwa wenn auf den gängigen Antikommunismus oder auf nationale Vorurteile spekuliert wird. Die Leitbilder dieser Romane kommen dem sehr nahe, was Adorno und seine Mitarbeiter das „autoritäre Syndrom" nannten: Die Schicksalsideologie; ein Wunschbild gesellschaftlicher Verhältnisse, das reaktionäre Züge hat. Die selbstlose Opferbereitschaft der Figuren aus niederem Stande. Die unbefragte, herrscherliche Autorität der Helden. Die Führersequenz: Befehl und bedingungsloser Gehorsam.

Diese Romane spiegeln präzise wider, was in Deutschland noch immer geschätzt wird: Autorität, „Tüchtigkeit", Schicksalsglauben, Befehl und Gehorsam. Sie manifestieren Tiefenschichten der „Kollektivseele", die allerdings mit den NPD-Erfolgen auch in der politischen Öffentlichkeit wieder sichtbar wurden.

Erreichen Erfolgsromanciers nur so ein Millionenpublikum? Muß diese „Gebrauchsliteratur" notwendig konservativ bis reaktionär und anti-aufklärerisch sein – notwendig, weil sie sprachlich und formal traditionell gearbeitet ist? Wer ästhetisch – und ausschließlich ästhetisch – argumentiert, mag an ein solches Dogma glauben. Aber fatalerweise verhindert das in der Regel sogar, daß wenigstens die paar Ausnahmen der Massenliteratur zur Kenntnis genommen werden, die es immerhin auch gibt. Sie lassen sich schon in den fünfziger Jahren finden. 1954 brachte die ‚Hör zu' ihren Roman ‚Suchkind 312', der über den Suchdienst des Roten Kreuzes informierte. Im gleichen Jahr löste der ‚Stern' leidenschaftliche Diskussionen mit dem Roman ‚Weil du arm bist, mußt du früher sterben – oder der Triumph der Krankenkassenbürokratie über den Patienten, der nicht selber zahlen kann' aus. Was Hans Gustl Kernmayr erzählte, ist nur vordergründig ein Arztroman. Die faktenreiche Darstellung sollte Kritik üben, sollte aufrütteln, sollte ein drängendes Zeitproblem bewußt machen. Ähnliches kann von manchem Kriegsroman gesagt werden.

Gewiß: es sind seltene, fast zufällige Einzelbeispiele. Aber an ihnen läßt sich studieren, wie verschieden man die Frage nach dem Nutzen dieser Literatur beantworten muß. Es gibt eben auch Romane, die diese literarische Form in den Dienst politischer Aufklärung stellen. Es gibt Autoren, die sich des Romans bedienen, um an Menschen heranzukommen, die anders mit der politischen Wirklichkeit nicht zu konfrontieren wären. Bei Johannes Mario Simmel z. B. bestimmen solche Motive das Schreiben. Gestern war Berlin sein Thema, heute ist es die NPD, und einer seiner letzten Bestseller handelt von den B- und C-Waffen. Seine Romane sind mit allen Mitteln raffinierter Kolportage erzählt. Es sind Reißer ohne Rücksicht auf feinsinnige ästhetische Gesetze. Johannes Mario Simmel interessiert nicht die Literatur, sondern der aufklärerische Effekt bei Menschen, die er nur mit solchen Reißern erreicht. Über weite Strecken wird der Roman bei ihm zur politischen Reportage und zum dialogisierten Leitartikel. Das wird bei uns allzu unreflektiert als ein Verrat an der Literatur denunziert. Aber heiligt hier nicht der Zweck die Mittel? Literaturkritiker in Deutschland, die dem beipflichten, sind allerdings selten. Nur das linke Polit-Magazin ‚konkret' fand z. B. für Simmels ‚Alle Menschen werden Brüder' richtige Maßstäbe: „Der Autor ist unverkennbar in die amerikanische Schule gegangen, er verkauft auf die härteste Tour: Die eine Hand blättert in Statistiken über NPD-Siege, während die andere eine körperlich wohlgeratene Fabrikantentochter auszieht. Aber der Zeitblick dieses Autors zielt auf andere Enthüllungen denn die des weiblichen Körpers ab. Simmel schont seine Leser nicht, und sicherlich ist diese Härte berechnet, ist das Ganze einer sadomasochistischen Leserschaft auf den Leib geschrieben. Dennoch erfährt aus diesem Buch, wem Sonnemann zu hoch und Herbert Marcuse zu links ist, Unvergeßliches über Judenverfolgung, Demokratie, Notstandsgesetze und Griechenland.“[29] Und nur darauf kommt es Simmel an. Die reißerischen Effekte sind ihm nur Mittel zum Zweck, und dieser Zweck heißt Aufklärung über den Neo-Nazismus, heißt Warnung vor den Folgen eines Rückfalls in eine barbarische Epoche. Sein Roman ‚Alle Menschen werden Brüder' ist gleichsam die Krimifassung einer These, deren wissenschaftlich anspruchsvolle analytische Darstellung fast gleichzeitig in einer politischen Taschenbuchreihe erschien: ‚Die Restauration entläßt ihre Kinder'.[30]

Simmel aber will nicht die erreichen, die ohnehin durch den Bazillus „Nationalismus" kaum gefährdet sind, sondern jene angeblich Unbelehrbaren, die vor einigen Jahren mehr und mehr der NPD zuströmten. Sie versucht er anzusprechen und ins Gespräch zu ziehen. Er schweigt nicht tot, was an Deutschlands Stammtischen geredet wird – aber er artikuliert dieses neonazistische Denken, um behutsam bei seinem Leser einen Prozeß des Nachdenkens einzuleiten. Sein Roman ist Anklage und Warnung zugleich, geschrieben in der Hoffnung, damit ein paar Vorurteile zu zerstören, wo wieder der Haß zu regieren beginnt. Schon 1961 hatte Simmel diese seine politische Sorge in dem Roman ‚Bis zur bitteren Neige' formuliert. Aus der Ironie des Titels seines Berlin-Romanes ‚Lieb Vaterland magst ruhig sein' spricht, worauf es ihm ankommt: kritische Unruhe und Nachdenklichkeit. Er verpackt sie mit so viel erzählerischem „Pfeffer", daß auch jene plötzlich die Politik wieder etwas angeht, deren Indolenz am Zustand unserer Demokratie mit schuld ist.

Einer der erfolgreichsten und profiliertesten Autoren dieses Genres ist Hans Helmut Kirst. 1950 schrieb er seinen ersten Roman. 1952 nahm er sich die alliierten Internierungslager zum Vorwurf; als 1954 die Bundeswehr entstand, erinnerte er in seiner Trilogie ‚08/15' an den alten Barras; zehn Jahre später suchte er nach ‚08/15' auf dem bundesdeutschen Kasernenhof; jüngste Geschichte erzählte er dann wieder in seinem ‚Roman des 20. Juli 1944'. Dieser Katalog seiner Themen ließe sich beliebig fortsetzen. Das seinen Fabeln zugrundeliegende Material ist oft völlig authentisch, sorgsam recherchiert. Im

Roman über den 20. Juli bleibt der Ablauf des historischen Geschehens dokumentarisch genau gewahrt.

Am Beispiel seines 1967 erschienenen Romans ‚Die Wölfe' läßt sich ein wichtiger Wirkungsmechanismus solcher politischen Massenliteratur demonstrieren. Kirst erzählt in drei Etappen: 1932/33 – Die Stunde der Wölfe; 1938/39 – Das Fest der Wölfe und 1944/45 – Flucht der Wölfe. Wir erleben Zeitgeschichte als Heimatroman; Machtergreifung, Kriegsanfang und Kriegsende in einem kleinen Dorf – „im letzten Winkel des Großdeutschen Reiches". An einem Festtag „gestaltet" Ottheinrich Schnirch vom Reichssender Königsberg eine Reportage über dieses Dorf: „Wir melden uns heute aus dem Dorf Maulen. Es ist ein kleines Dorf mit schlichten, arbeitsamen, braven Menschen – eingebettet in sanfte Hügel, umgeben von Feldern, die vom vorbildlichen Fleiß seiner Bewohner zeugen. Ein Idyll der besinnlichen Schaffensfreude, erfüllt von still-bescheidener, deutscher Innigkeit [...]"

Aber selbst für einen solchen Ort, der im Grunde nichts als Idylle sein kann, stimmt das in dieser Zeit nicht mehr. Wie Ostpreußen und Großdeutschland wurde auch „Maulen brauner mit jedem Tag". Gewalt, Terror und Zerstörung verdrängen die dörfliche Idylle. Im Mittelpunkt des Romans aber steht ein Mann, der sich dagegen wehrt, der „Blut nicht für einen notwendigen Dünger der Heimat hält". Alfons Materna ist entschlossen, mit den Wölfen zu heulen, um überleben, um leben zu können. Aber schon bald brüllen die „Wölfe" so lautstark, daß es nicht mehr möglich ist, sie zu übertönen. Innere Ablehnung reicht nicht mehr aus, die Zustände verlangen Handeln. Als Maternas Freund, der Viehhändler Siegfried Grienspan, als Jude in Schutzhaft genommen werden soll, entsteht im Dorf Maulen eine Widerstandszelle, weil Alfons Materna „um keinen Preis in dieser Welt" sich aufgeben will.

Im Lauf der Jahre sammelt sich um Materna der Widerstand. Dazu gehört auch ein strafversetzter Kriminalkommissar, der die Untergrundarbeit am Ende deckt. Aus einem knappen Dialog mit seinem Kriminalinspektor läßt sich heraushören, wie der Autor Kirst diesen Widerstand motiviert: „‚Dieser Hermann Materna ist sicher ein ganz vorbildlicher Nationalsozialist.' ‚Meinen Sie? Ich würde ihn eher für einen guten Deutschen halten.' ‚Ist das nicht dasselbe?' Tantau lachte vor sich hin." Die Zeichnung der Figuren läßt keinen Zweifel aufkommen: um Materna sammelt sich das andere, das bessere Deutschland. Und Materna selbst ist eine durch und durch positive, eine leuchtende Heldengestalt, gerade weil er ein guter Deutscher ist. Über eine solche der Wirklichkeit nicht eben gerecht werdende, klischeehafte Glorifizierung kann man sich leicht mokieren, vielleicht zu leicht. Denn

Hans Helmut Kirst – so ist zu befürchten – könnte seinen Kritikern mit leider allzu guten Gründen entgegenhalten, daß allein eine solche Personifizierung des antifaschistischen Widerstands Chancen hat, bei den Lesern eine positive, also Vorurteile zerstörende Wirkung zu tun. Psychologische Voraussetzung dafür ist die Möglichkeit, sich bei der Lektüre mit den Romanfiguren zu identifizieren. So erreicht Kirst vielleicht Leser, die sich bestimmt nicht mit einem Kommunisten – dem historisch viel typischeren Widerständler –, aber doch mit einem „guten", charaktervollen Deutschen identifizieren.

Solche Taktik mag dem ästhetisch anspruchsvollen Literaturfreund ein Greuel sein. Aber ist es nicht eine höchst notwendige literaturpolitische Kärrnerarbeit?

Ein anderer Name, der in diesem Zusammenhang genannt werden muß: Stefan Olivier. Wird man Reinhart Stalmann, der als Stefan Olivier den Roman ,Jedem das Seine' schrieb, im Ernst bestreiten können, daß er damit einige Millionen Leser der Illustrierten ,Stern' darüber informierte, was in den KZs geschah? Und nur deshalb schrieb er diesen Roman. In der Buchausgabe findet der Leser hinten ein Verzeichnis der benützten Sachliteratur zum Thema „Konzentrationslager" und ein Nachwort. „Da ich das Konzentrationslager aus eigener Anschauung nicht kenne, sah ich mich verpflichtet, alle erreichbare Sachliteratur über diesen Gegenstand [. . .] durchzuarbeiten, bevor ich zu schreiben beginnen konnte. Aber auch das reichte nicht aus, um die KZ-Verhältnisse bis ins Detail schildern zu können. Großen Dank schulde ich Herrn Professor Eugen Kogon, dem Verfasser des ,SS-Staates', der mehr als sechs Jahre als politischer Häftling im Konzentrationslager Buchenwald zugebracht hat. Mit ihm wurden alle Lagerszenen in sachlich-historischer Hinsicht kritisch durchgesprochen." Kogon vermittelte sein Wissen einem kleinen Kreis interessierter Leser; Stefan Olivier erreichte – mit einer populären Darstellungsform: eben dem Tatsachenroman – ein Millionenpublikum.

Zugegeben: politische Aufklärung solcher Art ist ein Balanceakt auf schwankendem Seil. Allzu leicht wird Politik in diesen Spannungsreißern zum Nervenkitzel, Gesellschaftskritik zum billigen Effekt, das historische Geschehen zur auswechselbaren beliebigen Staffage für private Schicksale. So kann leicht das Gegenteil der intendierten Wirkung eintreffen, was sich auch an den drei eben zitierten Autoren zeigen läßt. – Simmel ist heute sicher der engagierteste Vertreter des politisch intendierenden Unterhaltungsromans, aber auch er entgeht den Gefahren dieses Genres nicht. Sein Verständnis von Politik, ob direkt ausgedrückt oder in seinen „stories" zutage tretend, hat eine höchst bedenkliche Komponente. Er suggeriert seinem Leser, letztlich ein Spielball unbegriffener Mächte zu sein, und vermittelt ihm das

Gefühl, hoffnungslos den „bösen" Politikern ausgeliefert zu sein. Ob das in einem „philosophischen" Sinn so formuliert werden kann und muß, darüber soll hier gar nicht gerechtet werden. Aber fördert Simmel damit nicht das Unbehagen an der Politik und vertieft eine hierzulande ohnehin noch immer grassierende irrationale Distanzierung – auch vom demokratischen System? Manchmal scheint es, als ob sein Paradies die politikferne Welt des „kleinen Mannes" sei – eine kleinbürgerliche Idylle aus dem 19. Jahrhundert. Simmel, der von sich sagt: „Recherchieren ist die halbe Arbeit an einem Roman, den ich schreibe", müßte dies vielleicht noch weiter ausdehnen. Was er will, ist – so seltsam das vielleicht klingen mag – politische Bildung mit den Mitteln des Romans. Was ihm bis heute dazu fehlt, ist eine zeitgemäße Didaktik. Simmels politischem Engagement liegt ein allzu unreflektiertes Politik- und Demokratieverständnis zugrunde. Anders gesagt: Ein Romancier wie er müßte sich nicht nur um die Fakten kümmern, sondern auch um die Psychologie und Soziologie der Politik. Nur so könnte aus seinem „kleinen Mann" das Leitbild des Bürgers werden – und wir hätten eine politische Unterhaltungsliteratur, die schlicht als demokratisch zu qualifizieren wäre.

Nachbemerkung

„Das immer allgemeiner werdende Bedürfnis zu lesen, auch bei denjenigen Volksklassen, zu deren Geistesbildung von seiten des Staates so wenig zu geschehen pflegt, anstatt von guten Schriftstellern zu edleren Zwecken benutzt zu werden, wird viel mehr noch immer von mittelmäßigen Skribenten und gewinnsüchtigen Verlegern dazu gemißbraucht, ihre schlechte Ware, wär's auf Unkosten aller Volkskultur und Sittlichkeit, in Umlauf zu bringen [...] Kein geringer Gewinn wäre es für die Wahrheit, wenn bessere Schriftsteller sich herablassen möchten, den schlechten die Kunstgriffe abzusehen, wodurch sie sich Leser erwerben, und zum Vorteil der guten Sache davon Gebrauch zu machen."[31]

Reinhard Baumgart

Das Poetische, seine Tradition und Aktualität

Wer fragt, macht sich gewöhnlich Sorgen, und sorgenvoll klingt die Frage, ob das Poetische zu oder am Ende sei. Setzt sie nicht trübsinnig schon voraus, wonach sie sich noch erkundigt: dieses Ende, den Untergang oder das Verdämmern einer ästhetischen Kategorie? Vor zehn, noch vor fünf Jahren hätte ich diese Frage, die Sorge samt dem Trübsinn auf Anhieb verstanden, heute – kaum. Denn überall in Kunstproduktionen taucht neuerdings wieder etwas auf, was lange verdrängt war und vermißt wurde: ein – man kann es gar nicht vorsichtig und vage genug ausdrücken – ein gewisser Überschuß an Schönheit.

Ich jedenfalls sehe auf dem Theater nach Lehrstücketüden und Dokumentarismus, nach der lichtgrauen Dramaturgie des Zeigestocks plötzlich wieder Sinnlichkeit hochschießen, aufblühen, in Wildwuchs oder kritisch okuliert. Ich sehe im Kino neue Kostüm- und Historienfilme sich aufplustern, von Fellini, Pasolini oder Losey, von Schroeter oder Truffaut, zweideutige Vergangenheitsrituale, klarsichtig und verklärend. Auch in der Malerei hat sich die abstrakte Erforschung von Material und Malweisen längst erschöpft und lauter „neue Figurationen" bewegen sich auf die Leinwände, vor allem solche mit der Konturenschärfe von Träumen. Selbst in Leipzig waren in diesem Frühjahr nagelneue Bilder zu besichtigen, die nichts weniger und nichts mehr herzeigten als ganz aus Arbeit und Gesellschaft herausgelöste Einzelköpfe, Einzelwesen, sehr präzise gemalt, sehr poetisch weltfremd.

Lauter Erscheinungen, die sich undeutlich reimen, lauter Fata Morganen.

Dazu paßt auch, was seit Jahren an Architekturkritik laut wird, diese Aggression gegen die Kälte funktioneller Bauten, in denen alles zwar an sich und für sich funktioniert, aber kaum etwas für die Bewohner. Hand in Hand mit dieser Kritik nämlich kam es zu einer gerührten Wiederentdeckung lange vergessener oder verpönter Formen, erst des Jugendstils, dann sogar die seines scheinbaren Gegenteils, des wilhelminischen Bombasts der Erker, Türmchen, Karyatiden. Sogar Hinterhöfe mit wenig Licht werden plötzlich gefeiert als menschenfreundlich, verglichen mit dem human nur geplanten Satellitenstädten, den Isolier- und Schlafmaschinen. Wo alte Stadtteile bedroht sind, verbünden sich heute Trachtenvereine und Kommunisten. Das Poetische – denn darum geht es vage auch hier – hat es also in sich: man weiß bei dieser schwer zu definierenden, fest zu machenden Kategorie zunächst nicht, wo vorn und hinten, was an ihr progressiv, was reaktionär ist. Sie steht, soviel läßt sich schon jetzt vermuten, gegen die leere Rationalität eines Fortschritts um jeden Preis, gegen alle selbstgesetzliche Technologie.

Kein Wunder also, daß sich das erste bürgerliche Jahrhundert, das achtzehnte, auch zuerst mit der Frage beschäftigte, was an Poesie noch möglich, noch nötig und erlaubt sein sollte. Der Schweizer Ästhetiker Breitinger etwa machte sich damals ausführlich Sorgen, wie in der Literatur das „Wahrscheinliche" zu verbinden wäre mit dem „Wunderbaren", Sorgen, die eine feudale Literatur nie nötig gehabt hatte. In ihr waren Hexen und Geister, glückliche Wiedersehen oder magische Pechsträhnen von allen Wahrscheinlichkeitsrechnungen entbunden. Eine vernünftige Literatur konnte erst eine Gesellschaft suchen, die Vernunft als ihren Motor verstand. So kam die Scham hoch, in der Theorie wie in der Praxis, Scham erst nur gegenüber dem „Wunderbaren", dann gegenüber dem Poetischen schlechthin. Auf deutsch hat sie sich am gründlichsten ausgesprochen und zu trösten versucht in Schillers berühmter Abhandlung „Über naive und sentimentalische Dichtung".

Schon 1795, ein halbes Jahrhundert vor Marx wußte Schiller, daß die in Konkurrenz und Arbeitsteilung zerreißende Gesellschaft seiner Tage keinen poetischen Stoff mehr hergeben konnte, sondern nur noch Anlässe für Poetisierung – eine Unterscheidung, die er als die zwischen naivem und sentimentalischem Verfahren beschrieb, und nur das letztere ließ er noch als zeitgemäß gelten. Draußen und drunten die Prosa des bürgerlich zerrissenen und entfremdeten Lebens, doch auf dem Olymp die schriftlich festgehaltene Ahnung von einer vollständigeren Existenz als dieser nur wirklichen: so hat sich Schiller die neue Arbeitsteilung auch zwischen dem Ideal und der Wirklichkeit vorgestellt. Nur, die Literatur ist seiner schönen Gebrauchsanweisung kaum gefolgt. Novalis bekanntlich las schon aus dem „Wilhelm Meister" die Unterwerfung der Literatur unter das platte Nützlichkeitsethos der Bourgeoisie und beschimpfte diesen „Candide gegen die Poesie". Das scheint uns heute übermäßig empfindlich, war aber nur sehr empfindliche Prophetie. Denn seitdem hat sich die Literatur tatsächlich hineingefressen in die bürgerliche Wirklichkeit wie der Wolf in Münchhausens Pferd, aber die Wirklichkeit, wie dieses Pferd des Münchhausen, galoppierte immer weiter.

Genau dieser Vorgang wird Realismus genannt, und der wurde

zum Kenn- und Markenzeichen moderner Literatur. Denn realistisch ist jede literarische Tendenz, die weder nach oben noch nach vorn über bestehende Wirklichkeiten hinaussehen will und kann, jede also, die Breitingers Wunderbarlichkeiten, Schillers utopischen Idealismus genau wie des Novalis Pochen auf romantische Poesie contra bürgerliche Zweckprosa vergessen, verdrängt hat. „Kunst will Erkenntnis werden", das steht in Thomas Manns Künstlerroman „Doktor Faustus" und faßt in vier feierlichen Worten ein Credo moderner Literatur zusammen. Darüber hätten die Künstler früherer Zeiten demütig bis arrogant die Schultern gezuckt. Als Hilfsdienst für die exakte Wissenschaft, als Informationsmaschine hätten sie ihr Handwerk weder verstehen noch betreiben können.

Das wäre, sehr al fresco gemalt, der Hintergrund für das Realismusgebot, für die ästhetische Scham und Berührungsscheu, die gerade die deutsche Literatur nach dem letzten Krieg beherrschten, sofern sie nicht schlicht wegtauchte aus der historischen Stunde und nur Mohn und Huflattich bewisperte. Auf deutsch wurde noch einmal heraufgeholt, nachgeholt, durchvariiert, vom Naturalismus bis zu automatischen Schreibweisen, was die Moderne an realistischen Methoden aufgeboten hatte. Besonders in erzählender Prosa galt Wahrscheinlichkeit, die belegbare Authentizität aller Mitteilungen als der kritische Maßstab schlechthin. Auf Faktentreue hatten sich so verschiedene Autoren wie Doderer und Johnson eingeschworen: der eine reiste nach London, um in einem meteorologischen Archiv das Wetter für einen Roman über allen Zweifel erhaben festzulegen, der andere war über sich selbst gekränkt, als er ein Postamt an die falsche Straßenecke in Manhattan erzählt hatte. Trostloser Ehrgeiz, finde ich jetzt, fanatische Auswüchse eines trostlosen Programms, eine schon zwanghafte Angst vor allem Unbelegbaren, vor jeder Anstrengung der Phantasie.

Doch eine Literatur, die nur ausmachen und festmachen wollte, was ist, mußte ganz folgerichtig genau werden bis zur Pedanterie. Sie mußte, gerade wenn sie radikal sein wollte, immer wieder versaufen im naturalistischen Wust von lauter Fertigteilen. Die dokumentarische Schreibweise also, ganz gleich ob sie fertige Redensarten, fertige Haltungen oder fertige Geschichtsdaten zusammenband in bloßer, angeblich engagierter Montage, war tatsächlich die letzte, ehrlichste Konsequenz allen Realismus. Unermüdlich schöpfte man Fakten und Faktizitäten, doch in ein Danaidenfaß. Denn gerade diese Kunst mit Erkenntnisauftrag verlor sich immer kurzsichtiger, blinder in einem Sammelsurium von undurchsichtigen Details. Höllerer, wie immer die Nase im Wind des schärfsten Fortschritts, rief Mitte der sechziger Jahre eine Taste-and-See-Literatur aus. Da sollte die Regression, ein froh infantiler Agnostizismus zum Programm werden. Nicht mehr zu

wissen, aufzuschreiben als was vor der eigenen Nasen- und Fingerspitze unwiderleglich scheint – konnte man aufrichtiger, konsequenter realistisch, konnte man hoffnungsloser sein?

Denn auch das gehörte zu den Grundüberzeugungen der modernen, der spätbürgerlichen Literatur: daß man schreibend, genau wie
Wissenschaft und Technologie, ständig fortschreiten müsse, daß jedes
neue Kunstgold alles ältere zum alten Eisen macht. Jedes wahrhaft
neue Gedicht, wurde behauptet, streiche alle bisherigen Gedichte aus.
So macht auch ein neues, produktives Verfahren zur Herstellung von
Schwefelsäure die alten nutzlos, unproduktiv. Jede neu entwickelte
realistische Schreibweise, so liest man's bei Wellershoff oder Handke
(oder Baumgart) noch in den späten sechziger Jahren ... setzt die
vorhandenen unter Ideologieverdacht, überführt sie als Systeme von
idealistischen Illusionen. Da hielt der Positivismus, die Ideologie der
Ideologielosigkeit, Einzug auch in literarische Theorie und Praxis.

Fortschrittlichkeit war damit zu einer Formfrage geworden. Ganz
vorn war immer nur die neueste Schreibweise. Auf dem Markt begannen Stile und Namen sich mit dauernd anziehender Beschleunigung zu
verschleißen. Die Artikel Wondratschek oder Brandner hielten kaum
eine Saison lang ihren scharfen Glanz. Nebenan auf dem Kunstmarkt
war der Vertrieb, waren die Anlagebedürfnisse des Kapitals schon
offensichtlich zum Promotor der Produktion geworden. Aber hieß,
mit der ständigen Progression Schritt halten nicht auch in der Literatur bald nur noch, den Anschluß ans Marktinteresse suchen? Gerade
diese erkenntniswillige und -wütige, folglich sich fortlaufend renovie-
rende Literatur begann wider ihren besten Willen immer weniger
Neuheit, immer mehr Marktreize zu produzieren.

Ich bin abgeschweift, weit weg vom Thema, so scheint es aber nur,
doch ich befinde mich immer noch in der Vergangenheit, das ist
sicher. Im Jahr 1968 schwappte endlich die Ungeduld über die Kunst-
moderne aus den Salons und Feuilletons auf die Straße, wo in Paris,
also auf französisch, gerufen und an die Hauswände geschrieben
wurde, erstens, daß Kunst Scheiße wäre, zweitens aber auch, daß die
Poesie jetzt auf der Straße zu sehen sei. Das sind nur scheinbar
Widersprüche, in Wahrheit nämlich die Slogans einer Gesinnung,
einer Situation. Ausgerufen wurde da, genau wie später in Enzensber-
gers Kursbuch 15, die erhabene Wirkungslosigkeit auch der engagierten Literatur, und ausgerufen zugleich die sinnliche Schönheit, die
utopische Tendenz der damaligen Demonstrationen.

Nun läßt sich, da wir über die Wirkungen von Kunst wenig mehr
als nichts wissen, deren Wirkungslosigkeit so emphatisch behaupten
wie das Gegenteil. Wichtig an der Wut und Enttäuschung von 1968
aber bleibt: auch der engagierte Realismus, der sich doch immer als

kritisch und politisch verstanden hatte, war zum Papiertiger ernannt worden. Nur die äußerste Radikalität im Aufschreiben von Hoffnungslosigkeit, etwa durch Beckett oder Bernhard, wollte man noch freisprechen vom Verdacht der Kollaboration mit schlechter Gegenwart, bald aber auch nicht mehr diese. Denn der Kulturkonsum, hieß es, mache alles unschädlich, behaglich. Unter seiner wärmenden Leselampe zu Hause hängt kein Kenner der Moderne mehr frierend hinaus ins Nichts.

Literarischer Aschermittwoch herrschte 1968, ein besonders trostloser, denn der Karneval vorher hatte ja gar nicht getobt. Im Gegenteil: die Warnung vor allen ästhetischen Ausschweifungen, die reine Askese war gerade in den fortgeschrittensten Theorien formuliert worden, die nur noch Zitatmontagen, Sprachreproduktionen und Sprachstörungen gelten ließen, eine Literatur als dissonante Musik des status quo. Was als kritische Askese gemeint war, als Ausnüchterung des poetischen Idealismus, war umgeschlagen in ein kritisches Ja und Amen zum Bestehenden. Nicht *„die"* Literatur also schien damals, 1968, am Ende. Verbraucht schien nur eine, eine lang produktive, Illusion *über* Literatur, die nämlich, daß Belletristik ein Medium der Aufklärung wäre und zwar, wie Adorno das Paradox formulierte, als „Aufklärung ohne Begriffe", oder wie Susan Sontag populärer und wegwerfend sagte: als „moralischer Journalismus".

Mit Aussicht auf Wirkung schreiben, so befand Enzensberger 1968, könnte man nur noch Reportagen, Dokumentationen, Leitartikel, so schrieb er und schrieb selbst wenig später wieder – Poesie. Denn seine Diagnose ließ sich auch von der Kehrseite her lesen: wenn überhaupt noch schöne Literatur schreiben, dann ohne Hoffnung auf direkten Effekt, ohne die ästhetische Prüderie und aufklärerischen Illusionen, die den Realismus positiv wie negativ, mit Neugierde und Scham fixiert hatten auf die vorhandene Welt. Das kulturrevolutionäre Beben ließ tatsächlich nur diese Alternative: entweder die Literatur aufgeben, aus schlechtem politischen Gewissen, oder sie fortsetzen ohne jedes schlechte Gewissen, den ästhetischen Spielraum des Schreibens wieder voll und frei ausnützend.

Womit, vermute ich, das sogenannte Poetische wieder auf die Tagesordnung gesetzt war. „Das Poetische als solches zu definieren", so Hegel, „abhorreszieren fast alle, welche über Poesie geschrieben haben", und der diesen Satz neu zitiert, Peter Hacks im Jahr 1966 in einem Aufsatz gerade über „Das Poetische", fügt dem Hegelsatz gleich eilig hinzu: „Auch ich werde mich hüten." Hüten werde ich mich auch. Aber behaupten läßt sich, was an diesem „Poetischen" gestört hat, je drohender bürgerlicher Utilitarismus und Positivismus die Literatur zu Prüderie erzogen. Poetisches Schreiben galt als

schlichtweg unverantwortlich und das in vielfachem Sinne: unverantwortlich gegenüber einer Wirklichkeit, die es mit einer viel zu schönen
Welt konfrontierte, als verantwortungslos auch moralisch, weil es nur
mit Schönheit argumentierte, als unpolitisch, weil es sich dem Aufklä-
rungsgebot zu entziehen schien, als kontemplativ also, jeden Verände-
rungsimpuls stillegend, Kritik wie Aktion hemmend. Doch genau
diese beflissen eingeübten, arroganten Vorurteile, der lange aufrecht
erhaltene Unterschied zwischen einer realistischen, also kritischen,
also engagierten und effektiven Literatur einerseits und einer poetischen, folglich verantwortungsfrei schwärmenden andererseits war
spätestens 1968 ausgeträumt und ausgeräumt.

Die Folgen ließen nicht lange auf sich warten. Nur drei neuere
Beweisstücke dafür möchte ich vorweisen, drei kürzlich erschienene
Bücher von Autoren, die man und die sich bis dahin doch als kritische
Realisten verstanden hatten: von Heinrich Böll, Martin Walser und
Peter Handke. An dem „Gruppenbild mit Dame", an der „Gallistl-
schen Krankheit" und dem „Kurzen Brief zum langen Abschied" läßt
sich beobachten, wie drei scheinbar unvergleichbare Autoren die
realistischen Wahrscheinlichkeitsrechnungen durchstreichen, um
ihre Themen, eher zögernd, zu „poetisieren".

Am erstaunlichsten, weil unverhofft, ist diese Grenzüberschreitung
in Bölls Roman gelungen. Denn zunächst wird hier der Erzählstoff
doch penibel realistisch, ja dokumentarisch aufgearbeitet. Ein Fabu-
lierer möchte dieser Autor offenbar gar nicht mehr sein, nur noch
Rechercheur, ein Ermittler und Verwalter von lauter Zeugenaussagen
und Dokumenten über die Zentralfigur, Leni Pfeiffer. Alle Daten
scheinen lückenlos zu „stimmen", doch ihre sinnliche Summe, der
Roman genau wie seine Heldin, verlieren immer deutlicher Bodenhaf-
tung, gewinnen an utopischer Schönheit statt an prosaischer Verläßlichkeit. Schließlich führt Böll auch seine Handlung gegen alle Plausi-
bilität, mit freier Willkür, um am Ende sein ganzes Romanpersonal in
einen sanft berauschten Glückszustand hineinzumanövrieren, in einen repressionsfreien Winkel mitten in dieser Kölner Gegenwart, in
eine Befreiung auf dem Papier.

Bloße Möglichkeit wird da als Wirklichkeit beschrieben, und genau das Gleiche versuchen auch Walser und Handke. Beide erzählen
Krankheitsgeschichten, verfolgen zwei Figuren in Zustände äußerster
Entfremdung. Walsers Gallistl, Handkes die USA bereisender Österreicher, das sind zunächst Personen, die ganz besonders intensiv und
hoffnungslos „bei sich" sind, so rein ausgebildete Individuen und
fensterlose Monaden, daß ihnen Kommunikation mit anderen kaum
noch gelingt. „Inzwischen ist mir klar geworden", schreibt Gallistl,
„ich bin ein Einzelfall ... Wäre ich wie alle anderen, verschwände ich

zwar …, aber ich verschwände im Leben. So verschwinde ich noch rascher, aber im Tod."

Vor diesem Sein oder Nicht-Sein hat moderne Literatur, wo sie auf der Höhe ihrer Radikalität war, sich seit Strindberg und Kafka immer für Ehrlichkeit, also fürs Nicht-Sein entschieden. Je tiefer die Verzweiflung, desto höher das Niveau, das galt und gilt noch immer unbefragt als Regel. Doch dieser „Lust am Untergang" treiben Walser und Handke keine neuen Opfer mehr zu. Sie versuchen wie Böll den schönen Schwindel (Schwindel im doppelten Sinne): die glückliche Lösung. Handkes Erzähler findet (ausgerechnet in den heutigen USA!) zurück zu Kommunikation und Gemeinschaft, erfüllt also (ausgerechnet dort drüben) den Endzustand eines deutschen Bildungsromans. Walsers Gallistl lernt Hoffnung und Solidarität im Umgang mit neuen Freunden, mit Kommunisten, die bei ihm und in diesem Roman ein- und ausgehen wie gute Kumpane in den viel zu schönen Büchern Eichendorffs (ausgerechnet Kommunisten).

Wer aber so, mit „ausgerechnet" diesen Erzählern in die Parade des Poetisierens fährt, mit dem ist wieder nur die antrainierte ästhetische Scham, das realistische Tabu durchgegangen. Beide werden in diesen Büchern verletzt und beleidigt durch eine Provokation, die ich noch provisorisch „das Poetische" nennen, die ich noch immer nicht definieren will, für die sich aber bei Böll und Walser und Handke einige auffällige Merkmale zusammensuchen lassen.

Zunächst: dieses Poetische ist ganz offenbar nicht auf der Höhe der Zeit. Es gibt „modernere" Bücher als die genannten. Bölls rücksichtslos romantische Fabelführung zum glücklichen Ende hin, Walsers Kunstmärchentöne und Eichendorffgestus, Handkes nacherzählte und am Ende sogar mit Tränen besiegelte Gottfried-Keller-Lektüre – das sind zweifellos „altmodische" Züge. Nicht auf der Höhe der Zeit sein, heißt also auch: Raum schaffen für historische Erinnerung. Und weil dieses Wort „erinnern" auf deutsch einen zwei- bis dreifachen Sinn hat, soll gleich daran erinnert werden, daß in diesen drei Romanen das Geschichtsbewußtsein auch nach vorn weist, daß sie sich Zustände jenseits der vorhandenen Gesellschaft vorstellen oder einbilden, daß sie Hoffnungen aufschreiben, also an Zukunft erinnern.

Der konservative Anschein von Erinnerung also trügt, und verdächtig muß nicht gleich sein, daß gerade Altes und Veraltetes uns unwillkürlich „poetisch" scheint. Oder, wie Peter Hacks sagt: „Lokomotiven sind poetisch, Raketen sind es nicht. Öfen sind es, Fernheizungen nicht. Das Wort LPG im Gedicht geht nicht … Das Wort Dorf geht." Sätze, die auf den ersten Blick wie von Wilhelm Lehmann klingen und denen Hacks gleich eine dialektische Auslegung hinterherschickt, um dieses poetische Beharren auf alten, sozusagen natürli-

chen, scheinbar unveränderlichen Worten und Gegenständen zu
rechtfertigen: „Beide, die natürlichen (Zustände) wie die humane
Utopie, werden in der historischen Wirklichkeit nicht angetroffen. Sie
existieren in der Vergangenheit und in der Zukunft, vielleicht auch
nur in der Erinnerung und in der Hoffnung. Sie sind zwei gedachte
Gegenentwürfe zur Welt." Das Nicht-mehr als Zeichen des Noch-
nicht: Hacks will beweisen, wie blind gerade alle linke Stimmung ist,
wenn sie gegen das Verfahren des Poetisierens anpolemisiert.

Womit sich schon andeutet, wie verwandt dieses „Poetische" mit
einer anderen Kategorie ist, mit der gerade moderne Literatur notori-
sche Schwierigkeiten hatte, mit dem „Positiven". Das nämlich durfte
dort, wo up to date geschrieben wurde, nicht auftauchen, es sei denn
als abwesend, als entbehrt. Nur die äußerste Negativität sollte ans
Positive erinnern: Sprachlosigkeit an wünschbare Kommunikation,
Sinnlosigkeit an Bedürfnis nach Sinn, das genau gemachte soziale
Elend an verlorene Humanität, der verschwundene Gott an einen nur
noch erhofften – und so immer fort, durch alle Themenkreise. Da war
die Nacht zum negativen Symbol für Sonne, der Buckel zum Zeichen
für einen ehemals geraden Rücken gemacht worden. An solchen
Schreibregeln und Leseerwartungen gemessen, geht es bei Böll,
Handke, Walser tatsächlich um mehr als nur einen Stich zu licht und
heiter zu. Den Bedürfnissen eine mögliche Erfüllung wie eine wirkliche vor-zuschreiben –, diese Leichtfertigkeit im Umgang mit ästhetischem Schein gehört also auch zu den Leistungen des Poetischen.

Nun ist der Weg zur schriftlichen Wuncherfüllung bekanntlich am
kürzesten in sogenannter Trivialliteratur. In Schlager und Heftchen-
roman, in der Aufhebung der historischen Schwerkraft durch Science
Fiction genau wie in den Geschichten von Kasperle oder Rübezahl
wird ja die Unwirklichkeit der Darstellung besonders hoch, „poetisch" gehalten, um Glücksbedürfnisse und Glückserfüllung besonders heftig kurzschließen zu können. Auch diese sehr verschiedenen,
doch sämtlich weit verbreiteten und beliebten Trivialprodukte sind
mithin zweifellos „poetisch". Woraus folgt, daß diese Kategorie ganz
und gar wertfrei ist und Qualität von vornherein keineswegs garan-
tiert. Sie gilt also, anders als die Kriterien für moderne Literatur, im
kulturellen U- wie E-Bereich, für den „Silberförster" wie für den
„Urfaust". Das Heikle und Glückliche dabei: alles Poetische ist a
priori populär.

Für Biermanns oder John Lennons Lieder muß das nicht eigens
bewiesen werden. Ihnen gelang und gelingt das Poetische auch unbefangen, ohne jenen Formvorbehalt, jene halbe Verlegenheit, die paro-

distisch fast immer dort durchschlägt, wo Literaten zweckbewußt auf poetische Mittel zurückgreifen, um eine Volkstümlichkeit aus zweiter oder dritter Hand herzustellen. Brecht etwa wußte ein Lied, viele Lieder davon zu singen, das längste, berühmt und berüchtigt, heißt „Die Erziehung zur Hirse", ein Lehrgedicht voll pausbäckig sozialistischem Optimismus, ganz lesebuchfromm, sehr hold und schmissig verkitscht auf den ersten Blick, auf den zweiten aber sehr verschlagen und gebrochen durch lauter listig eingearbeitete Formübertreibungen und Formfehler. Brecht hat unter sein Gedicht ein Netz aus Parodie gespannt, um es zu schützen vor dem Absturz in platte Banalität. Halb leichtsinnig und halb mit parodistischem Vorbehalt locken auch in den Büchern von Böll, Walser und Handke die Formen des Positiven. Wer je mitgeschrieben hat an der modernen Literatur, wer ihr erinnerungsblindes Fortschreiten nur nach vorn und ihren Entschluß zu reiner Registratur einmal verinnerlicht hat, dem muß das Aufschreiben von Hoffnung so schwer fallen wie der Rückgriff auf alte Worte und Weisen.

Ein ständiges Voraus- und Zurückschweifen, Geschichts- statt Augenblicksbewußtsein –,

realisiertes Wunschdenken, die Wiederentdeckung des Positiven als Schreibaufgabe –,

mögliche Popularität, Nähe zur Trivialliteratur einerseits, parodistischer Vorbehalt, Bildungsscham und Bildungsspaß andererseits –,

das alles wären erste, zeitgenössische Merkmale des „Poetischen", zweideutige Merkmale, so zweideutig eben wie auch „der Wunsch nach der Erhaltung alter Stadtviertel, restaurativ scheinbar, progressiv nur in der Tendenz.

„Wiederherstellung der Fremdheit" hat Dieter Wellershoff einen seiner Essays überschrieben, und wenn überhaupt eine einzige Formel den Impuls moderner realistischer Literatur faßt, dann diese. Poetisches Schreiben bewegt sich also in anderer Richtung. Es erinnert eher daran, daß auch Bekanntes, Vertrautes wiederhergestellt werden muß, ja, daß ohne erinnerte Vergangenheit jeder Gedanke an Zukunft blind bleibt.

In Bölls Roman verfällt die Heldin vor ihrem Hinterhoffenster immer wieder in trancehaften Singsang, kombiniert Bruchstücke romantischer Poesie mit eigenen, urchristlichen Protestformeln. „Es geschah etwas Wunderbares", schreibt Böll, der dabei an Johann Jakob Breitinger ganz sicher nicht gedacht hat, und fügt hinzu: „Wer sich nie unter der schönen Lilofee etwas vorgestellt hat, sollte über die folgenden Zeilen besser hinweglesen."

„Ich weiß", gesteht Handkes Erzähler, „daß ich nicht mehr so ... leben kann wie der Grüne Heinrich ... Wenn ich von ihm lese, dann ergeht es mir gerade wie ihm selber, als er einmal, ‚unter stillen Waldsäumen liegend, innig das schäferliche Vergnügen eines vergangenen Jahrhunderts' empfand … Und solange ich dieses Vergnügen eines meinetwegen vergangenen Jahrhunderts empfinde, solange möchte ich es auch ernst nehmen und überprüfen."

Doch drastisch setzt erst Walser das Vokabular romantischer Wehmut ein als provisorischen Ausdruck revolutionären Fernwehs. „Lenin", so erzählt er von einer seiner Figuren, „das ist seine Wiese, sein Wald, sein rauschendes Tal, sein Gesang und seine Quelle. Lenin. Er erzählt von ihm wie eine überaus verehrungswürdige Großmutter von ihrem ersten Geliebten erzählt."

Das sind peinliche, weil ungewohnte Töne für alle, die von Literatur nur noch Ideologiekritik, die Ausnüchterung aller Räusche, erwartet haben, die sich ausgerechnet den Gärtner als Bock wünschten. Schiller, der über die Möglichkeiten von Kunst so vorsichtig wie ungeduldig nachgedacht hat, erwartete von ihr viel mehr und etwas weniger als nur Information, nämlich die „ästhetische Erziehung des Menschen". Skeptisch mußte er „denjenigen vollkommen recht geben, welche das Schöne und die Stimmung, in die es den Geist versetzt, in Rücksicht auf *Erkenntnis* und *Gesinnung* für völlig indifferent und unfruchtbar erklären." Idealistisch folgerte er gerade daraus: „Durch die ästhetische Kultur … ist weiter nichts erreicht, als daß es (dem Menschen) nunmehr *von Natur wegen* möglich gemacht ist, aus sich selbst zu machen, was er will – daß ihm die Freiheit, zu sein, was er sein soll, vollkommen zurückgegeben ist."

Weiter nichts als das –, bescheidener kann man nicht unbescheiden sein. Schiller wußte noch nichts von den Poesieproblemen des Peter Hacks, nichts von Fernheizungen und Raketen, doch seine ganze Theorie lebt von den genauesten Ahnungen darüber, was die damals erst aufbrechende bürgerlich-kapitalistische Technologie und Ökonomie anrichten könnte. Daß sie mit ihrer leeren Progression lauter konkrete Schönheit zerstört hat und weiter zerstört, die natürliche von Luft oder Landschaft, die gewordene von Siedlungen und anderen Kommunikationsformen, das zu sehen, braucht es heute keinen Schiller und keinen Walter Benjamin mehr. Die ersten Zeichen einer Wiederkehr des Poetischen, diesmal ganz ohne den holden Muff von Heimatkunst, sollten auch die ästhetische Theorie auffordern, die idealistischen Postulate der Klassiker neu zu überdenken, vom Kopf auf die Beine zu stellen. Nur weiter den Häßlichkeiten des aktuellen Lebens nachzuschreiben, den herumliegenden Zivilisationsmüll in „Texten" zu sammeln wie in Botanisiertrommeln, kann einer immer noch so genannten „schönen" Literatur nicht mehr genügen, sofern sie sich noch als Widerstand und Protest versteht. Kein Zweifel, mit diesem Ehrgeiz lassen sich spätbürgerliche Schwanengesänge noch übers dreigestrichene g hinaustreiben. Doch etwas ganz anderes: Bedürfnisse nämlich zu versinnlichen, das wäre heute das Einfache, das schwer zu machen ist.

Heinrich Böll

Über den Roman

Es erscheint mir unmöglich, eine Diskussion über den Roman mit Begriffen wie „moderner Roman", „Roman der Gegenwart" zu führen, wenn nicht geklärt wird, was unter „modern", unter „Gegenwart" zu verstehen sei. *Günter Grass* und *Alain Robbe-Grillet* sind beide Romanciers der Gegenwart, sie sind fast gleichaltrig, und doch sind ihre Romane weiter voneinander entfernt, als etwa die Romane von *Georges Bernanos* und *Thomas Mann* voneinander entfernt sind.

Wer ist, wer war modern, wer schreibt den Roman der Gegenwart? *Albert Camus'* Werk ist sehr gegenwärtig, es ist im allerstrengsten Sinn modern; und doch ist *Faulkner* – in anderer Richtung als die Genannten, Welten von Camus entfernt – nicht weniger gegenwärtig, nicht weniger modern, und jeder einzelne der hier Genannten hat und hatte sein eigenes Modell.

Auf der ganzen Erde wird am Roman der Gegenwart geschrieben, und ich sehe nirgendwo jene Gemeinsamkeit, die den Ausdruck „Roman der Gegenwart" für ein bestimmtes Muster verbindlich machen könnte. Die beiden *Green(e)s, Julien* und *Graham*, schreiben am Roman der Gegenwart, sind fast gleichaltrig, und doch: würde man auch nur die geringste verbindliche Gemeinsamkeit bei ihren suchen, man könnte ebensogut versuchen, bei *Cocteau* und *Camus* Gemeinsames zu entdecken. Wäre schon eine Diskussion über die Frage, was Gegenwart, was gegenwärtig sei, zur Endlosigkeit verdammt, die Frage nach dem Roman der Gegenwart hätte noch weniger Aussicht, einen Beschluß zu finden.

Ich glaube zu verstehen, wenn man sich dagegen wehrt, daß Verzweiflung ein verbindliches Ingredienz des modernen Romans zu sein habe; wir neigen dazu, Verzweiflung ernster zu nehmen als das, was man „entfesselte Humorigkeit" nennt: *billiger Humor ist rasch entlarvt, auf billige Verzweiflung fallen wir leichter herein.* Wie billige Humoristen oft ein lustloses Leben führen, führen die Prediger der billigen, der modischen Verzweiflung oft ein recht vergnügliches Leben; auch bei Verzweiflung, soweit sie sich in der Literatur manifestiert, gibt es Qualitätsunterschiede. Als Ordinate allein ist sie wertlos, erst mit der Abszisse Verantwortung erhält sie Wert. Verantwortung des Romanciers, das ist ein großes Wort; ich finde kein kleineres.

Der Roman, das ständig totgesagte Kind, eigentlich noch zu jung, um zu sterben, jetzt gegenwärtig, bald der Vergangenheit angehörig, ist nicht sehr voll von homerischem Gelächter. Er scheint tatsächlich den Humor verloren zu haben. Das hat seine Ursachen. Die Atempausen zwischen den Katastrophen waren zu kurz, ihn wiederzufinden, und schon tritt eine neue Bedrohung auf, die alle bisher geträumten Vernichtungsträume zu harmlosen Alpdrücken degradiert: die Vorstellung von Satelliten, die, mit Atombomben geladen, die Erde umkreisen, an jeder gewünschten Stelle ihre Fracht abladen können, ist nicht mehr illusorisch.

Der Fortschritt ist absolut humorlos, weil er den Optimisten ausgeliefert ist. *Wer im Angesicht solcher Bedrohung nicht Selbstmord begeht, lebt entweder automatisch weiter, auf Grund jenes törichten Optimismus', den etwa eine Uhr ausströmt, indem sie weitertickt – oder muß jenes Gran Humor besitzen, das ihn wenigstens zeitweise des Gefühls der eigenen Wichtigkeit enthebt.*

An diesem Punkt, so scheint mir, fängt die Verantwortung an, die Verantwortung dessen, der überhaupt noch eine einzige Zeile schreibt; vielleicht wird es den *„automatischen" Roman* geben, der sozusagen die letzten Zuckungen der Menschheit, die sich über Jahre und Jahrzehnte hinziehen können, registriert; als Modell großartig, ein Kunstwerk von hohen Graden und in sich notwendigerweise verzweifelt, konsequent und böse; seitenlang wird in diesem „automatischen" Roman nichts anderes beschrieben, als wie ein Kind sich ein Butterbrot schmiert oder eine Kuh wiederkäut; die Satelliten werden nicht genannt, aber jeder weiß, daß sie da sind.

Dieser Roman, der automatische, wäre die Konsequenz für alle Romanciers, die nur eine einzige Verantwortung kennen: die ihrer Kunst gegenüber. Wer aber noch irgendeine andere Verantwortung anerkennt, als Christ, als Sozialist, sei es nur als vager Liberaler, der einem gewissen Humanismus anhängt – wird sich an jenes Gran Humor (ein Minimum, es darf auch etwas mehr sein) halten, das allein ihm das Weiterleben auf dieser Erde möglich macht.

Die totale Kunst, die immer von Fanatikern betrieben wird, führt auf den oben beschriebenen Weg; aber jeder Künstler, der irgendeine andere Verbindlichkeit anerkennt – wären es auch geringere als Christ oder Sozialist, etwa: Vater, Franzose, oder nur: Nichtraucher, irgendeine –, kann nicht dem Fanatismus huldigen, dessen Ergebnis das ist, was Ernst Kreuder das Modell der Verzweiflung nennt.

Was mich daran zweifeln läßt, daß dieser automatische Roman der absoluten Humorlosigkeit zustande kommt, ist die Tatsache, daß einer, der Romane schreibt, auf recht lange Strecken mit seiner Kunst zusammenlebt. Beim Schreiben eines Romans werden Liebe und

Dauer auf eine Weise vereint, die jeden Ehetheoretiker neidisch machen müßte. Und wie könnte man verheiratet sein, ohne zeitweise zu vergessen, daß man es ist?

Wer hierzulande das Wort Humor in die Debatte wirft (gar, wenn es um etwas so Ernstes wie den Roman geht), wird zweifellos sofort der „Etappenhasenkomik" verdächtig; aber Klamottenscherze haben nichts mit Humor zu tun, er hat nie rein irdische, immer, wenigstens zu einem Gran, metaphysische Qualität.

Ich wage es, ihn erhaben zu nennen, und ein Künstler sollte, gerade, weil er einer ist, fähig sein, auch über seine Kunst erhaben zu sein, und diese Erhabenheit darf er getrost in seine Mitteilung einflechten.

Jürgen Becker

Gegen die Erhaltung des literarischen status quo

Kaum erscheint noch ein Roman von Rang, dem nicht anhaftet der Makel eines partiellen oder auch gründlichen Mißlingens. Dabei ist die Kritik, der solches Mißlingen ins Auge fällt, zumeist sich einig, daß die erzählerischen Talente des betroffenen Schreibers außer Frage stehen: er hätte bloß mehr Ökonomie walten lassen, seine Figuren kenntlicher modellieren, Grammatik und Zeichensetzung weniger vergewaltigen und besser auch die Handlung nicht so, sondern so herum führen sollen. Keinen Gedanken indessen verschwendet die Kritik daran, daß der objektive Stand der Gattung vielleicht nur ein Scheitern noch zuläßt; daß der Begriff vom Roman zwar in den Köpfen noch sitzt, seine Voraussetzungen dagegen mit dem Bürgertum, in dessen Epoche er sie fand und als dessen Ausdruck er gilt, verschwunden sind. Auch nicht fragt die Kritik, was dem Romanschreiber heute geboten sei: entweder aufs Fabulieren zu verzichten, oder Romantexte zu versuchen, welche die Fähigkeit der Gattung, sich fortwährend zu verändern und so die Verdikte der Geschichte zu widerrufen, demonstrieren. Aufmerksam und prompt verteilt die Kritik ihre Urteile; jedoch, indem sie immer ans Gegebene sich halten, sind sie sekundärer Art. Durchweg leistet Kritik heute keine theoretische Reflexion; soviele ästhetische Normen sie anzubieten hat, sowenig arbeitet sie an der theoretischen Bestimmung dessen, was literarisch geht oder gehen soll. Zeitgenössische Literatur jedoch verträgt solche Versäumnisse schlecht. Das Bewußtsein, das sie verbreitet, zeugt nicht von Selbstgewißheit und Naivität. Ihrer selbst unsicher, der Fragwürdigkeit ihrer Kategorien, ihrer Wirkungen und Chancen eingedenk, vermag sie nichts anderes als ihre Bedingungen, ihren Zustand und Fortschritt kritisch zu reflektieren. Dies leistet offensichtlich jeder Schreiber, dem an der Erkenntnis seiner literarischen Situation gelegen ist. Es werden heute nur wenige Äußerungen bekannt, die nicht entweder von einem Dilemma oder von den Versuchen zeugen, solchem Dilemma eine Wendung ins Offene, in den unbesetzten Bereich des literarisch Neuen zu geben. *Wir müssen,* erklärt uns Michel Butor, *über das reflektieren, was wir tun, müssen also bewußt, bei Strafe der Verdummung und von uns selbst gebillig-*

ter Erniedrigung, aus unserem Roman ein Instrument der Neuerung und der Befreiung machen.

Soweit jedoch ist es noch nicht. Schon die Herrichtung des Romans zum Instrument führt ihn eher zurück als weiter. Denn seit der Romanschreiber die Übersicht über die Wirklichkeit, die er darstellen will, verloren hat, seit er nicht mehr repräsentativer Sprecher ist einer Gesellschaft, die von ihm Belehrung oder Aufklärung über sich selber verlangt, steht der instrumentale Charakter des Romans in Frage. Seine erzählerischen Fiktionen sind nicht mehr so handfest und glaubhaft, daß sie als schlüssige Argumente für oder gegen etwas einzusetzen wären. Auch vermittelt er nicht länger die rechte Unterhaltung, lassen sich seine Helden schwer benutzen als Modelle für ein Leben, das man nicht hat, aber wünscht. Die eingezogene Distanz zwischen Erzähler und Leser verhindert, daß der Leser bloß als Zuschauer teilhat an den Geschehnissen; statt dessen sieht er sich unvermittelt ins Geschehen einbezogen, zum selbständigen Denken gezwungen und vor Fragen gestellt, auf die der Autor auch nicht eine Antwort weiß. Immerhin erfährt der Leser, daß, so komplex der zeitgenössische Roman und so unterschiedlich seine Tendenzen erscheinen, seinen Autoren eine Art von Verstörung, ein Orientierungswille und die Einsicht ins notwendige Neue gemeinsam ist. Nur folgen solcher Einsicht noch selten die rechten Konsequenzen. Die Theorien etwa, die den neuen französischen Roman begleiten, erscheinen fortgeschrittener als die Romantexte selbst. Michel Butor nennt den regressiven Romancier den *Helfershelfer des tiefen Unbehagens und der finsteren Nacht, in der wir uns abmühen;* seine erzählerischen Methoden, wie Hans G. Helms ausgeführt hat, gleichen indessen jenen der Gehirnwäsche. Der Kritiker B. vermag zwar dem Romancier A., nicht aber ihrem Schöpfer Walter Jens den *Herrn Meister* auszureden. Uwe Johnson findet es *unzweifelhaft mißlich, daß einer bloß wahrscheinliche Leute hinstellt, wo sie nicht gestanden haben, und sie reden läßt, was sie nicht sagen würden;* eine andere Praxis fällt ihm nicht ein.

Widersprüche der Art sind in solche Romane eingegangen, deren Gestalt davon kündet, daß nicht epische Selbstherrlichkeit, sondern Skrupel und Mißtrauen ins Metier die Schreibweise bestimmen. Das Repertoire der avancierten Techniken und Methoden zeugt nicht allein von der Ingeniosität der Schreiber, sondern mehr noch von der Schwierigkeit, die Wirklichkeit im Wort zu fassen. Eine Grenze zum Beispiel wirkt auf Uwe Johnson *wie eine literarische Kategorie. Sie verlangt die epische Technik und die Sprache zu verändern, bis sie der unerhörten Situation gerecht werden.* Nun kommt eine solche *unerhörte Situation* aus dem politischen Sonderfall; die zeitgenössische Wirklichkeit dagegen hält so viele Sonderfälle nicht bereit, an denen eine besondere Technik ihre Notwendigkeit hätte. Unkenntlich und banal doch vorhanden, monströs und dabei durchorganisiert, in Redewendungen verfestigt und in keinem Satz genau drin: eher wird so die Wirklichkeit erfahrbar, und so widersteht sie zäher noch ihrer Formulierung. Straßenleben, ein Supermarkt, eine Versammlung von Aktionären geht möglicherweise zu beschreiben; wie aber soll ein Erkenntniswille oder gar ein kritischer Impuls wirken, wenn die Beschreibung bloß die Phänomene reproduziert? Soll im Roman die Sprache, indem sie mit den Gegenständen sich einläßt, nicht selber zum Ding geraten, hat ihr System sich kritischen Eingriffen auszusetzen. Helmut Heißenbüttel, in seinen theoretischen Schriften, hat nachgewiesen, daß unsere Verständnisweise der Wirklichkeit bereits vorbestimmt ist durch das syntaktische System unserer Sprache: notwendig interpretiert sie, und zwar als literarisches Medium der Erkenntnis, nicht länger ein Heute, das ihr fortwährend davongeht und zugleich ihr sich anbiedert, das bestimmt ist vom unaufhörlichen Wechsel der Augenblicke und zugleich von der Sturheit der Verhältnisse. Sowenig der Romanschreiber es sich gestatten kann, solche vorgeprägte Verständnisweise, die aus jeder unreflektierten Redewendung hervorschaut, zu verfestigen, sowenig naiv vermag er noch seine Worte zu setzen. Konsequenzen freilich, wie etwa Heißenbüttel sie gezogen hat, leuchten nicht so ein, daß ein jeder sie zieht. Dem Romanschreiber, will er nicht gleich die ganze Gattung fahren lassen, sind in der Verselbständigung der sprachlichen Mittel Grenzen gesetzt; zumeist zeigt er nicht einmal Neigung, sein doch erstes Material, die Sprache, kritischen Überlegungen und Verfahren auszusetzen. Das Verhältnis zwischen Subjekt und Objekt, zwischen Erzähler und den Materialien des Erzählens scheint ihm soweit intakt, daß er getrost in seine erzählerischen Kategorien glaubt einsteigen zu können. So behende er dann die Perspektiven wechseln, so beharrlich er die Mühlen des inneren Monologs bewegen und so progressiv er drei Erzähler gleich aufs Thema loslassen mag: seine Intention unterscheidet sich in nichts von der eines Oldtime-Epikers, eine Geschichte zu erzählen. Geschichtenerzählen, so es die Vorstellung von einem wortmächtigen Manne wachruft, der in Kenntnis besonderer Vorfälle und Ereignisse in einen Kreis aufmerksam Lauschender tritt und diesen vorträgt, was sie nicht wissen aber wissen sollten, erscheint indessen anachronistisch; eine zeitgenössische Erzählweise gibt darum vorab zu erkennen, wie bezweifelbar die Besonderheit des Erzählten ist, daß die Übermacht und Anonymität des Realen jede erzählbare Geschichte vom Einzelfall zu dementieren droht. Jenen Medien sich anpassend, die ihm mit der Funktion des Informierens, des Unterhaltens, des Unterrichtens und des Kommentierens zugleich die Themen und Ge-

genstände entzogen haben, nennen Romanschreiber ihr Tun gern
Berichten. Was zu berichten sich lohnt, weiß zwar wiederum besser
jede Nachrichtenredaktion; indessen versteht sich der Roman – Michel Butor kann das genau sagen – als *eine besondere Form des
Berichtens.* Solch besondere Form unterscheidet sich von der nicht-
literarischen in dem, worin der Romanschreiber bis auf den Tag sein
Privileg gefunden hat, nämlich in der Fiktion. Was immer er berich-
tend vorträgt: seine Geschichte muß kein reales Modell nachweisen;
sie ist erfunden und gibt sich als die literarische Form der Lüge zu
erkennen. Widerrufen aber ist noch immer nicht jenes Verdikt, das
Thomas Mann im *Doktor Faustus* dem Teufel in den Mund legt:
*Werk, Zeit und Schein, sie sind eins, zusammen verfallen sie der
Kritik. Sie erträgt Schein und Spiel nicht mehr, die Fiktion, die Selbstherrlichkeit der Form, die die Leidenschaften, das Menschenleid zen-
suriert, in Rollen aufteilt, in Bilder überträgt. Zulässig ist allein noch
der nicht fiktive, der nicht verspielte, der unverstellte und unverklärte
Ausdruck des Leides in seinem realen Augenblick. Seine Ohnmacht
und Not sind so angewachsen, daß kein scheinhaftes Spiel mehr damit
erlaubt ist.*

Noch haben diese Worte kein *scheinhaftes Spiel* von der literarischen Tagesordnung streichen können; gleichwohl zeigen sich heute
erzählerische Gebilde bemüht, ihren Fiktionscharakter zu tarnen. Der
Anspruch, mit seiner Fiktion ein Modell für Wahrheit vorzuführen,
nötigt den Romanschreiber in den privaten Erfahrungsbereich, ins
Bewußtsein von den herrschenden Verhältnissen, zur Kenntnis realer
Machenschaften und Einrichtungen. Er steigt in die Rolle des Recher-
cheurs ein; er durchsetzt seine Erfindungen mit Dokumenten und
Fakten; er zitiert die Wirklichkeit, um – so begründet das Michel
Butor – *den Anschein des Wirklichen zu erwecken.* Werden seine
Fiktionen damit wahrscheinlicher? Entgegen der Ansicht Michel Bu-
tors, und entgegen auch der These Heinrich Bölls, der Schriftsteller sei
der Realität gegenüber nicht beweispflichtig, wird das, was er vorträgt, in jedem Fall überprüfbar. Seine vorgewiesenen Sach- und
Ortskenntnisse setzen die Sachen und Orte, von denen in seinem Text
die Rede ist, dem Anspruch unbedingter Stimmigkeit aus; anders sitzt
der Leser informatorischem Schwindel auf, zum Beispiel, wenn Alfred
Andersch in seiner Erzählung *Opferung eines Widders* seinen Helden
*auf die roten Leuchtbuchstaben der großen Brauerei Wulle in Dell-
brück* blicken läßt, in welchem Kölner Vorort aber weder eine Brauerei noch dieser Name ansässig ist. Selbst die äußerste Faktentreue
erhält nichtsdestoweniger den fiktiven Charakter des Romans, gar
noch, sofern sie keine Kritik an den Erscheinungen impliziert, erklärt
sie seinen Konformismus mit dem Sinn, der an den Erscheinungen

haftet. Nicht oft wird das Dilemma des Schreibers: der Widerspruch zwischen subjektiver Erfindung und objektiven Gegebenheiten so offen vorgewiesen wie in Uwe Johnsons Prosa *Berliner Stadtbahn*, worin er solche Sätze schreibt: *Der Verfasser sollte zugeben, daß er erfunden hat, was er vorbringt, er sollte nicht verschweigen, daß seine Informationen lückenhaft sind und ungenau. Denn er verlangt Geld für was er anbietet. Dies eingestehen kann er, indem er etwa die schwierige Suche nach der Wahrheit ausdrücklich vorführt, indem er seine Auffassung des Geschehens mit der seiner Personen vergleicht und relativiert, indem er ausläßt, was er nicht wissen kann, indem er nicht für reine Kunst ausgibt, was noch ein Akt der Wahrheitsfindung ist.* Konsequent drückt sich in Johnsons Büchern das Suchen nach Wahrheit, das Zweifeln sowohl am Erfundenen wie am Gegebenen, in der Schreibweise und in der Gestalt der Texte selber aus. In seinem *Dritten Buch über Achim* ist das Versagen der erzählerischen Kategorien vor der zeitgenössischen Realität bereits thematisch geworden. Der sich seiner Darstellung fortwährend entziehende Gegenstand wird nur dadurch noch erfaßt, daß ihre Methoden, ihre Versuche, Fortschritte, Irrwege, ihr schließliches Mißlingen selber demonstriert werden. So sinnfällig und so erfinderisch Johnsons Methode erscheint: sie sollte nicht den Fortschrittsglauben all jener wecken, denen doch nur an der Erhaltung des literarischen status quo gelegen ist. Kaum waren die Schwierigkeiten mit der Wahrheitssuche so gemeint, daß sie dem Romanschreiben nun die neuen Muster schenkten. Was als Dilemma sich äußert, möchte sich weder im Reglement verfestigt noch zur Konvention verkommen sehen. Schon hat sich ja, in seinem *Herrn Meister,* Walter Jens daran versucht, die Unmöglichkeit des Romanschreibens ins Stadium der Virtuosität zu leiten. Was im Falle Johnson der Gegenstand des Romans selbst notwendig konstituiert, erscheint im Falle Jens als akademisches Werkstattselbstgespräch eines Romanciers, dem zwar die Felle fortgeschwommen, nicht aber die rhetorischen Talente ausgegangen sind. Wohl sieht es mit den Worten Thomas Manns immer noch *so aus, als ob auf dem Gebiet des Romans nur noch das in Betracht käme, was kein Roman mehr ist;* indessen möchten diese Worte kaum zur Stilisierung eines Dilemmas einladen, ebensowenig wie der in die Geschichte rückwirkende Satz *Vielleicht war es immer so* intendiert, daß immer es auch so zu bleiben habe. Vielmehr gilt es, jene Impulse weiterzuführen, die, indem sie den Ruin der erzählerischen Kategorien betreiben, dem literarisch Neuen vorarbeiten. Peter Weiss zum Beispiel, in seinem irrtümlich als Roman bezeichneten Buch *Fluchtpunkt,* kann sich *keine abgesonderten Kunstwerke denken, nur einen unmittelbaren Ausdruck für eine gegenwärtige Situation, für eine fortlaufende Ver-*

änderung und Umwertung, und deshalb gäbe es nur ein Journalfüh-
ren ... *(für ihn), ein Aufzeichnen von Notizen, Skizzen, Bildstadien,*
vielleicht durchmischt mit Improvisationen musikalischer, dramati-
scher Art, doch nie diese Bremsklötze eines Romans, eines durchge-
führten Bildes. Nicht vom Neuen ist hier die Rede, aber vom subjektiven Ausdrucksverlangen, das in jedem literarischen Kunstwerk ver-
borgen liegt. Daß unvermittelt es frei und zu Wort kommt, verhindern
jene Kategorien, die den sprachlichen und erzählerischen Zusammenhang des Romans garantieren. Deren Zerstörung schafft weder tabula
rasa noch führt sie ins Paradies des bedeutungslosen Sprechers; aber
sie hilft mit den Worten Malcolm Lowrys das realisieren, *was niemals*
niedergeschrieben wird, und was die tatsächlichen Impulse birgt, aus
denen heraus jemand überhaupt zunächst Romancier oder Dramati-
ker wird. Solche Impulse gehen noch in die vorgeprägten erzählerischen Modellformen ein; wirksam und kenntlich werden sie in deren
Rissen, Brüchen und Übergängen. Nicht die Verkleidungen des Romans, sein Äußerliches, seine Fiktionen und Handlungsverläufe künden von den Erfahrungen, die das Individuum seinen Ausdruck suchen lassen. Erst jenseits des Romans findet das Schreiben den Sinn
des Authentischen; erst seine aufgelösten Kategorien entlassen den
utopischen Text, der jedem Roman schon eingeschrieben ist.

Peter Handke

Zur Tagung der Gruppe 47 in USA

Ich kenne die Gruppe 47 wenig und kann also nichts Umwerfendes über sie sagen. In Princeton bin ich zum erstenmal dabeigewesen. Ich habe keine Meinung über die Gruppe gehabt und kann mich deshalb als unbefangen bezeichnen. Ich habe mich gefreut, nach Amerika zu kommen, weil ich bis dahin noch nicht in Amerika gewesen war. Ich habe mich gefreut, endlich nach Oxford in Mississippi zu kommen, wo William Faulkner gelebt hat. Ich habe mich gefreut auf die Beatbands, die ich vielleicht dort kennenlernen würde. Ich war neugierig auf die Lesungen in Princeton und noch neugieriger auf die Kritik der Lesungen.

Ich möchte keine Genrebilder von der Tagung geben, sondern nur die Einwände genauer fassen, die ich schon während der Tagung ausgesprochen habe. Man hat mir später gesagt, ich hätte mit einer meiner Äußerungen eine stillschweigende Gruppenregel gebrochen, die verlange, daß nur über den gerade gelesenen Text gesprochen werde. Ich habe von dieser Regel nichts gewußt. Hätte ich davon gewußt, so hätte ich vielleicht nichts gesagt, und der Vorwurf, ich sei „mutig" gewesen, wäre mir erspart geblieben.

Ich habe in meiner Kritik von einer „Beschreibungsimpotenz" gesprochen. Dieses Wort ist ein Schimpfwort, deswegen gebrauche ich es hier nicht mehr. Ich möchte vielmehr das Wort begründen.

Ich habe nichts gegen die Beschreibung, ich sehe vielmehr die Beschreibung als notwendiges Mittel an, um zur Reflexion zu gelangen. Ich bin *für* die Beschreibung, aber nicht für die Art von Beschreibung, wie sie heutzutage in Deutschland als „Neuer Realismus" proklamiert wird. Es wird nämlich verkannt, daß die Literatur mit der Sprache gemacht wird, und nicht mit den Dingen, die mit der Sprache beschrieben werden. In dieser neu aufkommenden Art von Literatur werden die Dinge beschrieben, ohne daß man über die Sprache nachdenkt, es sei denn, in germanistischen Kategorien der Wortwahl usw. Und die Kritik mißt die Wahrheit der Literatur nicht daran, daß die Worte stimmen, mit denen man die Gegenstände beschreibt, sondern daran, ob die Gegenstände „der Wirklichkeit entsprechen". So werden die Worte für die Gegenstände als die Gegenstände selber genommen. Man denkt über die Gegenstände nach, die man „Wirklichkeit" nennt, aber nicht über die Worte, die doch eigentlich die Wirklichkeit der Literatur sind.

Die Sprache wird nur benützt. Sie wird benützt, um zu beschreiben, ohne daß aber in der Sprache selber sich etwas rührt. Die Sprache bleibt tot, ohne Bewegung, dient nur als Namensschild für die Dinge. Die Dinge werden reportiert, nicht bewegt. Wie es scheint, gilt noch immer der komische Vergleich Jean-Paul Sartres, der die Sprache, mit der Prosa geschrieben werde, mit dem Glas vergleicht: man glaubt so naiv, durch die Sprache auf die Gegenstände durchschauen zu können wie durch das sprichwörtliche Glas. Dabei denkt man aber nicht daran, daß es möglich ist, mit der Sprache buchstäblich jedes Ding zu drehen. Ich brauche ja nicht die Dinge aufzuzählen, die schon mit Hilfe der Sprache gedreht wurden und noch gedreht werden. Es wird vernachlässigt, wie sehr die Sprache manipulierbar ist, für alle gesellschaftlichen und individuellen Zwecke. Es wird vernachlässigt, daß die Welt nicht nur aus den Gegenständen besteht, sondern auch aus der Sprache für diese Gegenstände. Indem man die Sprache nur *benützt* und nicht *in* ihr und *mit* ihr beschreibt, zeigt man nicht auf die Fehlerquellen in der Sprache hin, sondern fällt ihnen selber zum Opfer. Das „Glas der Sprache" sollte endlich zerschlagen werden. Durch die Sprache kann nicht einfach durchgeschaut werden auf die Objekte. Anstatt so zu tun, als könnte man durch die Sprache schauen wie durch eine Fensterscheibe, sollte man die tückische Sprache selber durchschauen und, wenn man sie durchschaut hat, zeigen, wie viele Dinge mit der Sprache gedreht werden können. Diese stilistische Aufgabe wäre durchaus, dadurch, daß sie aufzeigte, auch eine gesellschaftliche.

In Princeton nun mußte ich hören, wie sehr das sogenannte gesellschaftliche Engagement des Schriftstellers von den Kritikern in der Gruppe 47 an den Objekten gemessen wurde, die er beschreibt, und nicht an der Sprache, mit der er diese Objekte beschreibt. Das ging sehr weit. Eine Geschichte von Wolfgang Maier, in der diverse Flekken auf Badehosen und Schweiß in Achselhöhlen vorkamen, wurde, obwohl perfekt erzählt und am Schluß mit ironischer Reflexion, eben wegen der beschriebenen Objekte von Walter Jens als „Nicht-Literatur" bezeichnet. Hier wurde versucht, materielle Normen, wie etwa Kirchenbesucherordnungen (Besucher in ärmelloser Kleidung werden abgewiesen), auf die Literatur anzuwenden, die doch nur formelle Normen kennen kann. Die sogenannte „Gegenwart" galt dann als behandelt, wenn zum Beispiel in einer Geschichte ein Computer beschrieben wurde, die sogenannte „Vergangenheit" war bewältigt, als ein Lichtbildervortrag beschrieben wurde, der von einer Reise nach Polen handelte, wobei man nur noch zu warten brauchte, an welcher

Stelle jetzt, wenn auch noch so beiläufig, der berühmte Ort A. zur Sprache kam. Und der Ort A. kam zur Sprache. Da ist schon das Wort! Und wie beiläufig! Wie wunderbar nebenbei! Wie ganz unaufdringlich! Wie viele Zuhörer werden nun erschrocken sein, in diesem scheinbar so harmlosen Reisebericht plötzlich aus dem Hinterhalt das Pflichtwort zu hören! Diese Kunst des Unauffälligen!

In der Tat, Günter Herburgers Prosa mit der beiläufigen Nennung des Ortes A. wird gut aufgenommen, aber nicht, weil der Ort A. besonders gut zur Sprache gekommen ist, sondern weil „endlich einmal in der Sprache einer Generation unsere deutsche Gegenwart behandelt wird". Man bewundert auch, wie beiläufig, ja nur in einem Nebensatz, von der Vergangenheit die Rede ist. Es kommt alles, wie ich es mir vorgestellt habe. Diese Prosa gilt nicht etwa deswegen als zeitgemäß, weil sie von irgendwelchem sprachlichen Interesse wäre, sondern weil „deutsche Gegenwart" unbekümmert durch die Sprache hindurch, wenn auch in konventionellem Sprachduktus, wenn auch in naiver Sprachauffassung, frank und frei beschrieben wird.

Die Genauigkeit der vorgelesenen Herburger-Prosa liegt nicht einem vorbedachten Bild von der Welt zugrunde wie etwa bei Robbe-Grillet, sondern wirkt als Manier. Es ergibt sich nichts aus dieser Genauigkeit, es ergibt sich keine Neuigkeit von der Welt für mich etwa aus der Beschreibung einer Glühbirne, die infolge eines Wackelkontakts flackert – denn das Phänomen hat keine Funktion, ist nur eine Beobachtung *mehr:* es wird nicht der Sprache einverleibt, sondern einfach mit Hilfe der Sprache *ab*geschrieben, und wenn es abgeschrieben ist, wird so getan, als wären die Worte nur der Katalysator gewesen und gäben nun den Blick auf das Phänomen frei. Diese Art der Genauigkeit ist nur eine dazuzählende: sie fügt der Summe des schon Zusammengezählten noch einen Posten zum Dazuzählen an und geht weiter und beschreibt schon den nächsten Posten zum Addieren, und so weiter bis ins Unendliche, ohne daß sich eine Spirale oder ein Kreis ergibt wie bei Robbe-Grillet.

Ich glaube, daß es heutzutage nötig ist, die Welt näher anzuschauen und also detaillierter zu erfassen. Aber wenn diese vergrößert betrachtete Welt nur abgeschrieben wird, ohne daß mit der Sprache etwas geschieht, was soll's dann? Warum plagt man sich mühsam um die sogenannten passenden Worte und schreibt dann doch nur ab, in überkommener Form, als wäre man ein Ersatzwissenschaftler? Da wäre es doch viel einfacher zu fotografieren. Wenn vorgegeben wird, daß die Sprache ohnehin nur als Linse, als Glas, benützt wird, dann kann man an die Dinge doch viel besser mit der Kamera herangehen. In dieser Art von Literatur wird die Sprache herabgewürdigt zum Ersatz für die Kamera, zu einer Vorbereitung für eine Fotografie, zu

einer gar nicht ironisch gemeinten Regieanweisung für eine Kamera-
einstellung, zu einer Hilfswissenschaft. Man hat den Eindruck, daß
diese Schriftsteller, wenn sie wohlhabender wären, sich mit der Kamera viel Zeit und Mühe ersparen könnten und dennoch viel bessere
Ergebnisse erzielten.

Herburgers Prosa war in dieser Art immerhin noch eine der „gelun-
genen", weil sie, wenn auch in Syntax und Sprachduktus ganz am
Boden bleibend, wenigstens frei von Wort- und Satzklischees war. Im
Gegensatz dazu wimmelte es in der Prosa Walter Höllerers von ganz
grotesken Ergebnissen. Man hörte eine Geschichte, die allein als
Geschichte, als erfundene Handlung, völlig unreflektiert erschien. Es
ist durchaus möglich, glaube ich, heutzutage Geschichten zu erzählen,
aber wenn man eine erzählt, dann sollte man dazu auch ein passables
Geschehen erfinden und nicht so ganz sorglos Handlungen aneinan-
derreihen, die Illustriertenautoren anstehen, „Zwei-unter-Millionen-
Geschichten". Dabei war noch zu beobachten, daß Autoren, die sich
sonst vorwiegend mit Lyrik beschäftigen, glauben, in der Prosa könnten sie sich gehenlassen. Warum sollten denn für die Prosa keine
rhythmischen Gesetze gelten? Gibt es denn heute überhaupt noch
einen Unterschied zwischen Lyrik und Prosa? Wie kann Höllerer, von
dem man doch einige gute Gedichte kennt, in der Prosa einfach die
Sprache Sprache sein lassen und schreiben wie ein Reporter? Seine
Geschichte war sprachlich gar nicht „da", ganz unrein, alle Worte
und Wendungen waren gedankenlos hingeschrieben. Ich erinnere
mich an einen Satz, in dem von einem Raum die Rede ist, der als
„absolut leer" beschrieben wird. Wie kann man diesen Ausdruck,
ohne zu reflektieren, einfach so hinschreiben? Und ähnlich unbekümmert war jeder Satz, jeder. Höllerer hatte vor seiner Lesung einen
jungen Lyriker, Mathias Schreiber, vernichtend kritisiert, mit den
Worten etwa, diese Art von Lyrik hätte man nun doch schon „ausdis-
kutiert". Er wird sich aber wohl eingestehen müssen, daß es in den
Gedichten des jungen Lyrikers immerhin einige Zeilen gibt, in denen
mehr von unserer heutigen Welt enthalten ist als in seiner, Höllerers,
ganzer Geschichte. Die Namensnennung und Beschreibung eines
Computers genügt nicht, um auf der Höhe der Zeit zu sein. Für alle
diese Dinge gibt es Lexika. Ich meine damit nicht, daß es ein Unding
ist, einen Computer zu beschreiben, sondern nur, daß es ein Unding
ist, einen Computer zu beschreiben, wenn er auf die gleiche Weise
schon im Lexikon beschrieben wird. Die Beschreibung eines Computers, wenn sie schon geschieht, wird in der Syntax der Kompliziertheit
eines Computers angepaßt sein müssen und nicht einfach im Stil eines
Populärwissenschaftlers die Bestandteile aufzählen können.

Ich muß es noch einmal wiederholen: die auf der Tagung der

Gruppe 47 gelesenen Texte wurden auf die Realität der beschriebenen Objekte geprüft, und nicht auf die Realität der Sprache. Sogar der weitaus besten Prosa, dem Romankapitel Ernst Augustins, wurde „mangelnder Widerstand der Realität gegenüber" vorgeworfen, ohne daß bedacht wurde, daß die Sprache eine Realität für sich ist und ihre Realität nicht geprüft werden kann an den Dingen, die sie *beschreibt,* sondern an den Dingen, die sie *bewirkt.* Mir ist während dieser Tagung aufgefallen, daß formale Fragen eigentlich moralische Fragen sind. Wagt es jemand, in einer unreflektierten Form über heiße Dinge zu schreiben, so erkalten diese heißen Dinge und erscheinen harmlos. Den berüchtigten Ort A. in einem Nebensatz zu erwähnen, geht vielleicht an. Ihn aber bedenkenlos in jede Wald- und Wiesenge- schichte einzuflechten, in einem unzureichenden Stil, mit untaugli- chen Mitteln, mit gedankenloser Sprache, das ist unmoralisch. Die Reaktion treibt dann zu dem bekannten Ausspruch, man solle doch endlich aufhören, von Auschwitz ... und so weiter.

13 Sätze über Erzählen 1967

1

Wer den Mund auftut, muß weiter. Wer den Mund aufgetan hat, kann wiederholen.

2

Erzählen heißt: nicht umkehren. Wer wiederholt, will nur umso sicherer vorankommen. Repetition als Motor.

3

Erzählung als Reproduktion eines Vorgangs im Reproduktionsmedium. Weist der Vorgang über die Reproduktion im Medium hinaus?

4

Eine Abfolge von Sätzen und Sequenzen, die kontinuierlich, einseitig ausgerichtet und nicht umkehrbar ist. Sätze und Sequenzen, die nur kontinuierlich, einseitig ausgerichtet und nicht umkehrbar aufeinander bezogen sind.

5

Der Bezug ist bewegungskausal und motivkausal.

6

Semantisch und grammatisch, nach Bedeutung und Form, in Verweisungsfunktion und Zeichenfunktion Wörter so aufeinander beziehen, daß alle vom Anfang aufs Ende weisen. Gleichsam vor Beginn und nach Ende in Bewegung.

7

Die Entwicklung eines philosophischen Gedankens oder einer wissenschaftlichen Ableitung ist auch Erzählung.

8

Im Extremfall ist die Bewegung des Vorgangs die Bewegung des Mediums selbst, z. B. der Sprache. In einem anderen Extremfall ist in der Reproduktion lediglich die flüchtige und lückenhafte Spur eines unerkennbaren Vorgangs aufbewahrt.

9

Zwischen solchen Extremen gleitende Übergänge. Die Bewegung eines schattenbildenden Zelluloidstreifens und die Bewegung des reproduzierten Sehbilds.

10

Muß der Vorgang vorgegeben, natürlich, plausibel sein? Ist zählen ein Vorgang? Etwas er-zählen. Ist auch die willkürliche Reihung von Zahlen ein Vorgang?

11

Erzählen braucht Zeit im Sinn von Uhrzeit. Im Medium wird Zeit im Sinn von Uhrzeit verbraucht.

12

Eine Abfolge, die nicht kontinuierlich, einseitig ausgerichtet, die umkehrbar ist, in der jedes Teil hin und her bezüglich ist, deren Ablauf Simultanes speichert, nimmt Zeit im Verbrauch zurück.

13

Wie gegen eine endgültige Grenze anerzählen. In immer neuem Ansatz. Das Ansetzende als Prinzip der Abfolge. Und zugleich nicht. Aufschleifung des Unterschieds. Im Gleichgewicht zwischen Fortgang und Repetition würde die Unterscheidung zwischen Poesie und Prosa von selbst entfallen.

Wiederherstellung der Fremdheit

Statt einer normativen Ästhetik gibt es heute die Dauerreflexion der Schriftsteller über das Schreiben. Nicht abgestützt durch verbindliche Werke und Schreibmuster und durch eine allgemeingültige Weltsicht, auf die sie sich beziehen könnten, entwickeln sie, ausdrücklich oder unausdrücklich, Arbeitshypothesen, Theorieansätze, ein schärferes methodisches Bewußtsein anstelle unbewußt wirksamer Selbstverständlichkeiten. Das Schreiben bleibt trotzdem angewiesen auf Spontaneität, falls es nicht einfach Texte herstellt, die sich programmieren lassen; in diesem Fall ist es von seiner Methode total definiert und entwickelt sie nur, das Ergebnis steckt dann schon im Kalkül.

Das ist nicht meine Sache. Ich kann nicht anfangen ohne eine zunächst irrationale Faszination. Es ist irgend etwas Konkretes, ein Eindruck, das Bruchstück einer Szene oder einer Situation, die auffällig werden, weil sie sich nicht sofort ablegen lassen in bekannten Kategorien. Im Schreiben selbst macht man sich dann die Faszination des Anfangs verständlich, entwickelt allmählich die undurchschauten Motive und verborgenen Einschlüsse, beharrlich weitersuchend in einer bis kurz vor Schluß nie ganz aufgelichteten Dunkelheit, die aber von plötzlichen Einsichten in Teilstücke des Weges aufgehellt wird und in der man auch immer wieder das Ganze in wechselnder Gestalt und wechselnder Deutlichkeit vor sich sieht. Vielleicht kann man sagen, daß die Initialreize unvollständige Informationen sind, deren Lücken die Phantasie ausfüllen möchte, oder auch Widersprüche, Mehrdeutigkeiten, aus denen eine Spannung entsteht, die nach Spannungslösung verlangt. Ich lese in der Zeitung immer die Polizei- und Gerichtsberichte. Sie scheinen konkret zu sein und sind doch rätselartige Kurzformen der Wirklichkeit, in der einige Einzelheiten zum Verständnis angeboten werden und uns zugleich entzogen werden. Außerhalb der Ferienzeit taucht in einem oberitalienischen Hotel ein deutsches Ehepaar mit einem kleinen Kind auf. Der Mann ist nach drei Tagen wieder verschwunden, die viel jüngere Frau macht mit dem Kind stundenlange Taxifahrten in die umliegenden Städte, kommt abends ins Hotel zurück und telefoniert mit ausländischen Nummern. Eines Tages ist auch sie verschwunden, das Kind, das noch nicht sprechen kann, bleibt allein im Hotel zurück. Was ist das? Was hat stattgefunden? Gerade, daß man so wenig weiß, könnte Anlaß sein, einen Roman zu schreiben, der ein Vorschlag zum Verständnis dieser verlorenen Einzelheiten wäre, sie vielleicht durch verändernde Bewegungen in ein zweites vieldeutiges Dunkel rückte, der Anfang jedenfalls wären diese unaufgeschlossenen Bilder eines fast leeren Hotels, einer verlassenen Seepromenade, die Frau, die telefoniert, das dünne Weinen eines Kindes – Andeutungen eines Lebens, das man kennen möchte, weil jede Einzelheit aufgeladen zu sein scheint mit einem unbekannten Mehr, das ihnen diesen erregenden Ausdruck gibt.

Aber wahrscheinlich setzt solche Faszination schon voraus, daß der Reiz auf eine Disposition trifft, die ihn aus der wirren Vielfalt der Reize und Materialien heraushebt. Es gibt eine ursprüngliche Zuordnung von Autor und Thema, eine innere Aufmerksamkeitsrichtung entsprechend seinen Vorurteilen, Neigungen, Wünschen, Traumata und Aggressionen, die die wechselnden Informationen abtastet und nur solche durchläßt oder länger im Bewußtsein festhält, in denen etwas zu stecken scheint, das den Motivationshintergrund der Person anspricht. Diese besondere Neugier ist auch die Voraussetzung für die Bildung eines theoretischen Konzepts. Die Arbeitshypothese, die sich ein Schriftsteller schafft, entsteht aus einem Interesse, das vorher da ist, sie ist die innere Aufmerksamkeitsrichtung noch einmal, nur jetzt bewußt geworden und formuliert. Seinen Impulsen wird so ein Rahmen geschaffen, der ihnen Konstanz und Sicherheit gibt, zugleich auch eine Instanz, die sie methodisch steigert und kontrolliert.

Aber Theoriebildung ist nicht nur eine Selbstklärung, man verhält sich damit auch zu anderen Schriftstellern und zur gesamten literarischen Situation. Gelegentlich habe ich, um die Richtung meiner Interessen ungefähr zu bezeichnen, das Wort „Neuer Realismus" gebraucht. Ich wollte damit auf Tendenzen hinweisen, die ich in den verschiedensten Formen auch bei anderen Schriftstellern zu sehen glaubte; es war die beiläufige, improvisierende Benennung einer Perspektive, aber Gewohnheit und Widerspruch haben den Begriff dingfest gemacht.

Überall stieß ich auf Vorurteile. Sie lagen wie Krokodile auf ihren Sandbänken und schnappten, wenn ich das Wort „Realismus" gebrauchte. Ich war etwas überrascht von dieser Reaktion, bis mir allmählich deutlich wurde, daß man unter Realismus nicht eine unabschließbare Tendenz verstand, die fortschreitende und sich dauernd verändernde Artikulation der grundsätzlich unausschöpfbaren Wirklichkeit, sondern dabei an erstarrte Konzepte dachte, etwa an die oberflächliche Milieutreue und die schablonenhafte Psychologie, wie sie zum Beispiel heute im Kriminalroman üblich ist. Sicher war der Begriff in Deutschland auch durch die Nachbarschaft des sozialistischen Realismus tabuisiert. Und schließlich fand ich heraus, daß sich damit die Vermutung einer erkenntnistheoretischen Naivität verband: man unterstellte, ausgehend von der statischen Vorstellung, die man sich vom Realismus machte, daß hier eine Sichtweise verabsolutiert werden sollte, die sich ihres perspektivischen Charakters nicht bewußt sei.

Für mich war Realismus zunächst nur ein grober Unterscheidungsbegriff, mit dem ich mich abgrenzen wollte von der manieristischen und grotesken Literatur vor allem in Deutschland, einer Stilrichtung, die mit fantastischen Erfindungen, parodierender Rhetorik und Allegorien arbeitet und überall die bizarren Effekte sucht. Ich distanzierte mich damit auch von der metaphysischen Literatur, die immer noch universelle Daseinsmodelle und Sinnbilder, wenn auch vielleicht der Sinnferne schafft. In einer Arbeitshypothese für eine moderne realistische Literatur formulierte ich: „An Stelle der universellen Modelle des Daseins, überhaupt aller Allgemeinvorstellungen über den Menschen und die Welt tritt der sinnlich konkrete Erfahrungsausschnitt, das gegenwärtige alltägliche Leben in einem begrenzten Bereich". Auf dem Begriff „alltäglich" würde ich heute nicht mehr beharren. Auch die pathologische oder kriminelle Abweichung vom Mehrzahlverhalten, seine Steigerung und Verzerrung, ja überhaupt seine Brechungen interessieren mich. Aber wichtig bleibt mir dieses Votum gegen die Hochstilisierung konkreter Erfahrungen zum Sinnbild und für eine Schreibweise „mit Aufmerksamkeit für die Störungen, Abweichungen, das Unauffällige, die Umwege, also den Widerstand der Realität gegen das vorschnelle Sinnbedürfnis".

Unausgeführt steckt darin das für mich entscheidende Kriterium dessen, was ich in der Literatur für konservativ und traditionell halte: nämlich die Tendenz, die Realität durch Abstraktion und Stilisierung radikal zu vereinfachen und zu ordnen zu einem Bild aus wenigen sinnvoll ausgewählten, sinnvoll aufeinander bezogenen und deshalb bedeutend wirkenden Elementen, zu unterstellen, das sei der ideale, vom Unwesentlichen gereinigte Bauplan der nur scheinbar so verwirrenden, undurchschaubaren und deshalb bedrängenden Wirklichkeit, die nun im Sinnbild gebannt und geklärt, durch eine Form distanziert und verfügbar gemacht sei. Dieser geheime Platonismus schafft bequeme Gemeinplätze und sperrt die Erfahrung in seine institutionell werdenden Muster ein.

Realismus ist für mich die Gegentendenz, nämlich der immer neue Versuch, etablierte Begriffe und Ordnungsgestalten aufzulösen, um neue, bisher verbannte Erfahrungen zu ermöglichen, das Gegenteil also einer Wiederholung und Bestätigung des Bekannten. Die Modelle, mythischen Muster, an die auch ihr ironisches Zitat und die

Persiflage gefesselt bleiben, werden in realistischer Schreibweise entweder verlassen oder durch Konkretheit von innen her überwachsen. Neue Aufmerksamkeitsgrade und -richtungen werden entwickelt für das, was bisher unbewußt war oder gesperrt wurde mit Tabuworten wie banal, privat, pathologisch, aber vor allem auch für das nur scheinbar Bekannte, das unter diesem Schein sich verflüchtigt hat. Denn das ist die grundsätzlich veränderte Situation: anstelle des übermächtigen Druckes einer fremden bedrohlichen Wirklichkeit, gegen die die distanzierende Kraft der Stilisierung aufgeboten wurde, ist ein Wirklichkeitsschwund getreten, ein Gefühl, alles sei bekannt, verfügbar und konsumierbar, alles zugänglich als Formel, Mode, Meinung, Information. Unter Routine und schablonenhafter Informiertheit verschwindet die Realität, wird formal und abstrakt. Realistisches Schreiben wäre die Gegenbewegung, also der Versuch, der Welt die konventionelle Bekanntheit zu nehmen und etwas von ihrer ursprünglichen Fremdheit und Dichte zurückzugewinnen, den Wirklichkeitsdruck wieder zu verstärken, anstatt von ihm zu entlasten.

Vielleicht versteht sich die fantastische Literatur auch als Gegenimpuls zur Konvention, aber sie überfliegt das Bekannte nur; unter surrealen Erfindungen läßt sie es selbst unbewegt bestehen. Das Fantastische ist der Komplementärbegriff des Banalen, Kompensation einer konventionell gebliebenen Erfahrung. Eine bieder-genrehafte Darstellung von Figuren und Milieu in mittlerer Anschaulichkeit, aus gleichbleibender Distanz und ungefährdeter Übersicht wird fantastisch übersprungen, aber nicht aufgehoben, vielleicht ornamental durch Rhetorik verdeckt. Aber auch die Fantasiebewegung selbst entkommt kaum der Konvention. Was als freies Spiel erscheint, ist oft nur die Rückkehr der unbewußt gewordenen Klischees. Löst es sich nicht in Nonsens auf, dann endet es wie beim vermeintlich absurden Theater wieder in der geradezu lehrhaften Rationalität der Allegorie.

Realistisch dagegen wäre eine bewegte, subjektive Optik, die durch Zeitdehnung und Zeitraffung und den Wechsel zwischen Totale und Detail, Nähe und Ferne, Schärfe und Verschwommenheit des Blickfeldes, Bewegung und Stillstand, langer und kurzer Einstellung und den Wechsel von Innen- und Außenwelt die konventionelle Ansicht eines bekannten Vorgangs und einer bekannten Situation so auflöst und verändert, daß eine neue Erfahrung entsteht. Die subjektive Blickführung, verwandt den Kamerabewegungen des Films, demontiert die konventionellen Sinneinheiten, zerlegt und verzerrt sie, isoliert Einzelheiten, macht sie auffällig, zeigt das Fremde, Ungesehene im scheinbar Bekannten und fügt neue ungewöhnliche Komplexe zusammen.

Kracauer gibt in seiner ‚Theorie des Films‘ ein Beispiel für die Entstehung neuer Bildeinheiten durch die Kamera. Von einem Mann im Zimmer erscheint vielleicht nur seine Schulter, sein rechter Arm zusammen mit Fragmenten von Möbelstücken und einem Teil der Wand. Solche Komplexe erscheinen realer als die konventionellen Ansichten, weil sie zufälliger sind, weniger geordnet durch Vorentscheidungen über Wichtigkeitsgrade, sie zeigen im Ausschnitt etwas von der Dichte, Vielfalt und Unausschöpfbarkeit des Realen. Was in konventioneller Regie nur erscheinen darf als Handlungsrequisit oder charakteristisches Detail des Milieus, löst sich aus dieser Herrschaft der Oberbegriffe und ist für sich da, gewinnt undurchdringliches Eigenleben, ein Schreibtisch etwa, auf dem nichts unterschrieben wird, – er ist aber da und hat nichts zu tun mit der undeutlichen Stimme aus einem Nebenraum, den Windungen der Lampenschnur, dem langsamen Schneefall vor dem Fenster, dem Marmeladenfleck auf der Glasplatte des Frühstückstisches und mit dem, was dem Mann, der jetzt in das Zimmer kommt, in diesem Augenblick wichtig ist.

Die Technik der Dissoziation, Isolierung und Häufung der Realitätselemente macht bewußt, daß der Ordnungsgrad der Realität immer überschätzt wird. Zufälliges, Widersprüchliches, Sinnloses, kommt in ihr zum Vorschein, alles das, was normalerweise der Realitätsabwehr des rationalen Sehens unterliegt. Eine Parallele zur Auflösung der szenischen Ordnungen ist die Auflösung der einfachen Charakterbilder, einer Psychologie, die die Menschen entsprechend ihrer Haupteigenschaften und Hauptinteressen handeln ließ. Dostojewski zeigte Menschen, die gegen ihr Interesse handelten, die ihre Impulse maskierten, von Widersprüchen hin- und hergerissen wurden, und Hamsun, darin sein Schüler, entwickelte eine Psychologie der Inkonsequenz, in der „selbst die charakterfesten Leute veränderliche unzuverlässige Züge aufzuweisen haben, Augenblicke, in denen sie aus ihrem Charakter herausgeglitten sind". Auch das waren Destruktionen von Schemata, die zu neuen Entdeckungen führten, einer weniger abstrakten Vorstellung vom menschlichen Verhalten, das inzwischen auch durch den Begriffsapparat der Psychoanalyse und der Konfliktpsychologie in seiner Komplexität verständlicher geworden ist. Da gibt es Verdrängungen, Verschiebungen, Kompensationen, Sublimierungen und Somatisierungen, Regressionen und Transgressionen und eine ganze Reihe von Verhaltensweisen mehr, mit denen sich das absurde, widerspruchsvolle und inkonsequente Handeln der Menschen Dostojewskis oder Hamsuns durchaus interpretieren ließe. Aber vielleicht erscheint auch das schon wieder als ein zu schematisches Bild und andere Züge werden sichtbar gemacht, etwa ein permanent instabiles Verhalten, das sich aus wechselnden Impulsen und Reizen ergibt.

Fortschreitende Konkretisierung durch Verzerrung und Auflösung der Schemata ist also die Tendenz der realistischen Schreibweise. Man muß, vielleicht überraschend, ergänzen, daß das häufig eine Subjektivierung ist. Ein besonderer Blick setzt sich gegen allgemein gewordene, zu scheinbarer Objektivität verfestigte Sehweisen durch, ein neuer Standpunkt wird gewählt, der näher, intimer und spezieller als der gewohnte ist. So wird zum Beispiel die szenische Objektivität des Dialogs zerstört durch Verlegung der Perspektive in einen Sprechenden und eine neue, viel komplexere Situation entsteht. Ich sehe die Dialogpartner nicht mehr als gleichwertige Figuren sich gegenüberstehen, sondern erlebe einen aus den intimen Aspekten seines Bewußtseins, nehme an seinen wortlosen Gedanken und seinen verborgenen oder verleugneten Gefühlen teil, höre, wie er sich selbst reden hört, erlebe, wie er sich selbst beobachtet und den anderen, der ihm vielleicht widerspruchsvoll oder unverständlich erscheint, einzuschätzen und zu durchschauen versucht. Was wörtlich geredet wird, verliert in dieser Perspektive seine Dominanz. Wichtiger werden die Gesten und Tonfälle, die mimischen, akustischen und motorischen Zeichen, die den Worten erst sinnlichen Ausdruck und Nuancierung geben, vor allem aber diese dauernde Unruhe unter oder hinter den Worten, die Nathalie Sarraute den Subdialog nennt, das unaufhörliche Entstehen flüchtiger, unfertiger Gedanken, die nicht oder nicht unmittelbar zu Wort kommen und dem wörtlich Gesagten widersprechen oder sich schließlich in ihm vermummen. Der wörtliche Dialog ist nur die sozialisierte, verschlüsselte Endform dieses Geschehens, aber das traditionelle Schema der szenischen Darstellungsweise hat vor allem ihn erfaßt und so das Vorurteil bestätigt, daß er das eigentlich Wichtige sei. Durch die Verlegung der Perspektive in einen der Sprechenden, also durch ihre Subjektivierung, richtet sich die Aufmerksamkeit auf die unreglementierten Antriebe und kaum bewußten Motivationen des Sprechens und auf die Verdrängungen, Verschiebungen und Veränderungen, die stattfinden, wenn sie formuliert werden. So wird die gewöhnlich verabsolutierte Dialogebene durchbrochen und das Sprechen aus seinem bisher unartikulierten Untergrund als ein immer schon angepaßtes und möglicherweise maskiertes und scheinhaftes Verhalten kenntlich gemacht.

Etwas ähnliches geschähe, wenn viel mehr, als es in der Literatur bisher üblich ist, die Körperreaktionen der Menschen in die Aufmerksamkeit gerieten. Bisher waren sie gelegentliche Ausdruckserscheinungen, die zur Bekräftigung an Handlungshöhepunkten zitiert wurden. Da konnte dann jemand erbleichen, schwitzen, zittern oder in Ohnmacht fallen. Aber es wäre auch denkbar, daß diese Vorgänge, die ja, kaum bewußt, immer ablaufen, die Wichtigkeit einer zweiten selbständigen Sprache bekämen, die das bewußte Handeln, Denken und Sprechen dauernd begleitet. Einem solchen Blick erschiene das menschliche Verhalten wahrscheinlich weniger personhaft und bewußt und vielleicht sogar beängstigend irrational, aber er erfaßte besser die geheimen Impulse, die die Person unterlaufen und durchfluten und die vielleicht ihr gehemmtes und abgespaltenes Leben sind.

Eine neue Sicht bedingt natürlich eine veränderte Schreibweise, aber oft ist es umgekehrt, daß sie mit der probeweisen Veränderung der Schreibweise erst entsteht. Wie der Wissenschaftler seinen Gegenstand mit wechselnden Versuchsanordnungen befragt, kann auch der Schriftsteller streckenweise rein operativ verfahren, sich also entscheiden, welcher Methode er seinen Gegenstand aussetzen will: isoliere ich ihn, sehe ich ihn in Bewegung, undeutlich oder genau, aus der Nähe, der Ferne, betrachte ich ihn lange, zersprenge ich ihn in kurze Spots? Unterhalb der semantischen Ebene stellt sich das dar als eine Frage der Textmaterialisation. Ob ich methodisch, und vielleicht in serieller Abwandlung neue sprachliche Organisationsmuster als Matrix des Schreibens wähle oder mich einem spontanen Rhythmus anvertraue, es sind mehr oder minder blinde Versuchsbewegungen, die darauf aus sind, neue Sichtweisen, neue Formen von Bewußtsein zu entwickeln. Allerdings bestimmen sie nur die Feinstruktur des Textes. Für seine großförmige Orientierung, für einen Roman beispielsweise muß eine eigene Strategie gefunden werden, etwa eine chronologische Ordnung oder eine Simultanmontage. Auch diese Struktur muß schließlich als Problemlösung für die gestellte Aufgabe, das jeweilige Thema anschaulich werden, kann aber auch, versuchsweise vorausgesetzt, schon der Geburtshelfer des Einfalls sein.

Als ich meinen ersten Roman ,Ein schöner Tag' schrieb, entwickelte sich als sein Gegensatz schon eine vage Vorstellung des nächsten Romans. Der erste war im Präsens geschrieben und folgte bewußt einer zwanghaften Chronologie, die die Zeit zu einer Folge zäher Gegenwarten machte, in denen alles stillzustehen und sich zu schwerfälligen Widerständen zu verdicken drohte. Das war die strukturelle Lösung, die ich für das Thema eines zukunftslosen, gefesselten Lebens gefunden hatte. Aber natürlich fesselte eine so ausfluchtslose Methode auch mich selbst, und ich begann an ein neues Buch zu denken, in dem die verschiedensten Handlungsfolgen und Zeiten, in dem Gedachtes und Wahrgenommenes dauernd sich mischen sollten. Ich hatte diese Logik der Erregung als einen neuen Schreibreiz für mich gesucht, und vielleicht war das schon eine Vorentscheidung für das später gefundene Thema meines Romans ,Die Schattengrenze', die Darstellung eines zerfallenden, sich wahnhaft verzerrenden Bewußtseins, mit der allerdings die zunächst abstrakt vorausgesetzte Struktur für mich erst anschaulich und legitim wurde.

Wenn die Einheit von Sicht und Schreibweise, Thema und Struktur sich zu zeigen beginnt, wird das zunächst tastende Schreiben allmählich sicherer, wie übrigens später auch der Leser, sobald er die strukturelle Logik des Textes verstanden hat. Aber daß sie die Evidenz einer Problemlösung haben kann, macht sie auch unwiederholbar. Man kann an sie anknüpfen, aber es wäre sinnlos, noch einmal genau dasselbe zu machen. Je zugespitzter sie ist, desto mehr nötigt sie zur Veränderung. Wahrscheinlich werden die verschiedenen Versuche eines Autors trotzdem einen später erkennbaren Zusammenhang bilden. Was ich anfangs von der inneren Aufmerksamkeitsrichtung sagte, die den Stoff selektiert, gilt erst recht von der Schreibweise: sie ist Organ eines Interesses, hinter dem das Ensemble seiner zum Teil unbewußten Motivationen steht.

In den individuellen Determinationen stecken natürlich die sozialen. Die Traumata, Vorurteile, Neigungen sind individuelle Kontakte zur gesamtgesellschaftlichen Verfassung, von der der Schriftsteller ein subjektives Bild entwirft. Subjektivität bedeutet indessen durchaus keine eingeschränkte Geltung, sondern ist der Widerstand, an dem das Allgemeine konkret wird und zwar zugleich als Zeugnis und Kritik. Die große Attitüde der Deutung des Ganzen scheint mir allerdings überholt zu sein. Ebenso der quantitative Ehrgeiz, ein Gesamtpanorama zu schaffen, wie es Tolstoi für die relativ homogene Gesellschaft der russischen Gutsbesitzer, Beamten und Militärs, selbst schon zurückblickend, noch leisten konnte. Die komplexen Wirkungszusammenhänge der modernen Gesellschaft haben den Einzelnen längst überwachsen, und auch der Schriftsteller verantwortet nur noch seinen Erfahrungsbereich. Das bedeutet nicht, daß er seine isolierte Subjektivität als epische Quellmasse rhetorisch ausbreiten soll, sondern daß er ihm zugängliche Ausschnitte des Gesamtzusammenhangs erforscht, sich dabei selbst einsetzend als Erfahrungsquelle und -instrument.

Gerhard Zwerenz

Der moderne Roman und die Industriegesellschaft

12 Thesen

1. These: Ja, Romane haben uns begleitet. Abenteuerromane, soziale Romane, und immer bürgerlich. Der Roman ist das Produkt des Kapitalismus. Wer wüßte das nicht. Die Gegenstände werden zu Waren gemacht, die Menschen zu Romanfiguren. Manchmal ist falsche Romantik eingewoben. Mein Leben war wie ein Roman – sagte die Tante zum Onkel und verstarb. Im französischen Roman aber dominierte die Beschreibung des aufsteigenden Bürgertums. Marx las Balzac mit gesteigerter Aufmerksamkeit. Im russischen Roman setzte sich bald Psychologie durch. Dostojewskij allenthalben. Bei den Amerikanern brachen soziale Konflikte in den Roman ein, als Proust den französischen Roman schon wieder abschloß: auf der Suche nach der verlorenen Zeit.

2. These: Der Spätkapitalismus veränderte den Roman. Mit Proust verfeinerte er sich. Mit Joyce hob er sich selbst auf. Davon leben seither die Epigonen. Stolz wie Orgelpfeifen, weil sie so hoch ragen und heilige Töne produzieren und die Gemeinde in Andacht lauschen sehen. Doch die Form zersetzt sich, die Inhalte gehen flöten. Nur in Deutschland korrespondiert dem verspäteten Kapitalismus eine späte Romanliteratur. Die Blüte gelangte ins 20. Jahrhundert: Thomas Mann, Heinrich Mann, Feuchtwanger, Döblin, Fallada, Musil, Joseph Roth. Dieser Sprachkreis war ein Jahrhundert früher taub und stumm gewesen.

3. These: Die proletarische Weltrevolution mißlang zur nationalen Oktoberrevolution. Aber die Anfänge ließen viel erhoffen. Gladkows Roman „Zement" wurde zum Prototyp des neuen sozialistischen Aufbauromans. Dann verdarb der Roman zum sozialistischen Realismus. Aber es gibt doch so ungeheure Brocken wie „Der stille Don" von Scholochow. Ja, an dem hat Genosse Stalin mitgewerkelt. Der Unterschied zu Tolstois „Krieg und Frieden"? Dreimal dürft ihr raten.

Der sozialistische Roman als vaterländische Lektüre. Als staatliche Gebrauchsanweisung für patriotischen Unterricht. Was nun, Genossen?

4. These: Aber die DDR, die wird's schon schaffen. Industrialisiert sie nicht den halben Osten, den ganzen gar? Asien voller Maschinen aus Crimmitschau, Zwickau, Karl-Marx-Stadt, Chemnitz. Wenn das nur gut geht.

Literarisch interessant, Roman Fehlmeldung. Kant? Ganz amüsant, manchmal. Bewältigung von DDR-Vergangenheit, doch rühr mich nicht an, tu keinem weh, wie hoch war im vorigen Jahr der Schnee. Christa Wolf, gewiß, ehrliche Haut, geteilter Simmel, wo bleibt der Roman? Der sozialistische Roman der ersten deutschen sozialistischen Republik? Theorien viele, Kritik genug, dazu Autoren, wundgescheuert, an sich und anderen. Die DDR hat, wie die BRD, zu viele darstellende Schriftsteller und wenig ausübende nur. Vielleicht ändert sich das noch. Überbaurevolutionen brauchen ihre Zeit.

5. These: In der BRD, ja, die anfänglichen Großversuche von Formalisierungen. Was blieb, zum Beispiel nur, von der Kölner Schule des Neuen Realismus? Wer erinnert sich hier noch, in dieser Ödnis, der gestrigen Versprechungen? Aber die Bargfelder Heide blüht nach wie vor. Ja, Arno Schmidt, Arno Goethe, sauer auf Jugend und Arbeiter. Doch was hat derlei mit dem Roman zu tun. Von der Form her ist der Roman in dieser BRD mindestens scheintot. Höllerer: Elephantenuhr. Einen Wecker brauchten die. Einen Elephantenwecker.

6. These: Inhaltlich gesehen existieren drei verschiedene Roman-Arten. Erstens der historische Roman von Böll, Grass, Lenz. Böll ist lesbar. Grass war lesbar. Lenz schreibt weiter. Alles wie gehabt.

Zweitens die sogenannte Arbeiterliteratur. Max von der Grün mausert sich. Helmut Creutz, Fischer-Taschenbuch Nr. 1367, ist ein Versprechen. Endlich diese Karin Struck, die Arbeiterliteratur mit subjektiver Sicht versucht. Darf die denn das? Hat Arbeiterliteratur nicht ärmlich und schlicht daherzukommen? Pedantisch, ernst, objektiv, gesellschaftskritisch-lehrhaft ohne Unterleib?

Vielleicht tut sich da noch was. Wer weiß.

Drittens haben wir Simmel, den größten Erfolg der bundesdeutschen Literatur. Die Abenteuer-Operette. Man sage nichts gegen diesen Schriftsteller. Er hat dem Volk aufs Maul geschaut. Die andern sind sauer wie Arno Goethe. Werden nicht gelesen, Simmel aber ist in jedem Hause, jedem Herzen heimisch.

Mit welchem Recht macht die schreibende westdeutsche Intelligenz sich über Johannes Mario lustig? Der Mann kann, immerhin, arbeiten. Er redet nicht, er läßt die Tasten und die Puppen tanzen, ein ausübender Schriftsteller, der Karl May des Industriezeitalters. Besser wissen ist gar nichts, besser machen allein wäre besser.

7. *These:* Der moderne Roman, der zur Industriegesellschaft formal und inhaltlich, soweit sowas noch Sinn hat, zählt, bleibt aus. Seien wir mal ganz marxistisch-materialistisch. Die Produktionsverhältnisse, die sind nicht so. Oder die reinen Kosten. Ein Roman von 500 Seiten kommt heute schon über die berüchtigte Preisschwelle von DM 30. Auch beim Taschenbuch existiert eine Preisschwelle. Lange Romane und große Epik können schon aus kalkulatorischen Gründen nicht mehr verlegt werden. Da schreibt mal schön für die Schublade, ihr Epiker.

8. *These:* Zur objektiven Begrenzung kommt die subjektive. Die Industriegesellschaft senkt im Spätkapitalismus das intellektuelle und literarische Niveau des Romans. Epik, nur noch in Trivialform verkäuflich, oder werbemäßig hochgeputscht, das Buch als Kunstwerk wie etwa „Zettels Traum". Statt sich einen teuren Schinken an die Wand zu hängen, legt der Kapitaleigner sich ein Buch-Kunst-Werk auf die Vitrine. Das behält seinen Wert. Zieht noch an im Preis, ganz wie ein Picasso. Was hat das mit dem Roman zu tun? Nichts.

Die Massensenkung des allgemeinen Niveaus trifft den Romancier an seiner verwundbaren Siegfried-Stelle. Was tun? Verweigern die intellektuellen Autoren die Transformation des Romans ins sehr Allgemeinverständliche, erstarrt der Roman gänzlich zur Trivialform. Die Intelligenz verliert damit alle literarischen Mitteilungs- und Einwirkungsmöglichkeiten bei breiteren Schichten, denen der Trivialroman die einzige konsumierbare Literaturgattung bleibt.

So entstehen neue Klassenunterschiede. Die bürgerlichen Intelligenzen aber sind honorarunabhängig. Sie leben vom Durchgebrachten. Das Mehrwertfett schmiert ihre Seelen. Sowas hat es gar nicht nötig, verstanden zu werden. Sie sind einfach lebenslängliche Elite, ganz für sich selbst; auf Leser können sie gar verzichten.

9. *These:* Der Spätkapitalismus macht den Roman als Literaturform unrentabel. Er verunmöglicht ebenso den Romancier. Da der Roman, von der versimmelten Ausgabe abgesehen, auch honorarmäßig unrentabel wird, wenden die potentiellen Romanautoren sich anderen Formen und Medien zu: Rundfunk, Fernsehen, Film, Theater, literarische Kurzformen, Publizistik. Zwar werden hier ebenfalls zunehmend Trivialausgaben gefordert, doch geschieht der Niedergang ratenweise, also weniger schmerzlich.

10. *These:* Eine Belebung des Romans ist nur als Widerstandshandlung möglich, also per Intensivierung von Subjekt und Objekt. Gewisse Trivialformen sind unumgänglich, aber anzufüllen mit anderen Inhalten, Botschaften, Antrieben. Also: Der Roman als Selbsterforschung mit starken existentiellen und autobiografischen Zügen oder als Problemroman. Literarische Inbesitznahme von bisher ausgespar-

ten Räumen – von Zwischenräumen. Sicht nicht von oben nach unten, wie die Machthaber das Volk sehen, sondern von unten nach oben. Was einen radikalen Realismus suchender Ungewißheit ergibt und den schönen Schein durch motiviertes Experimentieren mit Dissonanzen durchbricht. Diese Ausfächerung und auch Verschmelzung hat in unserer Literatur keine Tradition. Nicht bürgerliche und nicht marxistische Ästhetiken können befragt werden. Erste Versuche und Muster finden sich in der amerikanischen Literatur. „Letzte Ausfahrt Brooklyn" von Hubert Selby ist ein modernes Epos, autobiografisch erfahren; doch strich Selby das autobiografische ICH wieder weg. So kommen romaneske Überraschungen zustande. Mit seinem zweiten Roman scheiterte Selby, weil er sich nur in die Abenteuer seines eigenen Kopfes stürzte. Ein Autor, der ausgezogen war, der herkömmlichen Literatur zu entfliehen, kehrte in sie zurück und kam in ihr um. Schade um diesen Odysseus.

Bleibt noch Norman Mailer zu nennen. „Heere aus der Nacht" etwa. Die Marxisten, die das studieren und soviel wissen, wie sie zugleich diszipliniert werden, nichts zu wissen, sollten erkennen: Die beiden Pole des Romans, Individuum und Masse, müssen mit neuen Techniken und in neuen Formen beschrieben werden. Gerade in ihrer Dialektik.

11. These: Nein, das ist keine These, nur eine Anregung. Zum Thema Montage, dieser modernen Zentral-Kategorie. Hat Dos Passos, der Meister der literarischen Montage, sie wirklich völlig ausgeschöpft? Oder können wir von John Heartfield, dem Erfinder dieser Technik, noch etwas lernen? Heartfield setzte Bruchstücke von Wirklichkeit auf neue, überraschende Weise zusammen. Resultat: Karikatur, doch nicht nur das, sondern: neue Erkenntnisse, raffinierte Lustgewinn-Schübe. Ich frage die Literaturwissenschaftler, die das doch studieren können, Zeit und Geld dazu haben: Wenn man die literarische Montage nicht wie Dos Passos in Parallele zum Filmschnitt setzt, sondern mehr zu Heartfield, also Montage ohne gesonderte Kennzeichnung, wenn diese Operationen intellektuell, also bewußt und gezielt erfolgen, wenn derart Realität und Realität, aber auch Realität und Fiktion, Fiktion und Fiktion neu montiert werden – sind da nicht noch Resultate zu erwarten?

12. These: Der moderne Roman kann nicht dem Kopf entspringen. Er kann nur aus dem Bauche kommen. Dem Bauch der Städte, der Massen, des Volkes, des einzelnen Menschen, der Liebenden, Hassenden, sich Langweilenden. Der Bauch ist die Materie, das Material, die neuen Erfahrungen mit neuen Wirklichkeiten. Man muß von vorn beginnen, ganz direkt, grobschlächtig, unverboten, unnachsichtig, elementar, ungerührt, bedacht und unbedacht. Der Bauch ist nicht

Sexualität aber das Gegenteil von Papier, dem Rohstoff unserer Literatur. Der wirkliche Rohstoff einer wirklichen Literatur ist die lebendige Erfahrung, das Abenteuer des Lebens draußen und drinnen. Die Literatur, das ist die Straße, der radikale Realismus, die individuelle Bewährung oder der Untergang, die Herausforderung der Gesellschaft und herrschenden Klassen, das beweisfähige Material, das sich nicht anders beweisen läßt als durch den Roman. Komisch, wie sowas so nachdrücklich vergessen werden konnte.

Nachbemerkung

Diese 12 Thesen wurden August 1973 für eine Tagung des Hessischen Schriftstellerverbandes konzipiert, an der eine jugoslawische Autorendelegation teilnahm. Am 15. 9. veröffentlichte die „Frankfurter Rundschau" die Thesen. Das Echo war erstaunlich groß. Offensichtlich besteht ein starkes Bedürfnis nach Klärung ästhetischer Fragen. An Kritik wird mir meist die begrenzte Auswahl von mir genannter Namen entgegengehalten. Ich wollte aber keine Literaturgeschichte schreiben. Tendenzen sollten skizziert, Vollständigkeit konnte nicht erreicht werden. In These 2 fehlen mit Sicherheit Hermann Kesten und Robert Neumann. Neumanns Romane „Macht" und „An den Wassern Babylons" gehören zur großen deutschen Romanliteratur des 20. Jahrhunderts, auch wenn Literaturkritik das noch nicht weiß.

Manche Leser nannten mir Namen von Autoren, die gar keine Romane schreiben. Die Thesen beziehen sich aber lediglich auf die Roman-Literatur.

Am Ende des Jahres 1973 und in Kenntnis der zurückliegenden Buchsaison wären einige Korrekturen und neue Überlegungen notwendig. Lenz hat sich endgültig als Volksschriftsteller etabliert, also unabhängig von Kritik gemacht. Die Arbeiterliteratur im Fischer-Taschenbuch müßte analysiert werden. Bei der Bertelsmann-Autoren-Edition reüssierte „Das Brot mit der Feile" von Christian Geissler. Die diesem anspruchsvollen Buch gegenüber mehr im Traditionellen verbleibenden Richard Hey und Gerd Fuchs kamen dagegen nicht recht zum Zuge, obwohl sie die Trivialform besser nutzten als etwa Lenz. Die Frage nach Erfolg und Wirkung verweist allerdings auf den Bekanntheitsgrad eines Autors, seine bereits angesammelte Stammkundschaft, endlich Werbung, öffentlichen Beliebtheitsgrad und anderes mehr. Mit dem Roman hat das alles viel zu tun, d. h. mit der ökonomischen Basis, ohne die er nicht existiert.

Anmerkungen

Zu Gisbert Ter-Nedden, ‚Allegorie und Geschichte. Zeit- und Sozial-kritik als Formproblem des deutschen Romans der Gegenwart'

[1] Ein repräsentatives Dokument dieses literarisch-politischen Programms ist Max Frischs Büchner-Preisrede von 1958; vgl. M. Frisch, ‚Öffentlichkeit als Partner', Frankfurt/M. 1967 (= ‚edition suhrkamp' 209), S. 46.

[2] Walter Benjamin, ‚Das Kunstwerk im Zeitalter seiner technischen Repro-duzierbarkeit', in: W. Benjamin, ‚Illuminationen', hrsg. von Siegfried Unseld, Frankfurt/M. 1961, S. 175 f.

[3] Georg Wilhelm Friedrich Hegel, ‚Ästhetik', hrsg. von Friedrich Bassenge, Frankfurt o. J., S. 192.

[4] Vgl. dazu Hans Robert Jauß, ‚Das Ende der Kunstperiode – Aspekte der literarischen Revolution bei Heine, Hugo und Stendhal', in: ‚Literaturge-schichte als Provokation', Frankfurt/M. 1970 (= ‚edition suhrkamp' 418), S. 107 ff.

[5] Hegel, a. a. O., S. 22.

[6] Ebd., S. 221.

[7] Ebd., S. 578.

[8] Ebd., S. 581.

[9] Ebd., S. 578.

[10] Ebd., S. 578.

[11] Jürgen Habermas, ‚Strukturwandel der Öffentlichkeit. Untersuchungen zu einer Kategorie der bürgerlichen Gesellschaft', Neuwied 1962, S. 66.

[12] Hegel, a. a. O., S. 581.

[13] Friedrich Schiller, ‚Sämtliche Werke', hrsg. von G. Fricke und H. Göpfert, München 1967⁴, Bd. 5, S. 660.

[14] Benjamin, a. a. O., S. 184.

[15] Ebd., S. 175.

[16] Habermas, a. a. O., S. 157.

[17] Zit. nach Peter Demetz, ‚Marx, Engels und die Dichter. Ein Kapitel deutscher Literaturgeschichte', Frankfurt 1969, S. 171.

[18] Walter Benjamin, ‚Der Erzähler. Betrachtungen zum Werk Nikolai Less-kows', a. a. O., S. 422.

[19] Jauß, ‚Geschichte der Kunst und Historie', a. a. O., S. 228.

[20] Benjamin, ‚Der Erzähler', a. a. O.

[21] Clemens Lugowski, ‚Die Form der Individualität im Roman. Studien zur inneren Struktur der frühen deutschen Prosaerzählung', Berlin 1932.

[22] Arnold Hirsch, ‚Bürgertum und Barock im deutschen Roman. Zur Entste-hungsgeschichte des bürgerlichen Weltbildes', Köln/Graz 1957².

[23] Lugowski, a. a. O., S. 12 ff.

[23a] Hirsch, a. a. O., S. 28.

[24] Benjamin, a. a. O., S. 422.

[25] Erich Auerbach, ‚Mimesis. Dargestellte Wirklichkeit in der abendländischen Literatur‘, Bern/München 1964³, S. 515.

[26] Ebd., S. 513.

[27] Vgl. Hans Robert Jauß, ‚Zeit und Erinnerung in Marcel Prousts „A la recherche du temps perdu“. Ein Beitrag zur Theorie des Romans‘, Heidelberg 1955, S. 21.

[28] Peter Szondi, ‚Theorie des modernen Dramas‘, Frankfurt/M. 1963 (= ‚edition suhrkamp‘ 27), S. 17.

[29] Heinrich Böll, ‚Billard um halb zehn‘, München/Zürich 1963, S. 126.

[30] Ebd., S. 207.

[31] Ebd., S. 122.

[32] Ebd., S. 233.

[33] Ebd., S. 234.

[34] Ebd., S. 103 u. ö.

[35] Ebd., S. 138.

[36] Thomas Mann, ‚Doktor Faustus‘, Frankfurt 1960, S. 322.

[37] Böll, a. a. O., S. 140.

[38] Ebd., S. 231.

[39] Ebd., S. 38.

[40] Max Frisch, ‚Homo faber‘, Frankfurt/M. 1957, S. 241 f.

[41] Ebd., S. 282 f.

[42] Alfred Döblin, ‚Berlin Alexanderplatz. Die Geschichte von Franz Biberkopf‘, Freiburg/Br. 1967, S. 488.

[43] Ebd., S. 489.

[44] Vgl. Günter Grass, ‚Die Blechtrommel‘, Frankfurt/M. 1962, S. 222.

[45] Ebd., S. 36.

[46] Ebd., S. 36 f.

[47] Albrecht Schöne, ‚Emblematik und Drama im Zeitalter des Barock‘, München 1964, S. 99, 102.

[48] Benjamin, ‚Zentralpark‘, a. a. O., S. 252.

[49] Grass, a. a. O., S. 81.

[50] Ebd., S. 316.

[51] Ebd., S. 311.

[52] Ebd., S. 318.

[53] Ebd., S. 312.

[54] Ebd., S. 319.

[55] Ebd., S. 316.

[56] Ebd., S. 319.

[57] Ebd., S. 143.

[58] Ebd., S. 319.

[59] Lugowski, a. a. O., S. 68 ff.

[60] Ebd., S. 82.

[61] Grass, a. a. O., S. 36.

[62] Ebd., S. 255.

[63] Ebd., S. 223.

[64] Ebd., S. 251.

65 Ebd., S. 113.

66 Ebd., S. 201.

67 Ebd., S. 201.

68 Ebd., S. 259.

69 Jean Paul, ‚Werke‘, hrsg. v. Norbert Miller, Bd. 5: ‚Vorschule der Ästhetik‘, München 1963, S. 128.

70 Grass, a. a. O., S. 63.

71 Günter Grass, ‚Über meinen Lehrer Döblin und andere Vorträge‘, Literarisches Colloquium, Berlin 1968.

72 Hans Heinz Holz, ‚Max Frisch – engagiert und privat‘, in: ‚Über Max Frisch‘, hrsg. von Thomas Beckermann, Frankfurt/M. 1971 (= ‚edition suhrkamp‘ 404), S. 246.

Zu Wolfgang R. Langenbucher, ‚Unterhaltung als Märchen – Unterhaltung als Politik. Tendenzen der Massenliteratur nach 1945‘

1 Tobias Brocher, ‚Die Unterhaltungssendung als Instrument gesellschaftspolitischer Bewußtseinsbildung‘, in: Christian Longolius (Hrsg.), ‚Fernsehen in Deutschland‘, Mainz 1967, S. 289.

2 Friedrich Sengle, ‚Vorwort‘, zu: Eva D. Becker, ‚Der deutsche Roman um 1780‘, Stuttgart 1964 (= ‚Germanistische Abhandlungen‘, Bd. 5), S. V.

3 Martin Greiner, ‚Entstehung der modernen Unterhaltungsliteratur. Studien zum Trivialroman des 18. Jahrhunderts‘ (Hrsg. und bearb. von Therese Poser), Reinbek 1964 (= ‚rde‘, Bd. 207), S. 10.

4 Zitiert nach: Horst Kunze, ‚Gelesen und geliebt. Aus erfolgreichen Büchern 1750–1850‘, (Ost-)Berlin 1959.

5 Greiner, a. a. O., S. 10.

6 Robert Neumann, ‚Kitsch as Kitsch can‘, in: ‚Die Zeit‘, Nr. 38 bis 40/1962.

7 Gerhard Schmidt-Henkel/Horst Enders/Friedrich Knilli/Wolfgang Maier (Hrsg.), ‚Trivialliteratur. Aufsätze‘, Berlin 1964 (= ‚Literarisches Colloquium Berlin‘).

8 Ebd., S. 260.

9 Ulf Diederichs, ‚Zeitgemäßes und Unzeitgemäßes. Die Literatur der Science Fiction‘, in: G. Schmidt-Henkel [u. a.], a. a. O., S. 111–141.

10 Diederichs, a. a. O.

11 G. Schmidt-Henkel [u. a.], a. a. O., S. 74.

12 Ebd., S. 260.

13 Vgl. Wolfgang R. Langenbucher, ‚Schwierigkeiten mit der Unterhaltungsliteratur‘, in: ‚Bertelsmann Briefe‘, Nr. 43/1965, S. 23–29. Wilhelm Füger, ‚Die Entstehung des historischen Romans aus der fiktiven Biographie in Frankreich und England‘, Diss. phil. München 1963.

14 Greiner, a. a. O., S. 79: „Man hat sie [die moderne Trivialliteratur; W. R. L.] bisher vor allem unter dem Aspekt des minderen Wertes betrachtet, eben als bloße Unterhaltungsliteratur gegenüber jener anderen, die ‚höhere Werte‘, gültige Normen, echte Kunst vermittelt; insofern hat man sie auch als abgesunkene Literatur, als Stoff- und Motivreservoir und als kultur- und zeitgeschicht-

liches Quellenmaterial beachtet und ausgeschöpft. Die Feststellung ihrer geringeren literarischen Qualität ist selbst eine Banalität. Es kommt nicht darauf an zu betonen, daß sie weniger ist als die normgebende und normschaffende Dichtung, sondern daß sie überhaupt etwas *ganz anderes* ist."

[15] Helmut Kreuzer, ‚Trivialliteratur als Forschungsproblem. Zur Kritik des deutschen Trivialromans seit der Aufklärung', in: ‚Deutsche Vierteljahresschrift für Literaturwissenschaft und Geistesgeschichte' 41 (1967), S. 184 f.

[16] Vgl. Klaus Ziermann, ‚Romane vom Fließband. Die imperialistische Massenliteratur in Westdeutschland', (Ost-)Berlin 1969.

[17] Bernd von Armin/Friedrich Knilli, ‚Gewerbliche Leihbüchereien. Berichte, Analysen und Interviews', Gütersloh 1966 (= ‚Schriften zur Buchmarktforschung', Bd. 7), S. 105 ff.

[18] Vgl. Herbert Knittel, ‚Der Roman in der deutschen Illustrierten 1946–1962', Diss. phil. Berlin 1967. Walter Hollstein, ‚Betrogene Sehnsucht. Das Menschenbild im deutschen Illustriertenroman 1955–1962', Münster 1966 (= ‚Arbeiten aus dem Institut für Publizistik der Universität Münster', Bd. 6).

[19] Ziermann, a. a. O.

[20] Siegfried Kracauer, ‚Über Erfolgsbücher und ihr Publikum', in: S. Kracauer, ‚Das Ornament der Masse', Frankfurt/M. 1963, S. 67.

[21] Vgl. Peter R. Hofstätter, ‚Psychologie', Frankfurt/M. 1957 (= ‚Das Fischer-Lexikon'), S. 230.

[22] Karl Kraus, ‚Sprüche und Widersprüche', Frankfurt/M. 1965, S. 118 (zit. nach Hermann Bausinger, ‚Wege zur Erforschung der trivialen Literatur', in: H. O. Burger, ‚Studien zur Trivialliteratur', Frankfurt/M. 1968 (= ‚Studien zur Philosophie und Literatur des 19. Jahrhunderts', Bd. 1) S. 25.

[23] Vgl. Wolfgang R. Langenbucher, ‚Der Roman als Quelle geistesgeschichtlicher Forschung', in: ‚Zeitschrift für Religions- und Geistesgeschichte', 30 (1968), S. 259–272.

[24] Siegfried Kracauer, ‚Film 1928', in: S. Kracauer, a. a. O., S. 300.

[25] Vgl. die ausführlichere Analyse dieses Romans, in: Wolfgang R. Langenbucher, ‚Der aktuelle Unterhaltungsroman. Beiträge zur Geschichte und Theorie der massenhaft verbreiteten Literatur', Bonn 1964 (= ‚Bonner Beiträge zur Bibliotheks- und Bücherkunde', Bd. 9), S. 174 ff.

[26] Vgl. Robert Minder, ‚Deutsche und französische Literatur – inneres Reich und Einbürgerung des Dichters', in: R. Minder, ‚Kultur und Literatur in Deutschland und Frankreich', Frankfurt/M. 1962. (‚Insel-Bücherei' Nr. 771), S. 5–43.

[27] Vgl. Ernst Bloch, ‚Das Prinzip Hoffnung', Bd. 1, Frankfurt/M. 1967.

[28] Carl Amery, ‚Zwischenbilanz für Intellektuelle. Nach dem 19. September – Vorschlag für eine neue Taktik', in: ‚Die Zeit', 15. 10. 1965.

[29] ‚Konkret', Nr. 9/1967.

[30] Vgl. Freimut Duve (Hrsg.), ‚Die Restauration entläßt ihre Kinder. Der Erfolg der Rechten in der Bundesrepublik', Reinbek 1967 (= ‚rororo aktuell', Bd. 990).

[31] Friedrich Schiller, ‚Merkwürdige Rechtsfälle als ein Beitrag zur Geschichte der Menschheit. Vorrede', in: F. Schiller, ‚Sämtliche Werke', hrsg. von Gerhard Fricke und Herbert G. Göpfert, München 1958, Bd. 5, S. 864.

Quellennachweis

Der Verlag C. H. Beck dankt allen genannten Verlagen und Redaktionen für die freundlich erteilte Abdruckserlaubnis

Theodor W. Adorno: Aus ‚Noten zur Literatur I‘, (Bibliothek Suhrkamp 47) S. 61 bis 72, Suhrkamp, Frankfurt 1958

Reinhold Grimm: Erstmals in ‚Akzente‘ 5/1962, S. 463 bis 479

Wilhelm Emrich: Aus ‚Formkräfte der deutschen Dichtung vom Barock bis zur Gegenwart‘, herausgegeben von Hans Steffen, (Kleine Vandenhoeck-Reihe 169) S. 229 bis 249, Vandenhoeck & Rupprecht, Göttingen 1963

Hans Mayer: Aus ‚Das Geschehen und das Schweigen. Aspekte der Literatur‘, (edition suhrkamp 342) S. 35 bis 67, Suhrkamp, Frankfurt 1969

Walter Höllerer: Aus ‚Akzente‘ 3/1962, S. 226 bis 245

Gisbert Ter-Nedden: Aus ‚Poesie und Politik. Zur Situation der Literatur in Deutschland‘, herausgegeben von Wolfgang Kuttenkeuler, Schriften der Bundeszentrale für politische Bildung, S. 155 bis 183, Stuttgart 1973

Kurt Batt: Aus ‚Revolte intern‘, C. H. Beck, (Edition Beck) S. 101 bis 122, München 1975

Wolfgang R. Langenbucher: Aus ‚Poesie und Politik. Zur Situation der Literatur in Deutschland‘, herausgegeben von Wolfgang Kuttenkeuler, Schriften der Bundeszentrale für politische Bildung, S. 236 bis 258, Stuttgart 1973

Reinhard Baumgart: Aus ‚Die verdrängte Phantasie. 20 Essays über Kunst und Gesellschaft‘, (Sammlung Luchterhand 129) S. 158 bis 171, Luchterhand, Neuwied 1973

Heinrich Böll: Aus ‚Erzählungen, Hörspiele, Aufsätze‘, S. 426 bis 428, Kiepenheuer & Witsch, Köln 1961

Jürgen Becker: Aus ‚Sprache im technischen Zeitalter‘, Nr. 9-10/1964, S. 694 bis 698

Peter Handke: Aus ‚Ich bin ein Bewohner des Elfenbeinturms‘, (suhrkamp taschenbuch 56) S. 29 bis 34, Suhrkamp, Frankfurt 1972

Helmut Heißenbüttel: Aus ‚Zur Tradition der Moderne. Aufsätze und Anmerkungen 1964 – 1971‘ S. 361 bis 362, Luchterhand, Neuwied-Berlin 1972

Dieter Wellershoff: Aus ‚Literatur und Veränderung‘, S. 62 bis 72, Kiepenheuer & Witsch, Köln 1969

Gerhard Zwerenz: Aus ‚Tintenfisch 7. Jahrbuch für Literatur‘, herausgegeben von Michael Krüger und Klaus Wagenbach S. 52 bis 57, Wagenbach, Berlin 1974.

Zeittafel zur Prosaliteratur 1945–1975

1945

Hermann Broch: Der Tod des Vergil
Theodor Plivier: Stalingrad
Ernst Wiechert: Die Jerominkinder

1946

Hermann Hesse: Das Glasperlenspiel (Schweizer Ausgabe: 1943)
Ernst Kreuder: Die Gesellschaft vom Dachboden
Elisabeth Langgässer: Das unauslöschliche Siegel
Erich Maria Remarque: Arc de Triomphe
Franz Werfel: Stern der Ungeborenen

1947

Wolfgang Borchert: An diesem Dienstag
Hermann Kasack: Die Stadt hinter dem Strom
Walter Kolbenhoff: Von unserem Fleisch und Blut
Thomas Mann: Doktor Faustus
Hans Erich Nossack: Nekyia. Bericht eines Überlebenden

1948

Ilse Aichinger: Die größere Hoffnung
Stefan Andres: Ritter der Gerechtigkeit
Ernst Kreuder: Die Unauffindbaren
Hans Erich Nossack: Interview mit dem Tode
Luise Rinser: Die Stärkeren

1949

Stefan Andres: Das Tier aus der Tiefe
Gottfried Benn: Der Ptolemäer
Heinrich Böll: Der Zug war pünktlich
Hermann Broch: Die Schuldlosen
Hans Henny Jahnn: Fluß ohne Ufer (Trilogie; Epilog, 1961 erschienen)
Ernst Jünger: Heliopolis
Erhart Kästner: Zeltbuch von Tumilad
Heinrich Mann: Der Atem
Hans Werner Richter: Die Geschlagenen
Arno Schmidt: Leviathan

1950

Heinrich Böll: Wanderer, kommst du nach Spa...
Gerd Gaiser: Eine Stimme hebt an
Albrecht Goes: Unruhige Nacht
Elisabeth Langgässer: Märkische Argonautenfahrt
Luise Rinser: Mitte des Lebens
Edzard Schaper: Die Freiheit des Gefangenen

1951

Heinrich Böll: Wo warst du, Adam?
Heimito von Doderer: Die Strudlhofstiege oder Melzer und die Tiefe der Jahre
Wolfgang Koeppen: Tauben im Gras
Thomas Mann: Der Erwählte
Hans Werner Richter: Sie fielen aus Gottes Hand

1952

Alfred Andersch: Die Kirschen der Freiheit
Werner Bergengruen: Der letzte Rittmeister
Friedrich Dürrenmatt: Der Richter und sein Henker
Arno Schmidt: Die Umsiedler

1953

Ilse Aichinger: Der Gefesselte
Heinrich Böll: Und sagte kein einziges Wort
Friedrich Dürrenmatt: Der Verdacht
Gerd Gaiser: Die sterbende Jagd
Wolfgang Koeppen: Das Treibhaus
Thomas Mann: Die Betrogene
Luise Rinser: Daniela
Arno Schmidt: Aus dem Leben eines Fauns
Johannes Mario Simmel: Ich gestehe alles
Albert Vigoleis Thelen: Die Insel des zweiten Gesichts
Wolfgang Weyrauch: Bericht an die Regierung

1954

Hans Bender: Eine Sache wie die Liebe
Heinrich Böll: Haus ohne Hüter
Hermann Broch: Der Versucher
Max Frisch: Stiller
Albrecht Goes: Das Brandopfer
Hans Helmut Kirst: 08/15
Wolfgang Koeppen: Der Tod in Rom
Thomas Mann: Bekenntnisse des Hochstaplers Felix Krull

1955

Josef Martin Bauer: So weit die Füße tragen
Heinrich Böll: Das Brot der frühen Jahre
Friedrich Dürrenmatt: Grieche sucht Griechin
Willi Heinrich: Das geduldige Fleisch
Siegfried Lenz: So zärtlich war Suleyken
Hans Erich Nossack: Spätestens im November
Hans Werner Richter: Du sollst nicht töten
Hans Scholz: Am grünen Strand der Spree
Martin Walser: Ein Flugzeug über dem Haus und andere Geschichten

1956

Alfred Döblin: Hamlet oder Die lange Nacht nimmt ein Ende (1945/46
    geschrieben!)
Heimito von Doderer: Die Dämonen
Heinrich Mann: Empfang bei der Welt (1941/45 geschrieben!)
Hans Erich Nossack: Spirale. Roman einer schlaflosen Nacht
Arno Schmidt: Das steinerne Herz
Ernst Schnabel: Der sechste Gesang

1957

Alfred Andersch: Sansibar oder Der letzte Grund
Hans Bender: Wölfe und Tauben
Max Frisch: Homo faber
Ernst Jünger: Gläserne Bienen
Siegfried Lenz: Der Mann im Strom
Luise Rinser: Abenteuer der Jugend
Arno Schmidt: Die Gelehrtenrepublik
Johannes Mario Simmel: Gott schützt die Liebenden
Martin Walser: Ehen in Philippsburg

1958

Heinrich Böll: Doktor Murkes gesammeltes Schweigen und andere Satiren
Friedrich Dürrenmatt: Das Versprechen
Gerd Gaiser: Schlußball
Willi Heinrich: Die Gezeichneten
Wolfgang Koeppen: Nach Rußland und anderswohin
Hans Erich Nossack: Der jüngere Bruder
Wolfdietrich Schnurre: Als Vaters Bart noch rot war; Eine Rechnung die nicht
    aufgeht
Johannes Mario Simmel: Affäre Nina B.
Gabriele Wohmann: Jetzt und nie

1959

Hans Bender: Wunschkost
Heinrich Böll: Billard um halbzehn
Günter Grass: Die Blechtrommel
Uwe Johnson: Mutmassungen über Jakob
Ernst Kreuder: Agimos oder Die Weltgehilfen
Siegfried Lenz: Brot und Spiele
Hans Werner Richter: Linus Fleck oder Der Verlust der Würde
Paul Schallück: Engelbert Reineke
Wolfdietrich Schnurre: Das Los unserer Stadt
Otto F. Walter: Der Stumme
Gerhard Zwerenz: Aufs Rad geflochten

1960

Alfred Andersch: Die Rote
Helmut Heißenbüttel: Textbuch I–VI (bis 1967 erschienen)
Arno Schmidt: Kaff, auch Mare Crisium
Johannes Mario Simmel: Es muß nicht immer Kaviar sein
Martin Walser: Halbzeit
Peter Weiß: Der Schatten des Körpers des Kutschers. Mikro-Roman

1961

Ingeborg Bachmann: Das dreißigste Jahr
Reinhard Baumgart: Der Löwengarten
Günter Grass: Katz und Maus
Uwe Johnson: Das dritte Buch über Achim
Hermann Lenz: Nachmittag einer Dame
Hans Erich Nossack: Nach dem letzten Aufstand
Peter Weiss: Abschied von den Eltern

1962

Reinhard Baumgart: Hausmusik. Ein deutsches Familienalbum
Joseph Breitbach: Bericht über Bruno
Max von der Grün: Männer in zweifacher Nacht
Albert Paris Gütersloh: Sonne und Mond
Alexander Kluge: Lebensläufe
Reinhard Lettau: Schwierigkeiten beim Häuserbauen
Jakov Lind: Eine Seele aus Holz
Johannes Mario Simmel: Bis zur bitteren Neige
Peter Weiss: Fluchtpunkt

1963

Thomas Bernhard: Frost
Heinrich Böll: Ansichten eines Clowns

Heimito von Doderer: Roman No 7. I. Teil: Die Wasserfälle von Slunj
Günter Bruno Fuchs: Krümelnehmer oder 34 Kapitel aus dem Leben des
 Tierstimmen-Imitators Ewald K.
Günter Grass: Hundejahre
Max von der Grün: Irrlicht und Feuer
Siegfried Lenz: Stadtgespräch
Reinhard Lettau: Auftritt Manigs
Jakov Lind: Landschaft in Beton
Johannes Mario Simmel: Liebe ist nur ein Wort
Peter Weiss: Das Gespräch der drei Gehenden

1964

Jürgen Becker: Felder
Thomas Bernhard: Amras
Peter Bichsel: Eigentlich möchte Frau Blum den Milchmann kennenlernen
Heinrich Böll: Entfernung von der Truppe
Gisela Elsner: Die Riesenzwerge
Max Frisch: Mein Name sei Gantenbein
Peter Härtling: Niembsch oder Der Stillstand
Günter Herburger: Eine gleichmäßige Landschaft
Alexander Kluge: Der Untergang der sechsten Armee – Schlachtbeschreibung
Hermann Lenz: Die Augen eines Dieners
Hans Erich Nossack: Das kennt man
Günter Seuren: Das Gatter

1965

Ingeborg Bachmann: Ein Ort für Zufälle
Konrad Bayer: Der Kopf des Vitus Bering
Rolf Dieter Brinkmann: Die Umarmung
Hubert Fichte: Das Waisenhaus
Wolfgang Hildesheimer: Tynset
Uwe Johnson: Zwei Ansichten
Adolf Muschg: Im Sommer des Hasen
Johannes Mario Simmel: Lieb Vaterland magst ruhig sein
Gabriele Wohmann: Abschied für länger

1966

Konrad Bayer: Der sechste Sinn
Heinrich Böll: Ende einer Dienstfahrt
Peter Härtling: Janek
Peter Handke: Die Hornissen
Hermann Lenz: Verlassene Zimmer
Jakov Lind: Eine bessere Welt
Günter Wallraff: Industriereportagen
Martin Walser: Das Einhorn
Dieter Wellershoff: Ein schöner Tag

1967

Alfred Andersch: Efraim
Wolfgang Bauer: Der Fieberkopf. Roman in Briefen
Thomas Bernhard: Verstörung
Peter Bichsel: Die Jahreszeiten
Peter Handke: Der Hausierer; Die Begrüßung des Aufsichtsrats
Willi Heinrich: Geometrie einer Ehe
Adolf Muschg: Gegenzauber
Paul Schallück: Don Quichotte in Köln
Johannes Mario Simmel: Alle Menschen werden Brüder
Gabriele Wohmann: Die Bütows. Mini-Roman

1968

Jürgen Becker: Ränder
Uwe Brandner: Innerungen. Ein Abenteuer-Liebes-Kriminal-Zukunfts- und
    Tatsachenroman
Rolf Dieter Brinkmann: Keiner weiß mehr
Peter O. Chotjewitz: Die Insel
Günter Eich: Maulwürfe
Gisela Elsner: Der Nachwuchs
Hubert Fichte: Die Palette
Günter Bruno Fuchs: Bericht eines Bremer Stadtmusikanten
Günter Grass: Örtlich betäubt
Hermann Lenz: Andere Tage
Siegfried Lenz: Deutschstunde
Angelika Mechtel: Die feinen Totengräber
Erika Runge: Bottroper Protokolle

1969

Thomas Bernhard: Watten. Ein Nachlaß
Peter O. Chotjewitz: Vom Leben und Lernen. Stereotexte
Peter Härtling: Das Familienfest oder Das Ende der Geschichte
Gert Friedrich Jonke: Geometrischer Heimatroman
Ernst Kreuder: Hörensagen
Adolf Muschg: Mitgespielt
Hans Erich Nossack: Dem unbekannten Sieger
Dieter Wellershoff: Die Schattengrenze
Oswald Wiener: Die Verbesserung von Mitteleuropa

1970

Jürgen Becker: Umgebungen
Thomas Bernhard: Das Kalkwerk
Peter Faecke/Wolf Vostell: Postversand-Roman
Peter Handke: Die Angst des Tormanns beim Elfmeter
Helmut Heißenbüttel: D'Alemberts Ende

Günter Herburger: Jesus in Osaka
Uwe Johnson: Jahrestage 1
Ingomar von Kieseritzky: Tief oben
Dieter Kühn: N
Hermann Lenz: Im inneren Bezirk
Angelika Mechtel: Kaputte Spiele
Arno Schmidt: Zettels Traum
Martin Walser: Fiction
Gabriele Wohmann: Ernste Absicht

1971

Herbert Achternbusch: Die Alexanderschlacht
Hans Carl Artmann: How much, Schatzi? Roman in Erzählungen
Ingeborg Bachmann: Malina
Heinrich Böll: Gruppenbild mit Dame
Hubert Fichte: Detlevs Imitationen ‚Grünspan‘
Max Frisch: Wilhelm Tell für die Schule
Günter Bruno Fuchs: Der Bahnwärter Sandomir
Ludwig Harich: Sprechstunden für die deutsch-französische Verständigung
    und die Mitglieder des Gemeinsamen Marktes. Ein Familienroman
Willi Heinrich: Jahre wie Tau
Uwe Johnson: Jahrestage 2
Walter Kempowski: Tadellöser & Wolf
Ingomar von Kieseritzky: das eine wie das andere
Dieter Kühn: Ausflüge im Fesselballon
Angelika Mechtel: Hochhausgeschichten
Hans Werner Richter: Rose weiß, Rose rot
Johannes Mario Simmel: Der Stoff, aus dem die Träume sind
Gerhard Zwerenz: Kopf und Bauch. Die Geschichte eines Arbeiters, der unter
    die Intellektuellen gefallen ist

1972

Ingeborg Bachmann: Simultan
Friedrich Christian Delius: Unsere Siemens-Welt. Eine Festschrift
Günter Grass: Aus dem Tagebuch einer Schnecke
Peter Handke: Der kurze Brief zum langen Abschied; Wunschloses Unglück
Willi Heinrich: So long, Archie
Walter Kempowski: Uns geht's ja noch gold
Wolfgang Koeppen: Romanisches Café
Dieter Kühn: Siam-Siam. Ein Abenteuerbuch
Hermann Lenz: Der Kutscher und der Wappenmaler
Angelika Mechtel: Friß Vogel
Martin Walser: Die Gallistl'sche Krankheit
Dieter Wellershoff: Einladung an alle

1973

Friedrich Achleitner: quadratroman
Herbert Achterbusch: Der Tag wird kommen
Franz Josef Degenhardt: Zündschnüre
Max von der Grün: Stellenweise Glatteis
Wolfgang Hildesheimer: Masante
Walter Höllerer: Die Elephantenuhr
Urs Jaeggi: Geschichten über uns. Ein Realienbuch
Uwe Johnson: Jahrestage 3
Alexander Kluge: Lernprozesse mit tödlichem Ausgang
Ernst Kreuder: Der Mann im Bahnwärterhaus
Dieter Kühn: Die Präsidentin
Siegfried Lenz: Das Vorbild
Angelika Mechtel: Das gläserne Paradies
Christoph Meckel: Bockshorn
Peter Schneider: Lenz
Johannes Mario Simmel: Die Antwort kennt nur der Wind
Karin Struck: Klassenliebe
Martin Walser: Der Sturz

1974

Alfred Andersch: Winterspelt
Heinrich Böll: Die verlorene Ehre der Katharina Blum oder Wie Gewalt
    entstehen und wohin sie führen kann
Hugo Dittberner: Das Internat. Papiere vom Kaffeetisch
Peter Härtling: Eine Frau
Willi Heinrich: Liebe und was sonst noch zählt
Franz Innerhofer: Schöne Tage
Angelika Mechtel: Die Blindgängerin
Adolf Muschg: Albissers Grund
Gabriele Wohmann: Paulinchen war allein zu Haus

1975

Herbert Achternbusch: Die Stunde des Todes
Thomas Bernhard: Korrektur
Max Frisch: Montauk
Peter Handke: Die Stunde der wahren Empfindung
Franz Innerhofer: Schattseite
Uwe Johnson: Jahrestage 4 [angekündigt]
Walter Kempowski: Ein Kapitel für sich
Dieter Kühn: Stanislaw der Schweiger
Hermann Lenz: Neue Zeit
Hans Erich Nossack: Ein glücklicher Mensch
Arno Schmidt: Abend mit Goldrand
Johannes Mario Simmel: Niemand ist eine Insel
Karin Struck: Die Mutter
Peter Weiss: Die Ästhetik des Widerstands

Die Autoren

Theodor W. Adorno, geb. 1903, Studium der Komposition in Frankfurt und Wien, 1924 Promotion, 1930 Mitarbeit am Institut für Sozialforschung, 1931 Privatdozent an der Universität in Frankfurt, 1933 entlassen, seit 1934 an der Universität Oxford und seit 1938 am Institut für Sozialforschung in New York; von 1938–1941 musikalischer Leiter des Princeton-Radio Research Project und von 1944–1949 Direktor des Research Projekt on Social Discrimination in Los Angeles; seit 1951 außerplanmäßiger, ab 1953 außerordentlicher Professor für Philosophie und Soziologie an der Universität Frankfurt/Main, gleichzeitig geschäftsführender Direktor des Instituts für Sozialforschung an der Universität Frankfurt/Main; am 6. August 1969 in der Schweiz verstorben.

Reinhold Grimm, geb. 1931, Professor of German an der University of Wisconsin in Madison (USA), Gastprofessuren an der Columbia University und der New York University, 1964 Förderungspreis der Stadt Nürnberg, 1969–1970 Guggenheim Fellow, 1974–1975 Präsident der American Association of Teachers of German.

Wilhelm Emrich, geb. 1909, 1929–1933 Studium der Germanistik, Philosophie und Geschichte in Frankfurt/Main, mehrere Jahre Auslandsaufgaben für die Deutsche Akademie, seit 1949 Lehrtätigkeit an der Universität Göttingen, 1953 a. o. Professor und 1956 o. Professor an der Universität Köln, 1959 o. Professor an der Freien Universität Berlin, seit 1956 Ordinarius an der Universität Köln und an der Freien Universität Berlin, ordentliches Mitglied der Akademie der Wissenschaften und der Literatur in Mainz, Mitglied des PEN-Zentrums BRD.

Hans Mayer, geb. 1907, Studium der Rechts- und Staatswissenschaft, Geschichte und Philosophie in Köln, Bonn und Berlin, 1931 Promotion, 1935–1939 Forschungsstipendium des Instituts für Sozialforschung, Genf/New York, 1946–1947 Chefredakteur bei Radio Frankfurt/Main, 1947–1948 Dozent an der Akademie der Arbeit in Frankfurt/Main, 1948–1963 Ordinarius für Deutsche Literaturgeschichte und Geschichte der Weltliteratur in Leipzig, 1965 Gastprofessor an der TU Berlin und 1971 in Milwaukee (USA), seit 1954 Vorstandsmitglied der Deutschen Schillergesellschaft, 1964 ordentliches Mitglied der Akademie der Künste in Berlin, Mitglied des PEN-Zentrums der BRD.

Walter Höllerer, geb. 1922, Studium der Philosophie, Geschichte, Germanistik und vergleichenden Literaturwissenschaften in Erlangen, Göttingen und

Heidelberg, 1956 Dozent an der Universität Frankfurt, 1959 Ordinarius an der TU Berlin, ordentliches Mitglied der Deutschen Akademie für Sprache und Dichtung und der Akademie der Künste, Berlin, Mitglied des PEN-Zentrums, BRD.

Gisbert Ter-Nedden, geb. 1940, Studium der Germanistik und Philosophie in Tübingen, Berlin und Bonn, 1973 Promotion in Erlangen, 1975 Gastprofessor an der Universität Marburg, zur Zeit wissenschaftlicher Assistent am Deutschen Seminar der Universität Erlangen-Nürnberg.

Kurt Batt, geb. 1931, gest. 1975, Literaturwissenschaftler und -kritiker, 1951–1955 Studium der Germanistik in Leipzig, 1958 Promotion, 1955–1959 Dozent am Konservatorium in Rostock, danach Lektor im Hinstorff-Verlag, seit 1961 dessen Cheflektor, 1972 Dr. sc. mit einer Arbeit über Anna Seghers.

Wolfgang R. Langenbucher, geb. 1938, Studium der Philosophie, Soziologie und Zeitungswissenschaft in Stuttgart und München, 1964 Lehrbeauftragter und wissenschaftlicher Mitarbeiter am Institut für Zeitungswissenschaft der Universität München, seit 1970 beschäftigt u. a. mit der Reform der Journalistenausbildung und der Konzeption eines berufsbezogenen Studienganges, 1973 in die ‚Kommission für den Ausbau des technischen Kommunikationssystems‘ berufen.

Reinhard Baumgart, geb. 1929, Studium der Geschichte und Literaturwissenschaft in Freiburg/Br., 1953 Promotion, 1953–1954 Lektor an der Universität Manchester, 1955–1962 Lektor des Piper-Verlages, München, seit 1962 freier Schriftsteller, seit 1973 Vorstandsmitglied des Verbandes Deutscher Schriftsteller.

Heinrich Böll, geb. 1917, Buchhändlerlehre, 1939–1945 Wehrdienst, nach 1945 Studium der Germanistik in Köln, 1955 o. Mitglied der Deutschen Akademie für Sprache und Dichtung, 1960 o. Mitglied der Bayerischen Akademie der Schönen Künste, Mitglied des PEN-Zentrums der BRD, 1970–72 deren Präsident seit 1971 Präsident des Internationalen PEN-Clubs.

Jürgen Becker, geb. 1932, 1966 Stipendium der Villa Massimo in Rom, 1969 ordentliches Mitglied der Akademie der Künste, Berlin, 1969 Mitglied des PEN-Zentrums BRD.

Peter Handke, geb. 1942, Studium der Rechtswissenschaft in Graz. Lebt als freier Schriftsteller.

Helmut Heißenbüttel, geb. 1921, Besuch der TH Dresden, Studium der Literatur- und Kunstgeschichte und Englisch in Leipzig und Hamburg, 1955–1957 Werbeleiter im Claassen Verlag in Hamburg, 1957–1958 freier Mitarbeiter beim Süddeutschen Rundfunk, ab 1959 Leiter der Redaktion Radio-Essay

SDR, 1960 Mitglied des PEN-Zentrums BRD, 1967 ordentliches Mitglied der Akademie der Künste in Berlin, 1971 ordentliches Mitglied der Akademie der Wissenschaft und der Literatur in Mainz, 1972 ordentliches Mitglied der Deutschen Akademie für Sprache und Dichtung in Darmstadt.

Dieter Wellershoff, geb. 1925, Studium der Germanistik, Philosophie und Kunstgeschichte in Bonn, 1952 Promotion, bis 1959 Redakteur und freier Schriftsteller, ab da Cheflektor im Verlag Kiepenheuer & Witsch, Köln. 1968 ordentliches Mitglied der Akademie der Wissenschaft und der Literatur in Mainz.

Gerhard Zwerenz, geb. 1925, Kupferschmiedlehre, 1942–1948 Wehrdienst und sowjetische Gefangenschaft (1944), 1948–1950 Volkspolizist, 1950–1951 Lehrer, 1952–1956 Studium der Philosophie und Literatur in Leipzig, 1963 Mitglied des PEN-Zentrums BRD.